UTB 2401

Eine Arbeitsgemeinschaft der Verlage

Beltz Verlag Weinheim und Basel
Böhlau Verlag Köln · Weimar · Wien
Wilhelm Fink Verlag München
A. Francke Verlag Tübingen und Basel
Paul Haupt Verlag Bern · Stuttgart · Wien
Verlag Leske + Budrich Opladen
Lucius & Lucius Verlagsgesellschaft Stuttgart
Mohr Siebeck Tübingen
C. F. Müller Verlag Heidelberg
Ernst Reinhardt Verlag München und Basel
Ferdinand Schöningh Verlag Paderborn · München · Wien · Zürich
Eugen Ulmer Verlag Stuttgart
UVK Verlagsgesellschaft Konstanz
Vandenhoeck & Ruprecht Göttingen
WUV Facultas · Wien

Stefan Grüner/Andreas Wirsching

Frankreich:
Daten, Fakten,
Dokumente

A. Francke Verlag Tübingen und Basel

Stefan Grüner, Dr. phil., ist wissenschaftlicher Assistent am Lehrstuhl für Neuere und Neueste Geschichte der Universität Augsburg. Veröffentlichungen zur deutschen und französischen Geschichte des 19. und 20. Jahrhunderts.

Andreas Wirsching ist Professor für Neuere und Neueste Geschichte an der Universität Augsburg. Zahlreiche Veröffentlichungen zur deutschen und westeuropäischen Geschichte des 19. und 20. Jahrhunderts.

Bibliografische Information der Deutschen Bibliothek

Die Deutsche Bibliothek verzeichnet diese Publikation in der Deutschen Nationalbibliografie; detaillierte bibliografische Daten sind im Internet über <http://dnb.ddb.de> abrufbar.

Umschlaggestaltung unter Verwendung eines Fotos von Charles de Gaulle/Konrad Adenauer. © ullstein bild/camera press.

© 2003 · A. Francke Verlag Tübingen und Basel
Dischingerweg 5 · D-72070 Tübingen
ISBN 3-7720-2996-5

Einbandgestaltung: Atelier Reichert, Stuttgart
Satz: Informationsdesign D. Fratzke, Kirchentellinsfurt
Druck und Bindung: Pustet, Regensburg
Printed in Germany

ISBN 3-8252-2401-5 (UTB Bestellnummer)

Inhalt

Vorbemerkung   IX

I.   Zeittafel

Wichtige Daten der französischen Geschichte   1

II.   Bevölkerung und Territorium

1.   Staatsterritorium und Verwaltungseinteilung   19
1.1   Historische Karten   19
       Abb.   1: Die territoriale Entwicklung der französischen Nation
              (843–1789)   19
       Abb.   2: Frankreich zu Beginn der Regierungszeit von
              König Philippe Auguste (1180)   20
       Abb.   3: Die alten Provinzen Frankreichs   21
       Abb.   4: Das französische Eisenbahnnetz (bis 1856)   22
       Abb.   5: Frankreich unter deutscher Besatzung (1940–1944)   23
1.2   Das heutige Frankreich   24
       Tab.   1: Die Gliederung Frankreichs nach Départements   24
       Tab.   2: Die Regionen Frankreichs   25
       Abb.   6: Die administrative Struktur Frankreichs   26
2.   Die Bevölkerung   27
2.1   Demographische Basisdaten   27
       Tab.   3: Bevölkerungsentwicklung (1800–1999)   27
       Tab.   4: Bevölkerung nach Altersgruppen (1851–2001)   28
       Abb.   7: Altersstruktur der Bevölkerung (1901–2001)   29
       Tab.   5: Geburten- und Sterberate, Kindersterblichkeit (1800–2000) .   30
       Abb.   8: Geburten- und Sterberate (1800–2000)   33
2.2   Immigration   34
       Tab.   6: Herkunft der ausländischen Bevölkerung Frankreichs
              (1931–1999)   34
       Tab.   7: Bevölkerung nach Nationalitäten (1999)   35
2.3   Départements und Regionen   35
       Tab.   8: Bevölkerungsentwicklung der Départements (1801–1999) . .   35
       Tab.   9: Daten zur Bevölkerungsstruktur der Regionen (1999)   38
2.4   Städte und Agglomerationen   40
       Tab. 10: Die größten Städte Frankreichs (1600–1999)   40
       Tab. 11: Bevölkerungsverteilung Stadt-Land (1911–1999)   41
       Tab. 12: Städte und Agglomerationen in Frankreich (1999)   42

III.   Dynastien und Regenten

Tab. 13: Die Regenten Frankreichs (751–1870)   45

IV.   Staatsform und wichtigste politische Institutionen seit 1789

1.   Verfassungen und staatsrechtliche Zäsuren: ein historischer Abriß
        (1789–2002)   47
1.1   26. August 1789: Erklärung der Menschen- und Bürgerrechte   47
1.2   3. September 1791: Die Verfassung von 1791   48
1.3   24. Juni 1793: Die Verfassung der Ersten Französischen Republik . . .   49
1.4   22. August 1795 (5. Fructidor III): Die Direktorialverfassung   50
1.5   15. Dezember 1799: Die Verfassung des Jahres VIII
        (Konsulatsverfassung und Erstes Kaiserreich)   52
1.6   4. Juni 1814: Die *Charte constitutionelle*   53
1.7   4. November 1848: Die Verfassung der Zweiten Französischen
        Republik   55
1.8   15. Januar 1852: Die Verfassung des Zweiten Kaiserreiches   56
1.9   Die Verfassungsgesetze von 1875 und die Dritte Republik   57
1.10   10./11. Juli 1940: Die Etablierung des État Français   59
1.11   27. Oktober 1946: Die Verfassung der Vierten Republik   60
1.12   4. Oktober 1958: Die Verfassung der Fünften Republik   61
        Abb. 9: Die Verfassung der Dritten Republik   64
        Abb. 10: Die Verfassung der Vierten Republik   65
        Abb. 11: Die Verfassung der Fünften Republik   66
2.   Staatsoberhäupter   67
        Tab. 14: Présidents de la République (seit 1871)   67
3.   Regierungschefs   68
        Tab. 15: Présidents du Conseil und Premier Ministres (seit 1871)   68
4.   Die Präsidenten der beiden parlamentarischen Kammern   72
        Tab. 16: Die Präsidenten der Abgeordnetenversammlung (seit 1871) .   72
        Tab. 17: Die Präsidenten der Zweiten Kammer (seit 1871)   74

V.   Parteien und parlamentarische Kräfteverhältnisse

1.   Parteien und politische Strömungen seit 1870   75
1.1   Alliance Républicaine Démocratique [auch: Parti Républicain
        Démocratique oder Alliance Démocratique]   75
1.2   Centre National des Indépendants (CNI) [Centre National des
        Indépendants et Paysans (CNIP)]   76
1.3   Fédération Républicaine   77
1.4   Front National (FN)   78
1.5   Mouvement Républicain Populaire (MRP) – Centre Démocrate (CD)/
        Centre des Démocrates Sociaux (CDS)   79
1.6   Parti Communiste Français (PCF)   80
1.7   Partis Écologistes/Les Verts   82
1.8   Parti Radical [eigentlich: Parti Républicain Radical et Radical-socialiste]   83

1.9 Rassemblement du Peuple Français (RPF) [Union pour la
 Nouvelle République (UNR) bzw. Union des Démocrates pour la
 République (UDR)] 85
1.10 Rassemblement pour la République (RPR) 86
1.11 Section Française de l'Internationale Ouvrière (SFIO)/
 Parti Socialiste (PS) 87
1.12 Union pour la Démocratie Française (UDF) 89
2. Kräfteverhältnisse im Parlament (Chambre des Députés bzw.
 Assemblée nationale) 90
2.1 Allgemeines 90
2.2 Sitzverteilung im Parlament
 Abb. 12: Zusammensetzung der parlamentarischen Versammlungen
 (1893–2002) 91

VI. Vom Kolonialreich zur France d'outre-mer

1. Chronologie 103
2. Höhepunkt und Krise: Das französische Kolonialreich zwischen den
 beiden Weltkriegen 112
 Tab. 18: Ausdehnung und Bevölkerung 112
 Abb. 13: Das französische Kolonialreich in der Zwischenkriegszeit ... 113
3. Heutige Überseebesitzungen Frankreichs 113
3.1 Allgemeines 113
 Abb. 14: Von Frankreich abhängige Territorien (1990) 115
3.2 Verwaltung und Bevölkerung 116
 Tab. 19: Administrative Struktur 116
 Tab. 20: Demographische und ökonomische Basisdaten (1996–2000) . 117

VII. Wirtschaft

1. Einige Wirtschaftsdaten 119
 Tab. 21: Bruttoinlandsprodukt (1815–1999) 119
 Tab. 22: Kohleförderung (1787–1999) 121
 Tab. 23: Rohstahlproduktion (1870–1999) 123
2. Staatsfinanzen 124
 Tab. 24: Staatsausgaben und -einnahmen (1815–1999) 124
3. Arbeitswelt 125
 Tab. 25: Lohnentwicklung in Gewerbe und Industrie (1800–1999) ... 125
 Tab. 26: Arbeitslosigkeit (1920–1999) 127
 Tab. 27: Streiks (1830–1999) 128
 Abb. 15: Streikhäufigkeit (seit 1900) 131
4. Verkehr und Konsum 132
 Tab. 28: KfZ-Zulassungen (1895–1998) 132
 Tab. 29: Luftverkehr (1920–1997) 133
 Tab. 30: Angemeldete Rundfunk-/Fernsehgeräte (1933–1999) 133

VIII. **Glossar zur historisch-politischen Kultur Frankreichs** 135

IX.   **Dokumente zur französischen Verfassungsgeschichte**
       (Auszüge; jeweils im Original und in deutscher Übersetzung)

  1. La Déclaration des Droits de l'Homme et du Citoyen (26 août 1789/
     26. August 1789) 142
  2. Die Verfassung vom 3. September 1791 146
  3. La Marseillaise (1792) 162
  4. Die Verfassung der Ersten Französischen Republik (1793) 166
  5. Die Direktorialverfassung des Jahres III (1795) 172
  6. Die Konsulatsverfassung des Jahres VIII (1799) 184
  7. Die Charte constitutionnelle (1814) 190
  8. Die Verfassung der Zweiten Französischen Republik (1848) 194
  9. Die Verfassung des Zweiten Kaiserreiches (1852) 200
 10. Die Verfassungsgesetze von 1875 208
 11. Verfassungsdokumente des *Etat Français* (1940) 214
 12. Die Verfassung der Vierten Republik (1946) 218
 13. Die Verfassung der Fünften Republik (1958) 226

Verzeichnis der statistischen Literatur 237

Vorbemerkung

In unserer schnellebigen Zeit wird es immer wichtiger, rasch über zwar knappe, aber präzise Informationen verfügen zu können. Eben dies sucht der vorliegende Band im Hinblick auf unser westliches Nachbarland zu leisten. Er hofft, nützliche Daten und Fakten zur französischen Wirtschaft, Gesellschaft und Politik zu bieten, und stellt sie zugleich in eine historische Perspektive. Bis ins 19. Jahrhundert zurückreichende Zahlenreihen sowie die Überblicke über die Verfassungs- und Parteienentwicklung vermitteln einen Eindruck von der geschichtlichen Entwicklung des modernen Frankreich. Neben den jeweils aktuell verfügbaren Zahlen konnten noch die diesjährigen Präsidentschafts- und Parlamentswahlen berücksichtigt werden. Das Manuskript wurde Anfang November 2002 abgeschlossen.

Gedankt sei Herrn Dr. Stephan Dietrich und Frau Kathrin Heyng vom A. Francke Verlag für die Initiative zu diesem Band und für ihr Engagement. Für nachhaltige Unterstützung bei der Sammlung und Bereitstellung der Daten danken wir sehr herzlich Stefan Dehnert M.A., Jürgen Finger und Henning Meyer.

Augsburg, im November 2002   Stefan Grüner und Andreas Wirsching

I. Zeittafel

Wichtige Daten der französischen Geschichte

843 Vertrag von Verdun: Teilung des Reiches unter den Söhnen Ludwigs des Frommen, Kaiser Lothar I., Ludwig dem Deutschen und Karl II. dem Kahlen. Letzterem wird das westliche Teilreich zugesprochen.

845 Aufstand des Bretonen Nominoé. Sieg über Karl den Kahlen bei Ballon und Trennung der bretonischen Kirche von der Kirchenprovinz Tours.

870 Vertrag von Meerssen: Zweiteilung des Reichs nördlich der Alpen zwischen Karl dem Kahlen und Ludwig dem Deutschen nach dem Tod Lothars II. (869).

885–887 Kaiser Karl III. wird auch in Westfranken anerkannt, wodurch das Reich Karls des Großen für kurze Zeit nahezu wiedervereinigt ist.

911 Übereinkommen von Saint-Clair-sur-Epte: Der Wikinger Rollo erhält die Normandie von Karl dem Einfältigen (898–923) als Lehen.

991/ um 1012 Die Karolinger sterben mit dem Tod Karls, Bruder König Lothars, und Karls Sohn Otto als Herzöge von Niederlothringen aus. Wie in Deutschland entstehen auch in Frankreich eine Reihe großer Territorien und Adelsherrschaften.

1108–1137 Der Kapetinger Ludwig VI. der Dicke befestigt den Aufstieg seiner Dynastie. Er führt die Kirchenpolitik seines Vaters, Philipp I., fort, läßt durch Abt Suger von St. Denis eine zentrale Verwaltung errichten und schaltet unbotmäßige Vasallen der Krondomäne aus.

1124 Der Angriff von Kaiser Heinrich V. gegen Reims wird von Ludwig VI. kampflos abgewehrt. Im Umfeld der äußeren Bedrohung verstärken sich erste Vorformen eines französischen Nationalgefühls.

1147–1149 Ludwig VII. nimmt am 2. Kreuzzug teil. In seiner Abwesenheit leitet Abt Suger die Geschicke des Reichs. Er führt zur Deckung der Kreuzzugskosten eine allgemeine direkte Steuer ein.

1152 Scheidung Ludwigs VII. von Eleonore, Herzogin von Aquitanien. Diese heiratet Heinrich Plantagenet, Herzog der Normandie und Graf von Anjou, der 1154 als Heinrich II. König von England wird. Sein Besitz reicht auf dem Kontinent von der Kanalküste bis zu den Pyrenäen (Normandie, Bretagne, Anjou, Maine, Touraine, Aquitanien).

1212 Bündnis zwischen Philipp II. August und dem Staufer Friedrich II. gegen Johann I. Ohneland und den Welfenkaiser Otto IV.

27. Juli 1214 In der Schlacht bei Bouvines unterliegt die englisch-welfische Allianz. Damit ist nicht nur der deutsche Thronstreit entschieden. Darüber hinaus gelingt es Philipp II., seine Autorität in Frankreich und in Europa erheblich zu stärken. Im Frieden von Chinon muß Johann I. auf alle Besitzungen in Frankreich nördlich der Loire verzichten.

1223–1226 Unter Ludwig VIII. setzt sich in Frankreich die erbliche Monarchie durch.

1258 Im Frieden von Paris gewinnt Ludwig IX. der Heilige die Normandie, Maine, Anjou und Poitou von Heinrich III. von England. Frankreich wird dadurch zur Großmacht, Ludwig IX. nach dem Tod des Stauferkaisers Friedrichs II. (1250) zum mächtigsten Herrscher des Abendlandes.

1285–1314 Philipp IV. der Schöne baut das französische Königtum nach innen aus und erweitert seine territoriale Basis nach außen.

1305 Nach der Besetzung durch Frankreich unterwirft sich Flandern.

1309 Übersiedlung der Päpste nach Avignon. Die bis 1377 dauernde sog. „Babylonische Gefangenschaft der Kirche" beginnt.

1339–1453 Hundertjähriger Krieg mit England. Niederlagen der französischen Truppen zur See (Sluis 1340) und zu Lande (Crécy 1346). Im Jahre 1347 geht Calais verloren und bleibt bis 1559 englisch.

1356 Schlacht bei Maupertuis. König Johann II. der Gute wird gefangengenommen und verbringt fast vier Jahre in englischer Gefangenschaft. Schwere innere Unruhen, die der Dauphin Karl (V.) bis 1358 niederschlagen kann.

1360 Friede von Brétigny. Der englische König Eduard III. erhält die Souveränität über Südwest-Frankreich (Guyenne, Poitou, Gascogne, Guines) sowie Calais und verzichtet auf seine Thronansprüche in Frankreich.

1415 Schlacht bei Azincourt. Der englische König Heinrich V., der sich mit dem Herzog von Burgund verbündet hat, siegt über ein französisches Heer. Die Herzöge von Orléans und von Bourbon werden gefangengenommen, die Normandie und Paris werden besetzt.

1429 Die „Jungfrau von Orléans", Jeanne d'Arc, befreit Orléans und entfacht den nationalen Widerstand. Von den Burgundern gefangengenommen, wird sie an die Engländer ausgeliefert, von der Inquisition als Ketzerin verurteilt und am

30. Mai 1431 in Rouen verbrannt.

1438 Im Gefolge der Pragmatischen Sanktion von Bourges entsteht die französische Nationalkirche (Gallikanismus).

1453 Nach dem französischen Sieg bei Castillon und der Eroberung nahezu des gesamten englischen Festlandsbesitzes (Ausnahme: Calais) endet der Krieg. Nicht zuletzt durch die Einführung einer dauernden direkten Steuer zur Kriegsfinanzierung („taille royale"), und die Grundlegung eines stehenden Heeres hat der französische Nationalstaat festere Formen angenommen.

1494–1495 Ein Feldzug Karls VIII. gegen Neapel und oberitalienische Stadtstaaten bildet den Auftakt für die künftigen Konflikte der französischen Könige mit dem Hause Habsburg. König Franz I. führt insgesamt vier Kriege gegen Karl V. um Italien, die im Frieden von Crépy (1544) ihren vorläufigen Abschluß finden.

1552–1556 Frankreich behauptet sich im Krieg gegen Kaiser Karl V. um Metz, Toul und Verdun.

1562–1598 Hugenottenkriege. In fünf Kriegen stehen sich Katholiken und Hugenotten (Calvinisten) gegenüber. Das Geschlecht der Guise steht an der Spitze der katholischen Partei, die Bourbonen führen die protestantische Seite. Das Königtum versucht vermittelnden Einfluß auszuüben, gerät jedoch immer mehr in die Defensive.

1572 „Bartholomäusnacht": Etwa
23./24. Aug. 20 000 Hugenotten werden in Frankreich ermordet, davon allein ca. 3000–4000 in Paris („Bluthochzeit von Paris").

1598 Das Edikt von Nantes bestätigt die erstrittenen Rechte der Hugenotten, nachdem der zum katholischen Glauben übergetretene König Heinrich IV. die Kriege beendet hat.

1610–1643 Während der Regentschaft Ludwigs XIII. gewinnt der Ausbau des absolutistischen Staates Priorität. Unter den Kardinälen Richelieu (1624–1642) und Mazarin (1643–1661) erobert sich Frankreich bis zur Jahrhundertmitte eine europäische Großmachtstellung.

1635 Frankreich tritt in den Dreißigjährigen Krieg ein.

1648 Westfälischer Friede in Münster. Frankreich kann seinen Einfluß im Osten teilweise bis an den Rhein ausdehnen und sieht seinen Aufstieg zur Großmacht zu Lasten des Kaisers befestigt.

1659 Pyrenäenfrieden mit Spanien. Frankreich verzeichnet weitere Gebietsgewinne im Nordosten und Südwesten.

1661 Ludwig XIV. übernimmt nach dem Tode Mazarins selbst die Regierung.

1667/68 Devolutionskrieg gegen Spanien.

1672–1678 Krieg gegen die niederländischen Generalstaaten. Wilhelm III. von Oranien organisiert erfolgreich die Landesverteidigung. Im Frieden von Nimwegen (1678) behalten die Niederlande ihr gesamtes Territorium, müssen sich aber zur Neutralität verpflichten. Spanien wird gezwungen, Teile Westflanderns und die

Franche-Comté an Frankreich abzutreten.

1679–1684 Reunionspolitik Ludwigs XIV. Unter Berufung auf historische Ansprüche sprechen französische „Reunionskammern" nicht weniger als 600 Städte und Dörfer im Elsaß und in Lothringen der französischen Krone zu. 1681 wird Straßburg annektiert, 1684 werden Luxemburg und Trier besetzt. Im sog. „Regensburger Stillstand" akzeptieren Kaiser und Reich die Reunionen auf zwanzig Jahre.

1685 Ludwig XIV. hebt das Edikt von Nantes auf. Eine halbe Million Hugenotten verläßt das Land und findet vor allem in Holland, England und Brandenburg Aufnahme.

1688–1697 Pfälzischer Krieg. Infolge des französischen Einmarsches in Süddeutschland verbünden sich die Generalstaaten, England, Österreich, Spanien, deutsche Reichsfürsten, Schweden und Savoyen zur „Großen Allianz". Im Verlauf der langwierigen Kämpfe kommt es zur Zerstörung von Worms, der Kaisergräber in Speyer sowie des Heidelberger Schlosses.

1697 Friede von Rijswijk. Erstmals muß Ludwig XIV. eine Beschränkung seiner territorialen Ansprüche hinnehmen. Seine pfälzischen Erbansprüche werden abgewiesen. Er kann gleichwohl Straßburg und die elsässischen Restitutionen behaupten.

1701–1713/14 Spanischer Erbfolgekrieg zwischen der Großen Allianz (Großbritannien, Holland, Österreich, Preußen, Hannover, Portugal, das Reich und Savoyen) und Frankreich, verbündet mit dem Hause Wittelsbach.

1713 Friede von Utrecht: Teilung des Spanischen Erbes unter Philipp V. von Anjou, Österreich und Savoyen. Großbritannien kann seine Gleichgewichtspolitik durchsetzen und steigt zum „Schiedsrichter Europas" sowie zur führenden Macht in Übersee auf.

1715 Gründung der ersten staatlichen Notenbank in Frankreich.

1740–1748 Österreichischer Erbfolgekrieg. Frankreich kämpft ohne dauerhaften Erfolg auf seiten Preußens gegen das Thronfolgerecht Maria Theresias.

1748 Friede von Aachen: Frankreich gibt die Niederlande an Österreich sowie weitere Eroberungen an Holland, Sardinien und England zurück. Die Ansprüche Maria-Theresias werden ebenso anerkannt wie jene der hannoveranischen Dynastie auf dem englischen Thron.

1754/55–63 Britisch-französischer Kolonialkrieg in Nordamerika, Westindien, Westafrika und Indien.

1756–1763 Siebenjähriger Krieg: Frankreich kämpft an der Seite Österreichs, Rußlands, großer Teile des Reichs, Sachsens und Schwedens gegen England und Preußen.

1763 Im Frieden von Paris muß Frankreich u.a. seine nordamerikanischen Kolonien, Kanada, Louisiana, Cap Breton und den Senegal an England abgeben. Es verliert damit den größten Teil seines Kolonialimperiums.

1778 Frankreich schließt einen Bündnisvertrag mit den Vereinigten Staaten und tritt in den Krieg gegen England ein. Im Frieden von Versailles (1783) erkennt England die Unabhängigkeit der 13 amerikanischen Kolonien an. Frankreich erhält eine Garantie seiner Handelsniederlassungen in Indien, im Senegal und auf Saint-Pierre-et-Miquelon.

1774–1792 Unter Ludwig XVI. gerät das absolutistische Königtum in eine gravierende Krise. Die Modernisierung des Staatsapparates kommt ins Stocken, die Mißstände im Steuersystem werden immer offensichtlicher und das Staatsdefizit bleibt trotz der Bemühungen der Minister Turgot (1774–76), Necker (1777–81), Calonne (1783–87) und Brienne (1787–88) beträchtlich.

1786 Absatz- und Hungerkrisen verschlechtern weiter die innere Lage.

1788 Staatsbankrott.

8. August Ludwig XVI. ruft zur Behebung der Finanzkrise die Generalstände ein, die seit 1614 nicht mehr getagt haben. Zwischen Sommer 1788 und Frühjahr 1789 entstehen Tausende von Reformbroschüren. In der meistgelesenen Schrift – „Qu'est-ce que le Tiers État" – identifiziert Abbé Emmanuel-Joseph Sieyès die Nation mit dem Dritten Stand.

1789

5. Mai Eröffnung der Generalstände (États Généraux) in Versailles.

17. Juni Der Dritte Stand erklärt sich zur Nationalversammlung.

20. Juni Die Abgeordneten des Dritten Standes kommen überein, erst nach Verabschiedung einer Verfassung auseinanderzugehen („Ballhausschwur").

14. Juli Sturm auf die Bastille.

4./5. Aug. Abschaffung des Feudalsystems, Bauernbefreiung.

26. Aug. Erklärung der Menschen- und Bürgerrechte.

5./6. Okt. Die Bevölkerung von Paris zwingt den König zur Übersiedlung in sein Pariser Stadtschloß, die Tuilerien. Er unterliegt als Gefangener de facto dem Zugriff der Revolution.

1790 April–Nov. Neuordnung der Kirche: Klöster und Orden werden aufgehoben, Geistliche erhalten den Status von wählbaren Staatsbeamten und haben einen Eid auf die Verfassung abzulegen.

1791 20.–25. Juni Fluchtversuch Ludwigs XVI. Er wird in Varennes erkannt und nach Paris zurückgebracht.

3. Sept. Die neue Verfassung tritt in Kraft.

1792 April Kriegserklärung an Österreich und Beginn des Ersten Koalitionskriegs, der bis 1797 andauert.

10. August Sturm auf die Tuilerien. Die königliche Familie wird im Gefängnis „Temple" interniert.

21. Sept. Der Nationalkonvent schafft das Königtum ab.

1793
17. Januar Todesurteil des Konvents gegen Ludwig XVI. Der König wird am 21. Januar hingerichtet.
Ab Frühsommer etabliert sich ein diktatorisches Terrorregime unter der Leitung von Maximilien Robespierre.

1794
Mai Das Christentum wird abgeschafft.

27./28. Juli Sturz Robespierres. Er wird mit 21 Anhängern hingerichtet.

1795
22. August Die Direktorialverfassung tritt in Kraft.

1797
17. Oktober Friede von Campo Formio. Österreich muß Belgien und die Lombardei abtreten, Frankreich annektiert das linke Rheinufer.

1798–1799 Nach der Eroberung Maltas landet das französische Heer unter Napoleon in Ägypten. Der britische Seesieg bei Abukir schneidet die französische Armee von Frankreich ab.

1799
9. Nov. (18. Brumaire) Staatsstreich Napoleons. Am 15. Dezember tritt die Konsulatsverfassung in Kraft.

1801
Februar Frieden von Lunéville mit Österreich.

1802
März Frieden von Amiens mit England.

2. August Napoleon läßt sich zum Ersten Konsul auf Lebenszeit ernennen.

1804 Der *Code civil* tritt in Kraft.

2. Dez. Napoleon krönt sich selbst zum Kaiser der Franzosen.

1805 Dritter Koalitionskrieg.

21. Oktober Seeschlacht bei Trafalgar. Die britische Seehoheit bleibt erhalten.

2. Dez. Dreikaiserschlacht bei Austerlitz. Sieg Napoleons über Preußen, Rußland und Österreich.

25. Dez. Friede von Preßburg. Große Gebietsverluste Österreichs.

1806/07 Vierter Koalitionskrieg.

1806
14. Oktober Die Doppelschlacht bei Jena und Auerstedt führt zum Zusammenbruch Preußens.

1807
Juli Im Frieden von Tilsit verliert Preußen alle seine Gebiete westlich der Elbe und seine polnischen Provinzen. Der Reststaat wird nur durch die russische Intervention vor der Auflösung bewahrt.

1808–1809 Spanienfeldzug Napoleons.

1812 Feldzug gegen Rußland. Niederlage und Rückzug Napoleons.

1813–1814 Wellington gelingt die Befreiung Spaniens und die Eroberung von Toulouse.

1813
16.–19. Okt. Völkerschlacht bei Leipzig. Napoleon wird von der Koalition aus Preußen, Rußland und Österreich besiegt. Bis Ende des Jahres bricht das französische Imperium zusammen.

1814
6. April Der Senat verabschiedet eine neue Verfassung. Der ältere Bruder Ludwigs XVI. wird als Ludwig XVIII. zum neuen König berufen.

30. Mai	Erster Pariser Frieden. Napoleon wird zur Abdankung gezwungen und zieht sich auf die Insel Elba zurück.
4. Juni	Ludwig XVIII. lehnt den Verfassungsentwurf des Senats ab und oktroyiert die „Charte constitutionnelle".

1815

1. März	Napoleon landet in Cannes. Er zieht mit wachsender Anhängerschaft bis 20. März im Triumphzug nach Paris.
18. Juni	Schlacht bei Waterloo. Das napoleonische Heer wird vernichtend geschlagen, Napoleon selbst wird auf die Insel St. Helena verbannt.
20. Nov.	Zweiter Pariser Frieden. Frankreich verliert u.a. Saarbrücken, Landau und Savoyen, hat Reparationen zu zahlen und muß Besatzungstruppen aufnehmen.
1814/15	Der Wiener Kongreß regelt die Neuordnung Europas. Frankreich bleibt sein territorialer Besitzstand von 1792 erhalten.
1830	Julirevolution. Nach Barrikadenkämpfen in Paris während der sog. „Trois Glorieuses" (27.–29. Juli) dankt Karl X. ab. Herzog Louis-Philippe von Orléans wird zum König gewählt (7. August).
1848	Die Februarrevolution zwingt den „Bürgerkönig" zur Abdankung. Ausrufung der Zweiten Republik.
10. Dez.	Louis-Napoléon Bonaparte wird mit 74,4% der Stimmen überraschend zum Präsident der Republik gewählt.
1851	Als sich das Parlament wei-

2. Dez.	gert, eine Verfassungsänderung zu konzedieren, die die Wiederwahl des Präsidenten im Jahre 1852 ermöglichen würde, greift Louis-Napoléon zum Mittel des Staatsstreichs.

1852

15. Jan.	Eine neue Verfassung tritt in Kraft, die zuvor per Plebiszit genehmigt worden ist.
2. Dez.	Genau ein Jahr nach seinem Staatsstreich und 48 Jahre nach der Kaiserkrönung Napoleons I. besteigt Louis-Napoléon als Kaiser Napoleon III. den Thron.
1852–1865	Neugestaltung von Paris durch den Präfekten Haussmann.
1854–1856	Krimkrieg zwischen Rußland und der Türkei. Verbündet mit England, Österreich und Sardinien setzt sich Frankreich auf türkischer Seite gegen Rußland durch. Im Ergebnis löst Frankreich Rußland als europäische Vormacht ab.
1859–1869	Bau des Suez-Kanals durch Ferdinand de Lesseps unter französischer Führung.
1859	Im italienischen Einigungskrieg erwirbt Frankreich die Lombardei.
1860	Vertrag von Turin mit Sardinien-Piemont. Tausch der Lombardei gegen Nizza und Savoyen.
seit 1860	Nach außenpolitischen Mißerfolgen und aufgrund wachsender innenpolitischer Opposition sieht sich Napoleon III. zur stufenweisen Liberalisierung des Regierungssystems gezwungen (seit 1869: „Empire libéral").

1870

19. Juli   Kriegserklärung Frankreichs an Preußen. Beginn des Deutsch-Französischen Krieges. Sein Anlaß ist der Thronfolgestreit um die spanische Königswürde. Die Ursache liegt in dem französischen Bestreben, eine preußisch-deutsche Vormachtstellung auf dem Kontinent zu verhindern; den Absichten Bismarcks kommt eine Auseinandersetzung mit Frankreich aus innenpolitischen Gründen ebenfalls entgegen.

1./2. Sept.   Schlacht bei Sedan. Kapitulation der französischen Armee. Napoleon III. gerät in deutsche Gefangenschaft.

4. Sept.   Proklamation der Dritten Republik. Belagerung von Paris (seit 19. September).

1871

18. Jan.   In der Spiegelgalerie des Schlosses von Versailles wird das Deutsche Kaiserreich ausgerufen.

28. Januar   Kapitulation von Paris.

10. Mai   Friede von Frankfurt/Main. Frankreich muß 5 Mrd. Francs Reparationen bezahlen und verliert Elsaß-Lothringen.

März–Mai   Pariser Kommune. Die Machtübernahme von Kommunisten und Sozialisten in der Hauptstadt wird von Regierungstruppen blutig niedergeschlagen („Semaine sanglante").

1875   Nach mehreren Jahren des verfassungspolitischen Provisoriums verabschiedet die Nationalversammlung zwischen Januar und Juli eine republikanische Konstitution. Im Gefolge des Verfassungskonflikts von 1877 und dem Einzug einer Mehrheit von Republikanern in Abgeordnetenkammer (1877) und Senat (1879) ist die neue Staatsform etabliert. In den achtziger Jahren wird die Republik auf vielen weiteren Politikfeldern durchgesetzt.

1880er Jahre   Die Regierungen der Dritten Republik nehmen die Kolonialpolitik des Kaiserreichs wieder auf. In Algerien wird eine Rebellion blutig niedergeworfen (1872). Es kommt zur Bildung von Protektoraten über Tunesien (1881), Annam (1883/85) und Madagaskar (1885). Gegen Ende der 1890er Jahre beherrscht Frankreich ganz Indochina.

1889   Pariser Weltausstellung. Teils gegen Proteste der Pariser Bevölkerung wird aus diesem Anlaß seit 1885 der Pariser Eiffelturm errichtet.

1886–1889   Um Kriegsminister Georges Boulanger sammelt sich eine antiparlamentarisch-nationalistische Bewegung. Ein Staatsstreich kann knapp verhindert werden; Boulanger flieht ins Ausland und begeht Selbstmord.

1892/93   Panamaskandal. Nach dem Bankrott der von Lesseps gegründeten Aktiengesellschaft (1889) kommt es in Frankreich zu einer Parlamentsaffäre um die Panama-Anleihen. Das Recht zum Kanalbau geht an die USA über (1901).

1894–1906 Dreyfus-Affäre. Der Skandal um den zu Unrecht des militärischen Verrats beschuldigten jüdischen Offizier Alfred Dreyfus spaltet und mobilisiert die politische Nation. Seine Rehabilitation geht einher mit der weiteren Stärkung der republikanischen Kräfte im Staat.

1895/96 Unterwerfung und Annexion Madagaskars.

1898 Faschoda-Krise. Am Treffpunkt der französischen West-Ost- und der britischen Nord-Süd-Ausdehnung in Afrika kommt es zum Eklat. Frankreich zieht sich zurück und strebt einen Ausgleich an.

1904 Die voranschreitende Spaltung Europas in zwei Machtblöcke findet in der *Entente cordiale* zwischen Frankreich und England einen ersten Höhepunkt.

1905 3. Juli Gesetz über die Trennung von Kirche und Staat.

1905/06 Erste Marokkokrise. Wilhelm II. landet Ende 1905 in Tanger, wo er die Unterstützung der marokkanischen Unabhängigkeit durch Deutschland betont. Die Zurückweisung der französischen Einflußnahme führt zum Rücktritt von Außenminister Delcassé und zur

1906 Konferenz von Algeciras. De facto wird die Position Frankreichs in Marokko gestärkt; Deutschland sieht sich international isoliert.

1911 Zweite Marokkokrise. Deutsch-französische Rivalitäten gipfeln in der Mission des deutschen Kanonenboots „Panther" nach Agadir („Panthersprung"). Deutschland erkennt den französischen Einfluß in Marokko an und erhält dafür Gebiete im heutigen Kamerun. Ungeachtet dessen bestehen die deutsch-französischen Spannungen weiter fort.

1913 Frankreich führt die dreijährige Dienstpflicht ein.

1914

28. Juni Ermordung des österreichischen Thronfolgers, Erzherzog Franz Ferdinand, in Sarajewo.

3. August Deutsche Kriegserklärung an Frankreich. Beginn des Ersten Weltkriegs.

3./4. August Deutsche Truppen marschieren in Belgien ein.

4. August Bildung der „Union sacrée": die Nationalversammlung gewährt der Regierung einstimmig außerordentliche Vollmachten für die Kriegsführung.

6.–13. Sept. Marneschlacht. Der deutsche Vormarsch kommt zum Stehen, der Krieg entwickelt sich zum Stellungskrieg auf französischem Boden.

1916

Febr.–Juli Kampf um Verdun. Nach hohen Verlusten auf beiden Seiten wird die Schlacht ohne Entscheidung abgebrochen.

Juni–Nov. Schlacht an der Somme.

1917

Mai Meutereien im französischen Heer. In kritischer Lage kann der neuernannte Oberbefehlshaber der Nordarmee, Philippe Pétain, die Aufstände beenden.

16. Nov.   Die Sozialisten scheiden aus der Regierung aus (7. September). Ein Kabinett unter Georges Clemenceau wird gebildet, der den Krieg mit großen Vollmachten ausgestattet führt und bis 1920 im Amt bleibt.

1918

18. Juli   Beginn der alliierten Großoffensive unter General Foch.

8. August   Tankangriff von Amiens („schwarzer Tag des deutschen Heeres").

11. Nov.   Abschluß des Waffenstillstands zwischen Frankreich und Deutschland.

1919

18. Januar   Eröffnung der Friedenskonferenz im Pariser Außenministerium. Vertreter der besiegten Mächte sind nicht zugelassen.

7. Mai   Übergabe der Friedensbedingungen an die deutsche Delegation unter Außenminister Brockdorff-Rantzau.

28. Juni   Unterzeichnung des Friedensvertrags mit Deutschland im Spiegelsaal des Schlosses von Versailles.
Bis August 1920 werden weitere Friedensabkommen mit Österreich, Bulgarien, Ungarn und der Türkei unterzeichnet.

16. Nov.   Wahlsieg des konservativen „Bloc national" unter Clemenceau und Poincaré.

1920

10. Januar   Der Versailler Vertrag tritt in Kraft.

18. Januar   Georges Clemenceau unterliegt bei den Präsidentschaftswahlen und tritt daraufhin als Ministerpräsident zurück.

19. März   Der amerikanische Kongreß lehnt den Beitritt der USA zum Völkerbund und damit die Ratifizierung des Versailler Vertrags ab.

Dezember   Auf dem Parteitag von Tours schließt sich die Mehrheit der französischen Sozialisten der Kommunistischen Internationale an. In der Folge kommt es zur Spaltung der Partei und zur Gründung des PCF.

1921

19. Februar   Französisch-polnisches Militärbündnis.

8. März   Besetzung von Düsseldorf, Ruhrort und Duisburg durch französische Truppen.

5. Mai   Im Londoner Ultimatum fordern die Alliierten eine Reparationssumme von 132 Mrd. Goldmark von Deutschland.

6./7. Okt.   Wiesbadener Abkommen zwischen Frankreich und Deutschland.

1922   In der „Balfour-Note" beharrt

1. August   Großbritannien gegenüber Frankreich und Italien auf Rückzahlung der Kriegsschulden. Die revidierte britische Schuldnerpolitik trägt zur Verhärtung der französischen Haltung gegenüber Deutschland bei.

1923   Französische und belgische

11. Januar   Truppen marschieren ins Ruhrgebiet ein.

1924

25. Januar   Bündnisvertrag zwischen Frankreich und der Tschechoslowakei.

11. Mai   Wahlsieg des „Cartel des Gauches" unter Édouard Herriot.

16. Juli–   Die Londoner Konferenz be-
16. Aug.   schließt den Dawes-Plan und
             die Räumung des besetzten
             Ruhrgebiets innerhalb eines
             Jahres. Frankreich erhält die
             alliierte Zusicherung kontrol-
             lierter Reparationen entspre-
             chend der deutschen Prospe-
             rität.

1925
Juli/August Abzug der alliierten Truppen
             aus dem Ruhrgebiet.
5.–16. Okt. Konferenz von Locarno. Die
             gleichnamigen Verträge
             garantieren die Unverletz-
             lichkeit der deutschen West-
             grenze.
30. Nov.   Die Alliierten beginnen mit der
             Räumung der Kölner Zone.

1926
29. April   Washingtoner Abkommen
             mit den USA zur Regelung
             der Kriegsschuldenfrage. Am
             12. Juli schließt Frankreich
             eine parallele Vereinbarung
             mit Großbritannien ab.
23. Juli   Poincaré wird zum vierten
             Mal mit der Kabinettsbildung
             beauftragt. Damit endet die
             Regierungszeit des „Cartel des
             Gauches".
17. Sept.   Treffen Briand-Stresemann in
             Thoiry.
10. Dez.   Aristide Briand, Gustav Stre-
             semann und Austen Cham-
             berlain erhalten gemeinsam
             den Friedensnobelpreis.
1926–1929   Ministerpräsident Poincaré
             stellt die Stabilität der Wäh-
             rung wieder her („Franc Poin-
             caré") und behebt die Krise
             der staatlichen Finanzen.

1928
22./29. April Wahlsieg der Mitte-Rechts-
             Koalition „Union Nationale".

27. August   Abschluß des Kellogg-Pakts
             zur Ächtung des Kriegs.

1929
6.–31. Aug. Die Erste Haager Konferenz
             berät über den Young-Plan
             zur Lösung des Reparations-
             problems.
4./5. Sept. Außenminister Briand stellt
             im Völkerbund seinen Plan
             zur Schaffung einer europäi-
             schen Zoll- und Wirtschafts-
             union vor.
24. Oktober Drastischer Kurssturz an der
             New Yorker Börse. Beginn
             der Weltwirtschaftskrise, die
             bis 1931 auch Frankreich er-
             reicht.
29. Dez.   Das französische Parlament
             beschließt den Bau einer Ver-
             teidigungslinie an der nord-
             östlichen Grenze („Ligne Ma-
             ginot").

1930
3.–20. Jan. Die Zweite Haager Konferenz
             beschließt den Young-Plan. Er
             wird am 12. März im deut-
             schen Reichstag, am 29. März
             im französischen Parlament
             ratifiziert.
30. Juni   Im Gefolge der Beschlüsse
             der Zweiten Haager Konfe-
             renz räumen die alliierten
             Truppen vorzeitig das Rhein-
             land.

1931
März–Sept.   Aufgrund des französischen
             Einspruchs scheitert der Plan
             einer deutsch-österreichi-
             schen Zollunion.
6. Mai   Eröffnung der „Exposition
             coloniale" in Paris-Vincennes.

1932
2. Februar   Eröffnung der Ersten Interna-
             tionalen Abrüstungkonferenz.
             Sie scheitert an den Forde-

rungen Frankreichs und
Deutschlands.

6. Mai   Staatspräsident Doumer wird
von einem geisteskranken At-
tentäter ermordet.

8. Mai   Sieg einer Linkskoalition bei
den Wahlen zur Abgeordne-
tenkammer. Das Kabinett
Herriot scheitert am 14. Dezember an der Frage der französischen Kriegsschulden
gegenüber den USA.

1934

6. Februar   Die Krise des politischen Systems in Frankreich gipfelt
im Marsch rechter Ligen auf
die Abgeordnetenkammer.
In Straßenkämpfen mit der
Polizei kommen 17 Demon-
stranten ums Leben, etwa
2000 werden verletzt. Die liberale Regierung Daladier
muß zurücktreten. Sozialisten
und Kommunisten, bis dahin
in Frontstellung gegeneinan-
der, kommen sich politisch
näher.

Febr.–Nov.   Die Staatskrise dauert an. Unter der konservativen Regie-
rung Doumergue scheitert der
Plan einer Verfassungsreform
am Widerstand der Radikalsozialisten.

9. Oktober   Ermordung von Außenminister Louis Barthou und König
Alexander I. von Jugoslawien
durch kroatische Terroristen
in Marseille.

1935

11.–14. April   Bildung der „Stresa-Front"
zwischen Großbritannien,
Frankreich und Italien.

2. Mai   Französisch-sowjetischer Bei-
standspakt.

14. Juli   Volksfrontbündnis zwischen

Kommunisten, Sozialisten
und Radikalsozialisten.

3. Oktober   Italienischer Einfall in Abessi-
nien. Die halbherzig durchge-
führten Sanktionen des Völ-
kerbunds erweisen sich
gegenüber der Annexion des
Landes durch Italien
(9.5.1936) als unwirksam.

1936

7. März   Unter Bruch des Locarno-Ver-
trages marschieren deutsche
Truppen in das entmilitari-
sierte Rheinland ein.

April/Mai   Wahlsieg des Volksfrontbünd-
nisses. Bildung der ersten Regierung unter Ministerpräsident Léon Blum (4. Juni). Im
Bereich der Arbeits- und So-
zialordnung werden Refor-
men umgesetzt, darunter der
bezahlte Jahresurlaub und die
Vierzigstundenwoche. Die militärische Aufrüstung des Landes wird in Angriff genommen.

27. Sept.   Abwertung des französischen
Franc.

1938

10. April   Édouard Daladier wird französischer Ministerpräsident.
Er versucht, seine Regierung
außerhalb des Volksfront-
bündnisses abzustützen und
leitet die Revision der Sozialgesetzgebung ein.

29./30. Sept.   Im Münchner Abkommen einigen sich Chamberlain, Da-
ladier, Mussolini und Hitler
auf die Abtretung des Sude-
tenlandes durch die Tschechoslowakei an Deutschland.

30. Nov.   Ein Generalstreik in Frank-
reich scheitert, die Regierung
Daladier setzt sich gegen die
Gewerkschaften durch.

6. Dez.   Unterzeichnung einer deutsch-französischen Nichtangriffserklärung.

1939

15. März   Deutsche Truppen marschieren in die Tschechoslowakei ein. Das sog. „Reichsprotektorat Böhmen und Mähren" wird errichtet (16. März).

31. März   Großbritannien und Frankreich geben eine Garantieerklärung für Polen ab.

24. Juli   Beistandsabkommen zwischen Frankreich, Großbritannien und der Sowjetunion. Da man sich nicht über eine entsprechende Militärkonvention einigen kann, tritt der Vertrag nicht in Kraft.

23. August   Deutsch-sowjetischer Nichtangriffspakt („Hitler-Stalin-Pakt"). Ein geheimes Zusatzprotokoll sieht die Aufteilung Polens und Ostmitteleuropas vor.

1. Sept.   Deutscher Überfall auf Polen: Beginn des Zweiten Weltkriegs.

3. Sept.   Großbritannien und Frankreich erklären Deutschland den Krieg.

26. Sept.   Aufgrund ihrer Befürwortung des Hitler-Stalin-Paktes wird die kommunistische Partei in Frankreich verboten.

1940

21. März   Édouard Daladier wird im Amt des Ministerpräsidenten von Paul Reynaud abgelöst.

10. Mai   Deutscher Angriff auf Frankreich.

18. Mai/
5. Juni   Im Zuge von Regierungsumbildungen nimmt Reynaud u.a. Marschall Philippe Pétain als stellvertretenden Ministerpräsidenten in sein Kabinett auf. General Maxime Weygand wird zum Oberkommandierenden, Charles de Gaulle zum Staatssekretär im Verteidigungsministerium ernannt.

14. Juni   Deutsche Truppen besetzen Paris.

16. Juni   Die Regierung Reynaud tritt zurück, Pétain wird neuer Ministerpräsident.

18. Juni   Hitler besucht Paris. Charles de Gaulle, der am 17. Juni nach London zurückgekehrt ist, verbreitet über die Rundfunksender der BBC einen Aufruf zum Widerstand („Appel du 18 Juin").

22. Juni   Unterzeichnung des Waffenstillstands in Compiègne. Frankreich wird nördlich einer Demarkationslinie besetzt; die Gebiete südlich davon bleiben unter französischer Verwaltung.

28. Juni   Großbritannien erkennt de Gaulle als Chef des „Comité national de la France Libre" an. In Abwesenheit wird der General in Frankreich zum Tode verurteilt (2. August).

3. Juli   Britische Schiffe versenken die französische Flotte vor Oran (Algerien), um sie nicht in deutsche Hände fallen zu lassen.

10. Juli   Die in Vichy tagende Nationalversammlung erkennt Pétain umfassende Vollmachten zur Ausarbeitung einer neuen Verfassung zu.

11. Juli   Pétain wird „Chef de l'État Français"; Pierre Laval wird zum Stellvertreter und Nachfolger ernannt (12. Juli).

24. Oktober Treffen von Montoire zwischen Hitler und Pétain. Im Anschluß verkündet der Marschall, daß er zur „Collaboration d'État" mit Deutschland bereit sei.

13. Dez. Pétain entläßt Laval, da er nicht bereit ist, dessen Kurs auf weitere Annäherung bzw. den französischen Kriegseintritt an der Seite Deutschlands mitzutragen.

1941
10. Februar Auf deutschen Druck hin ernennt Pétain Admiral François Darlan zum Ministerpräsidenten.

1942
Febr.–April Prozeß von Riom gegen führende Politiker der Dritten Republik.

18. April Pierre Laval wird von Pétain erneut zum Ministerpräsidenten ernannt und intensiviert die Kollaboration.

11. Nov. Deutsche Truppen marschieren in die bislang unbesetzte Südzone ein, nachdem alliierte Truppen in Nordafrika gelandet sind (8. November).

1943
27. Mai Der im Untergrund operierende Vertreter de Gaulles in Frankreich, Jean Moulin, eint die Gruppen der Résistance im „Conseil National de la Résistance".

1944
6. Juni Landung der Alliierten in der Normandie.

10. Juni Zerstörung des Dorfes Oradour-sur-Glane durch die SS. Die Bewohner werden getötet.

15. August Landung der Alliierten in Südfrankreich.

19. August Beginn des Aufstands von Widerstandsgruppen in Paris. Am 25. August ergibt sich die deutsche Besatzung; de Gaulle zieht in die Hauptstadt ein.

10. Dez. Abschluß eines Beistandspakts mit der Sowjetunion durch de Gaulle.

1945
30. März Die französische I. Armee überschreitet den Rhein.

7.–9. Mai Bedingungslose Kapitulation der deutschen Wehrmacht.

21. Oktober Wahlen zur Verfassunggebenden Nationalversammlung. Die Kommunisten (26,2%) werden vor dem christdemokratischen MRP (24,9%) und den Sozialisten (23,8%) zur stärksten Partei. Bei einem gleichzeitig stattfindenden Volksentscheid lehnt die Bevölkerung den Beibehalt der Verfassung der Dritten Republik ab.

13. Nov. Charles de Gaulle wird von der Verfassunggebenden Nationalversammlung zum Regierungschef gewählt.

1946
20. Januar Rücktritt de Gaulles. Vorangegangen waren Unstimmigkeiten mit der Nationalversammlung über die Machtausstattung des zu schaffenden Präsidentenamts. Die Koalition aus PCF, MRP und SFIO besteht fort („Tripartisme").

5. Mai Der vorwiegend von Kommunisten und Sozialisten unterstützte Verfassungsentwurf wird per Referendum abgelehnt.

13. Oktober Die von einer zweiten Konstituante erarbeitete Verfassung

der Vierten Republik wird durch Volksabstimmung angenommen. Sie tritt am 27. Oktober in Kraft.

1947

16. Januar Der sozialistische Politiker Vincent Auriol wird zum ersten Staatspräsidenten der Vierten Republik gewählt.

5. Mai Die Kommunisten scheiden aus der Regierungskoalition aus. Das folgende Bündnis der „Troisième Force" vereint Sozialisten, MRP und Radicaux gegen Kommunisten und Gaullisten.

1946–1954 Frankreich führt Krieg in Indochina.

1947/48 Eine Wirtschaftskrise, die von Streiks und Unruhen begleitet ist, wird bis 1948 u.a. durch die Abwertung des Franc überwunden.

1948

17. März Abschluß des Brüsseler Pakts mit Großbritannien und den Benelux-Staaten.

17. Juni Die Nationalversammlung ratifiziert nach äußerst kontroversen viertägigen Debatten die sog. „Londoner Empfehlungen". Damit stimmt Frankreich dem diplomatischen Prozeß zu, der zur Bildung eines westdeutschen Staates führen wird.

1949

4. April Unterzeichnung des Atlantikpakts. Die Gründung der NATO tritt am 24. August in Kraft.

1950

9. Mai Außenminister Robert Schuman schlägt die Schaffung einer Europäischen Gemeinschaft für Kohle und Stahl vor.

24. Oktober Ministerpräsident René Pleven präsentiert seinen Vorschlag einer Europäischen Verteidigungsgemeinschaft.

1951

17. Juni Bei den Wahlen zur Nationalversammlung wird der gaullistische RPF vor PCF und SFIO zur stärksten Partei im Parlament. Das Regierungsbündnis der „Troisième Force" zerfällt.

18. April Frankreich, Deutschland, Italien und die Benelux-Staaten unterzeichnen den Vertrag über die Gründung einer Europäischen Gemeinschaft für Kohle und Stahl (Montan-Union). Das Abkommen tritt am 25. Juli 1952 in Kraft.

1952

9. Mai Der Vertrag zur Gründung einer Europäischen Verteidigungsgemeinschaft (EVG) wird in Paris unterzeichnet.

1953

23. Dez. Der liberale Senator René Coty wird nach 13 Wahlgängen zum Staatspräsidenten gewählt. Er löst Auriol am 16. Januar 1954 im Amt ab.

1954

7. Mai Kapitulation der französischen Truppen in der Festung Diên Biên Phu. Die Auswirkungen der Niederlage auf den Status der Kolonialmacht Frankreich und die französische Innenpolitik sind kaum zu überschätzen.

20./21. Juli Die Genfer Verträge beenden den Indochina-Krieg. Vietnam wird entlang des 17. Breitengrads geteilt.

30. August Die Nationalversammlung lehnt die Ratifizierung des EVG-Vertrags ab.

23. Oktober Die „Pariser Verträge" werden von Pierre Mendès France und Konrad Adenauer unterzeichnet. Sie sehen u.a. die Herstellung der bundesdeutschen Souveränität und die Aufnahme Westdeutschlands in die NATO vor. Die Saar erhält europäischen Status, über den ein Referendum vor Ort entscheiden soll.

1955
23. Oktober Die Bevölkerung des Saarlands lehnt das Saar-Statut ab. Entsprechend dem deutsch-französischen Saarvertrag (27. Okt. 1956) wird die Saar westdeutsches Bundesland.

1956
2./20. März Marokko und Tunesien werden in die Unabhängigkeit entlassen.

31. Okt.– Frankreich interveniert mit
6. Nov. Großbritannien und Israel im Suezkrieg gegen Ägypten.

1957
25. März Unterzeichnung der „Römischen Verträge". Die Europäische Wirtschaftsgemeinschaft (EWG) und die Europäische Atomgemeinschaft (EURATOM) werden gegründet.

1958
13. Mai Putsch französischer Armee-Einheiten unter General Massu in Algier. Die Unruhen greifen auf Frankreich über, wo der nationale Notstand ausgerufen wird (17. Mai).

29. Mai Staatspräsident Coty beruft de Gaulle zum Ministerpräsidenten, die Assemblée Nationale bestätigt ihn am 1. Juni. Die Nationalversammlung beauftragt die Regierung außerdem, eine neue Verfassung auszuarbeiten (3. Juni).

28. Sept. Der Verfassungsentwurf wird per Referendum angenommen. Die Verfassung der Fünften Republik tritt am 4. Oktober in Kraft.

23./30. Nov. Bei den Wahlen zur Nationalversammlung erringt die gaullistische UNR, begünstigt durch das neue Wahlrecht, die Mehrheit der Sitze im Parlament.

21. Dez. Charles de Gaulle wird zum Staatspräsidenten gewählt.

1961
8. Januar Ein Referendum erbringt die Billigung der Algerienpolitik de Gaulles, die auf Herstellung der Unabhängigkeit zielt.

22. April Der „Putsch der Generale" Challe, Jouhaud, Zeller und Salan in Algerien bringt kurzzeitig die französische Republik in Gefahr, scheitert aber schon im Ansatz.

1962
18. März Mit dem Abkommen von Évian wird Algerien nach acht Jahren Krieg in die Unabhängigkeit entlassen.

22. August Mordanschlag der „Organisation de l'Armée secrète" (OAS), die gewaltsam für ein französisches Algerien kämpft, auf de Gaulle.

28. Oktober De Gaulle setzt per Referendum die Volkswahl des Staatspräsidenten gegen eine breite republikanische Oppositionsbewegung durch. Bei den folgenden Parlamentswahlen (25. November) erringt die gaullistische UNR einen klaren Wahlsieg.

1963
22. Januar   Deutsch-französischer Vertrag.
1966
7. März   Frankreich tritt aus den militärischen Integrationsstrukturen der NATO aus, bleibt aber Mitglied des Atlantikpakts.
1968
Mai   Studentenunruhen, die von der Universität Nanterre ausgehen und auf Paris übergreifen. Streiks, Fabrikbesetzungen und Barrikadenkämpfe lähmen das öffentliche Leben im Land.
27. Mai   „Accords de Grenelle" zwischen der Regierung und den Gewerkschaften. Die Vereinbarungen versprechen erhebliche soziale Verbesserungen, werden aber von der Basis der CGT nicht akzeptiert.
29. Mai   De Gaulle fliegt heimlich ins Hauptquartier der französischen Truppen in Deutschland, um sich der Unterstützung der Armee zu versichern. Putschgerüchte kursieren.
23./30. Juni   Die von de Gaulle herbeigeführten Neuwahlen bringen einen klaren Sieg der gaullistischen UDR, die zum ersten Mal in der Geschichte der Fünften Republik die absolute Mehrheit erringt.
1969
25. April   In einer Fernsehansprache verbindet de Gaulle das Referendum über sein Projekt einer Reform der Regionalvertretung mit dem Verbleib im Amt.
27. April   Nach dem negativen Ausgang der Volksabstimmung legt de Gaulle sein Amt unverzüglich nieder.

1./15. Juni   Der gaullistische Politiker Georges Pompidou wird zum neuen Staatspräsidenten gewählt.
1974
2. April   Tod Pompidous
19. Mai   Valéry Giscard d'Estaing wird im zweiten Wahlgang gegen François Mitterrand zum Staatspräsidenten gewählt.
1979
24. Dez.   Erster Start der Ariane-Rakete.
1981
21. Mai   François Mitterrand siegt bei den Präsidentschaftswahlen.
18./30. Sept.   Frankreich schafft die Todesstrafe ab.
18. Dez.   Per Gesetz werden u.a. sieben Industriegruppen und 36 Banken verstaatlicht.
1984
12. Juli   Mitterrand gibt nach Massendemonstrationen öffentlich den sozialistischen Gesetzentwurf zur Abschaffung der Privatschulen auf.
1985
10. Juli   Das Greenpeace-Schiff Rainbow-Warrior, das sich auf eine Protestaktion gegen französische Atomversuche vorbereitet, wird von französischen Sicherheitskräften im Hafen von Auckland versenkt.
1986
20. März   Nach dem konservativen Wahlsieg vom 16. März wird Jacques Chirac zum Ministerpräsidenten berufen. Die beginnende erste „Cohabitation" dauert bis Mai 1988.
1988
8. Mai   François Mitterrand wird mit deutlichem Vorsprung erneut zum Staatspräsidenten gewählt.

12. Juni	Sozialistischer Sieg bei den Wahlen zur Nationalversammlung.
1993 21./28. März	Empfindliche Niederlage der Sozialisten bei den Parlamentswahlen. Der neo-gaullistische RPR wird zur stärksten Kraft in der Assemblée Nationale. Édouard Balladur wird zum Ministerpräsidenten berufen (29. März). Die einsetzende zweite „Cohabitation" dauert bis Mai 1995 an.
1994 6. Mai	Nach siebenjähriger Bauzeit wird der 50 km lange Eisenbahntunnel unter dem Ärmelkanal eröffnet.
1995 7. Mai	Jacques Chirac wird im zweiten Durchgang gegen Lionel Jospin zum Staatspräsidenten gewählt.
1996 28. Mai	Staatspräsident Chirac kündigt die Umwandlung der französischen Armee von einer Wehrpflichtigen- in eine reine Berufsarmee an.
1997 1. Juni	Bei den durch Präsident Chirac vorzeitig herbeigeführten Parlamentswahlen erzielt die Linke im zweiten Durchgang einen klaren Sieg. Die Berufung von Lionel Jospin zum Ministerpräsidenten leitet die dritte „Cohabitation" ein. Sie endet im Mai 2002.
1998 6. Februar	Korsische Nationalisten töten den Präfekten Claude Érignac in Ajaccio.
13. Juni	Per Gesetz wird in Frankreich die 35-Stunden-Woche eingeführt.
2000 24. Sept.	Die Amtszeit des Präsidenten wird durch Volksentscheid von sieben („Septennat") auf fünf Jahre („Quinquennat") verkürzt.
2002 21. Apr./ 5. Mai	Präsidentschaftswahlen. Jacques Chirac wird im Amt bestätigt.
9./16. Juni	Wahlen zur „Assemblée Nationale". Die „Union pour la majorité présidentielle" (RPR, UDF und DL) um Jacques Chirac erringt die absolute Mehrheit der Parlamentssitze.

II. Bevölkerung und Territorium

1. Staatsterritorium und Verwaltungseinteilung

1.1 Historische Karten

Abb. 1: Die territoriale Entwicklung der französischen Nation (843–1789)

Aus: Frankreich. Von Alfred Pletsch unter Mitarbeit von Hansjörg Dongus und Henrik Uterwedde. Darmstadt, Wissenschaftliche Buchgesellschaft 1997, S. 74.

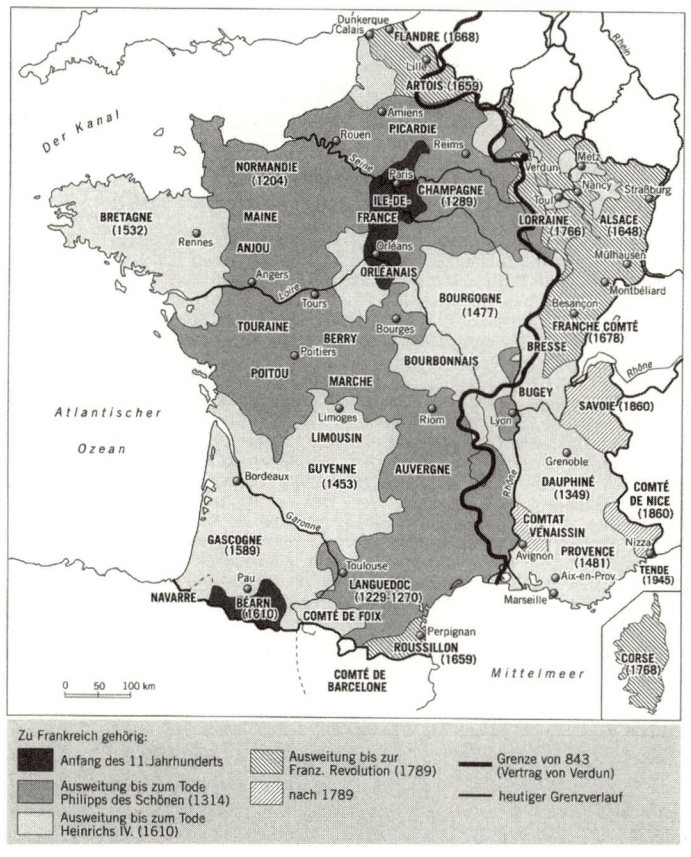

Abb. 2: Frankreich zu Beginn der Regierungszeit von König Philippe Auguste (1180)

Aus: Histoire de France, sous la direction de Jean Carpentier et François Lebrun, Seuil, „Points Histoire", 1989, S. 398.

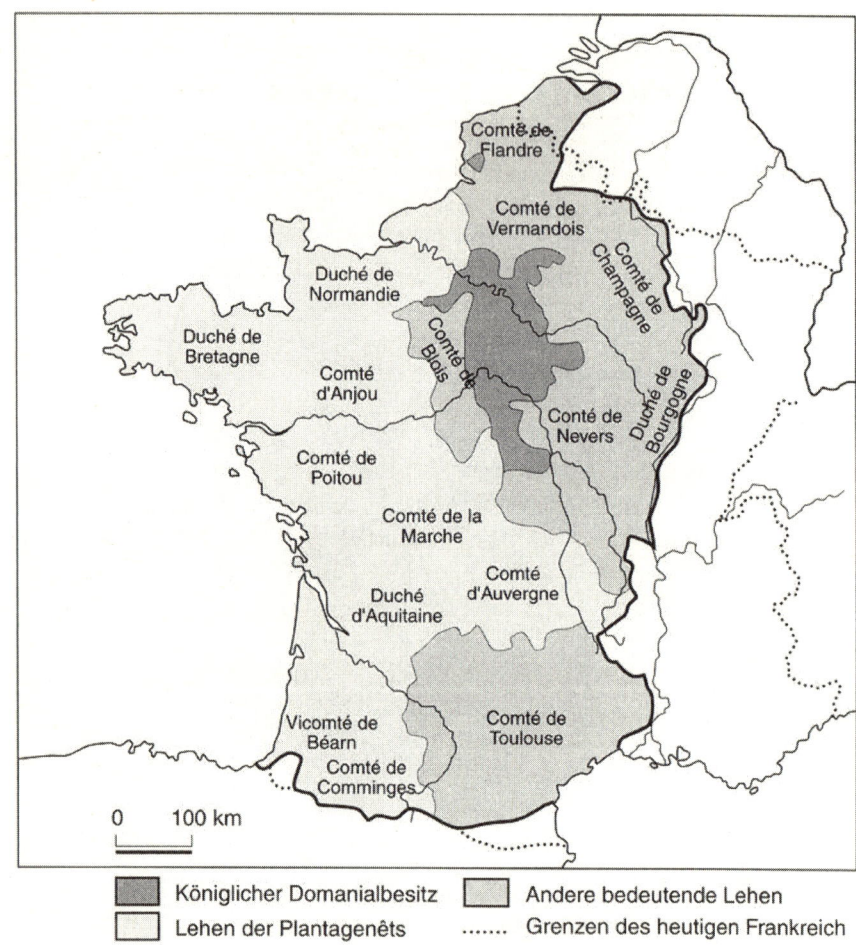

Abb. 3: Die alten Provinzen Frankreichs

Aus: Les Cahiers Français 204 (1982), S. 13.

Abb. 4: Das französische Eisenbahnnetz (bis 1856)

Aus: Frankreich. Von Alfred Pletsch unter Mitarbeit von Hansjörg Dongus und Henrik Uterwedde. Darmstadt, Wissenschaftliche Buchgesellschaft 1997, S. 202 (Abb. 63).

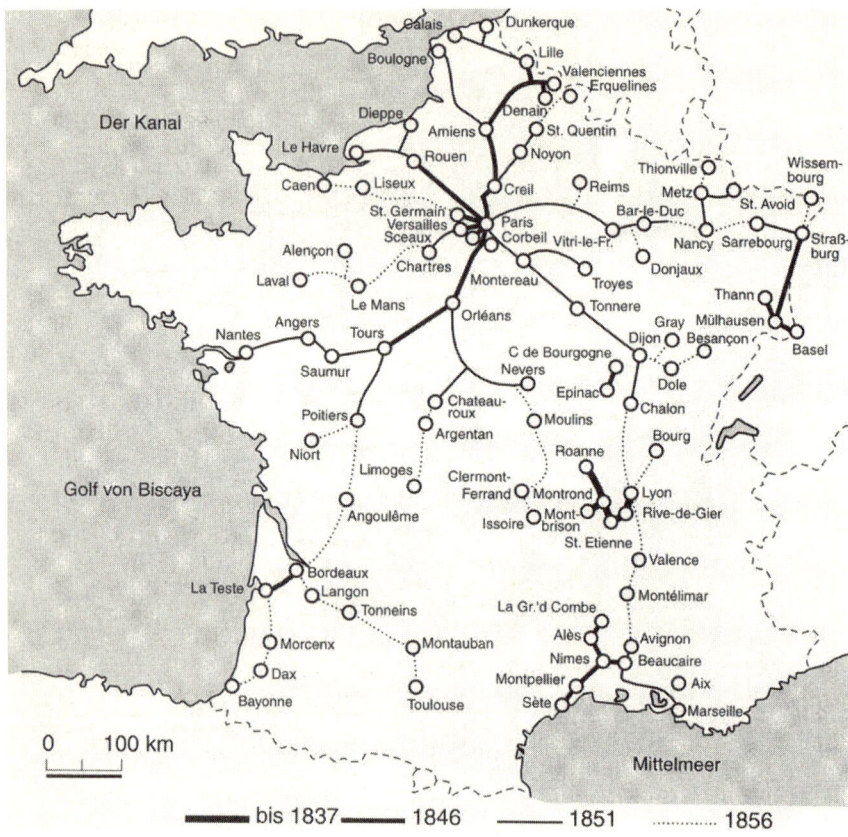

Abb. 5: Frankreich unter deutscher Besatzung (1940–1944)

Aus: Histoire de France, sous la direction de Jean Carpentier et François Lebrun, Seuil, „Points Histoire", 1989, S. 407.

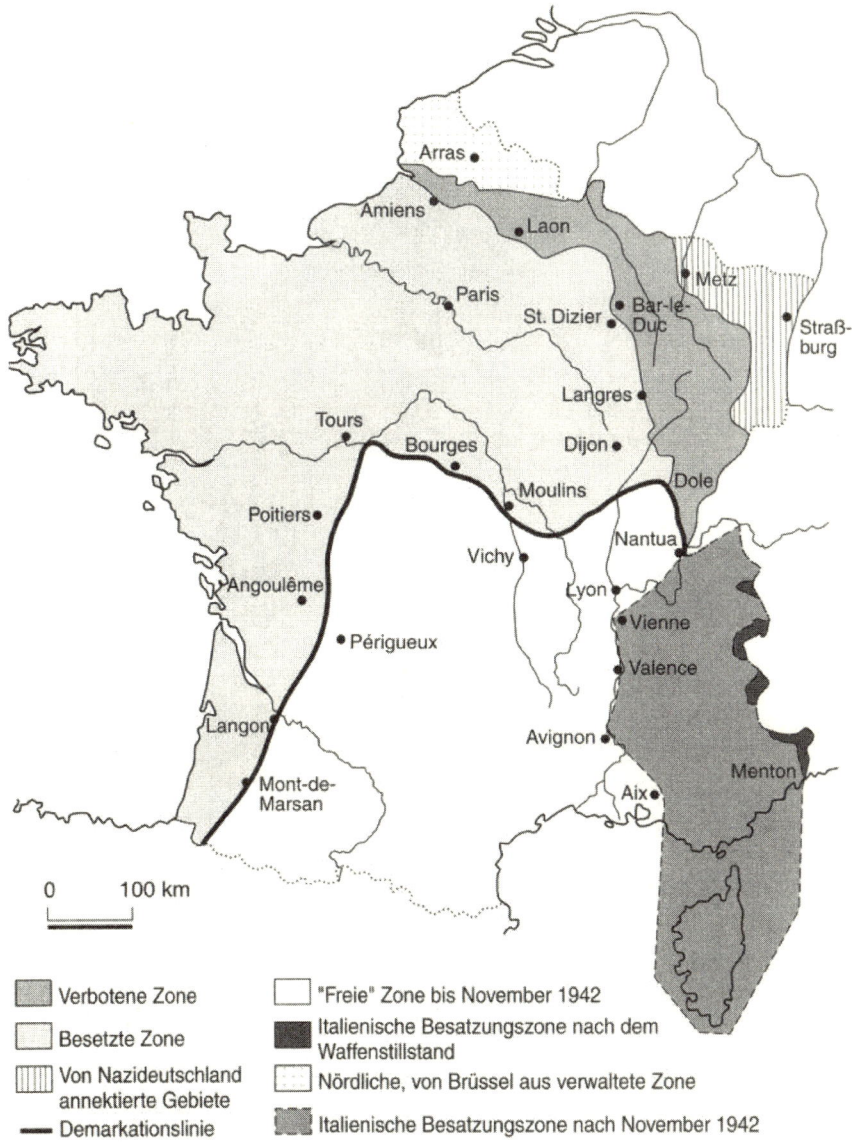

Arras
Amiens
Laon
Metz
Paris
St. Dizier
Bar-le-Duc
Straß-burg
Langres
Tours
Bourges
Dijon
Moulins
Dole
Poitiers
Vichy
Nantua
Angoulême
Lyon
Vienne
Périgueux
Valence
Langon
Avignon
Menton
Mont-de-Marsan
Aix

0   100 km

Verbotene Zone	"Freie" Zone bis November 1942
Besetzte Zone	Italienische Besatzungszone nach dem Waffenstillstand
Von Nazideutschland annektierte Gebiete	Nördliche, von Brüssel aus verwaltete Zone
Demarkationslinie	Italienische Besatzungszone nach November 1942

1.2 Das heutige Frankreich

Tab. 1: Die Gliederung Frankreichs nach Départements

Aus: Ernst Ulrich Grosse/Heinz-Helmut Lüger, Frankreich verstehen. Eine Einführung mit Vergleichen zu Deutschland unter Mitarbeit von Gérard Thiériot. 5., aktual. und erw. Auflage, Darmstadt, Wissenschaftliche Buchgesellschaft 2000, S. 10 (Abb. 4).

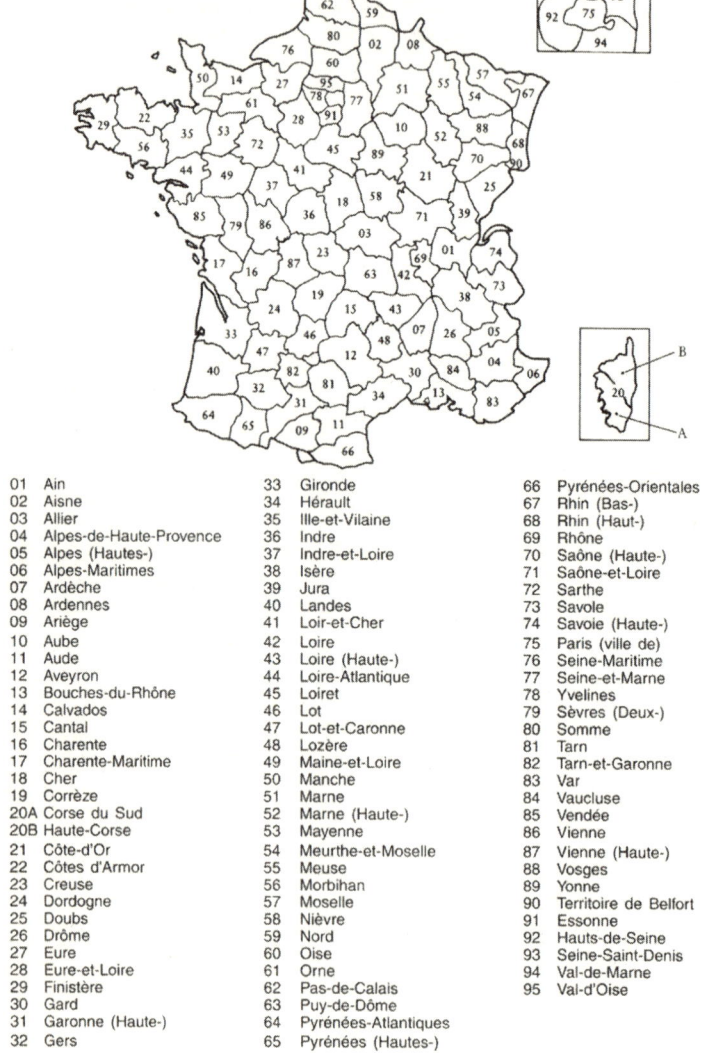

01	Ain	33	Gironde	66	Pyrénées-Orientales
02	Aisne	34	Hérault	67	Rhin (Bas-)
03	Allier	35	Ille-et-Vilaine	68	Rhin (Haut-)
04	Alpes-de-Haute-Provence	36	Indre	69	Rhône
05	Alpes (Hautes-)	37	Indre-et-Loire	70	Saône (Haute-)
06	Alpes-Maritimes	38	Isère	71	Saône-et-Loire
07	Ardèche	39	Jura	72	Sarthe
08	Ardennes	40	Landes	73	Savole
09	Ariège	41	Loir-et-Cher	74	Savoie (Haute-)
10	Aube	42	Loire	75	Paris (ville de)
11	Aude	43	Loire (Haute-)	76	Seine-Maritime
12	Aveyron	44	Loire-Atlantique	77	Seine-et-Marne
13	Bouches-du-Rhône	45	Loiret	78	Yvelines
14	Calvados	46	Lot	79	Sèvres (Deux-)
15	Cantal	47	Lot-et-Caronne	80	Somme
16	Charente	48	Lozère	81	Tarn
17	Charente-Maritime	49	Maine-et-Loire	82	Tarn-et-Garonne
18	Cher	50	Manche	83	Var
19	Corrèze	51	Marne	84	Vaucluse
20A	Corse du Sud	52	Marne (Haute-)	85	Vendée
20B	Haute-Corse	53	Mayenne	86	Vienne
21	Côte-d'Or	54	Meurthe-et-Moselle	87	Vienne (Haute-)
22	Côtes d'Armor	55	Meuse	88	Vosges
23	Creuse	56	Morbihan	89	Yonne
24	Dordogne	57	Moselle	90	Territoire de Belfort
25	Doubs	58	Nièvre	91	Essonne
26	Drôme	59	Nord	92	Hauts-de-Seine
27	Eure	60	Oise	93	Seine-Saint-Denis
28	Eure-et-Loire	61	Orne	94	Val-de-Marne
29	Finistère	62	Pas-de-Calais	95	Val-d'Oise
30	Gard	63	Puy-de-Dôme		
31	Garonne (Haute-)	64	Pyrénées-Atlantiques		
32	Gers	65	Pyrénées (Hautes-)		

Tab. 2: Die Regionen Frankreichs

Im Jahre 1955 wurden 26 Regionen geschaffen, davon 22 im Mutterland und 4
in Übersee. Sie erhielten 1982 den Status einer Gebietskörperschaft. Die *Départements d'outre-mer D.O.M.* sind sogenannte *regions monodépartementales*. Die Départements sind wie folgt zugeordnet:

Alsace
  67 Bas-Rhin
  68 Haut-Rhin
Aquitaine
  24 Dordogne
  33 Gironde
  40 Landes
  47 Lot-et-Garonne
  64 Pyrénées-Atlantiques
Auvergne
  03 Allier
  15 Cantal
  43 Haute-Loire
  63 Puy-de-Dôme
Bourgogne
  21 Côte-d'Or
  58 Nièvre
  71 Saône-et-Loire
  89 Yonne
Bretagne
  22 Côtes-d'Armor
  29 Finistère
  35 Ille-et-Vilaine
  56 Morbihan
Centre
  18 Cher
  28 Eure-et-Loir
  36 Indre
  37 Indre-et-Loire
  41 Loir-et-Cher
  45 Loiret
Champagne-Ardennes
  08 Ardennes
  10 Aube
  51 Marne
  52 Haute-Marne
Corse
  2A Corse-du-Sud
  2B Haute-Corse
Franche-Comté
  25 Doubs

  39 Jura
  70 Haute-Saône
  90 Territoire de Belfort
Île-de-France
  75 Paris
  77 Seine-et-Marne
  78 Yvelines
  91 Essonne
  92 Hauts-de-Seine
  93 Seine-Saint-Denis
  94 Val-de-Marne
  95 Val-d'Oise
Languedoc-Roussillon
  11 Aude
  30 Gard
  34 Hérault
  48 Lozère
  66 Pyrénées-Orientales
Limousin
  19 Corrèze
  23 Creuse
  87 Haute-Vienne
Lorraine
  54 Meurthe-et-Moselle
  55 Meuse
  57 Moselle
  88 Vosges
Midi-Pyrénées
  09 Ariège
  12 Aveyron
  31 Haute-Garonne
  32 Gers
  46 Lot
  65 Hautes-Pyrénées
  81 Tarn
  82 Tarn-et-Garonne
Nord-Pas-de-Calais
  59 Nord
  62 Pas-de-Calais
Basse-Normandie
  14 Calvados

  50 Manche
  61 Orne
Haute-Normandie
  27 Eure
  76 Seine-Maritime
Pays de la Loire
  44 Loire-Atlantique
  49 Maine-et-Loire
  53 Mayenne
  72 Sarthe
  85 Vendée
Picardie
  02 Aisne
  60 Oise
  80 Somme
Poitou-Charentes
  16 Charente
  17 Charente-Maritime
  79 Deux-Sèvres
  86 Vienne
**Provence-Alpes-Côte
d'Azur**
  04 Alpes-de-Haute-Provence
  05 Hautes-Alpes
  06 Alpes-Maritimes
  13 Bouches-du-Rhône
  83 Var
  84 Vaucluse
Rhône-Alpes
  01 Ain
  07 Ardèche
  26 Drôme
  38 Isère
  42 Loire
  69 Rhône
  73 Savoie
  74 Haute-Savoie
Guadeloupe
Martinique
Guyane
Réunion

Abb. 6: Die administrative Struktur Frankreichs

Aus: Frankreich. Von Alfred Pletsch unter Mitarbeit von Hansjörg Dongus und Henrik Uterwedde. Darmstadt, Wissenschaftliche Buchgesellschaft 1997, S. 88.
Nach Unterlagen des INSEE.

2. Die Bevölkerung

2.1 Demographische Basisdaten

Tab. 3: Bevölkerungsentwicklung (1800–1999)

Die angegebenen Zahlen beruhen auf den Ergebnissen der Volkszählungen ab 1801, für die Zeit davor liegen Schätzungen zugrunde. Die Werte für die Jahre 1806–1856 beziehen sich auf die Grenzen von 1815 (heutiges Territorium ohne Savoie, Haute-Savoie und einen Teil von Alpes-Maritimes), für die Jahre 1872–1911 auf die Grenzen von 1871 (ohne Moselle, Bas-Rhin und Haut-Rhin) für 1861, 1866, 1921–1999 auf die heutigen Grenzen.

Jahr	Bevölkerung in Tsd.	Jahr	Bevölkerung in Tsd.	Jahr	Bevölkerung in Tsd.
1740	24 600	1831	32 569	1906	38 845
1745	24 600	1836	33 541	1911	39 192
1750	24 500	1841	34 230	1921	38 798
1755	25 000	1846	35 402	1926	40 288
1760	25 700	1851	35 783	1931	41 228
1765	26 100	1856	36 013	1936	41 183
1770	26 600	1861	37 386	1946	39 848
1775	27 000	1866	38 067	1954	42 781
1780	27 550	1872	36 103	1962	46 500
1785	27 650	1876	36 906	1968	49 655
1790	28 100	1881	37 406	1975	52 599
1795	28 100	1886	37 930	1983	54 273
1801	27 349	1891	38 133	1990	56 615
1806	29 107	1896	38 269	1999	58 518
1821	30 462	1901	38 451		

Zahlen aus: Dictionnaire national des communes, S. 1271; Mitchell, Historical Statistics, S. 4; INSEE, Annuaire statistique de la France, 2001, S. 13.

Tab. 4: Bevölkerung nach Altersgruppen (1851–2001)

Alter	1851[1]		1901		1954		1.1.2001	
	Männer	Frauen	Männer	Frauen	Männer	Frauen	Männer	Frauen
0–4	1 684	1 640	1 714	1 713	2 028	1 953	1 873 007	1 783 202
5–9	1 678	1 620	1 610	1 614	1 832	1 765	1 846 977	1 760 517
10–14	1 604	1 545	1 623	1 614	1 358	1 315	1 962 654	1 874 935
15–19	1 595	1 555	1 636	1 643	1 471	1 443	1 993 782	1 910 054
20–24	1 455	1 524	1 568	1 620	1 621	1 561	1 897 801	1 859 231
25–29	1 436	1 434	1 503	1 515	1 629	1 573	2 045 442	2 038 406
30–34	1 354	1 353	1 383	1 410	1 537	1 526	2 104 052	2 120 989
35–39	1 296	1 277	1 340	1 350	991	998	2 155 790	2 193 612
40–44	1 186	1 175	1 231	1 243	1 497	1 504	2 095 907	2 152 403
45–49	1 055	1 045	1 115	1 132	1 499	1 520	2 063 148	2 112 313
50–54	1 041	1 029	1 007	1 093	1 421	1 469	2 090 468	2 103 931
55–59	739	832	927	976	1 348	1 348	1 400 926	1 420 377
60–64	592	722	791	861	835	1 199	1 283 052	1 378 671
65–69	470	526	612	687	721	1 068	1 234 100	1 445 793
70–74	334	364	459	535	549	860	1 071 537	1 395 625
75–79	171	209	263	318	389	618	836 758	1 256 331
80–84[2]	104	139	156	214	247	478	386 444	670 747
85–89	–	–	–	–	–	–	233 525	542 604
90–94	–	–	–	–	–	–	84 491	266 166
95–99	–	–	–	–	–	–	16 221	67 868
100–104	–	–	–	–	–	–	1 495	7 823
105–	–	–	–	–	–	–	59	479

Zahlen aus: Mitchell, Historical Statistics, S. 19f.; www.insee.fr (La France en faits et chiffres. Bilan démographique; 1.8.2001).

---

[1] Zahlen für 1851–1954 in Tsd.
[2] Für die Jahre 1851–1954 hier: alle über 80-jährigen.

Abb. 7: Altersstruktur der Bevölkerung (1901–2001)

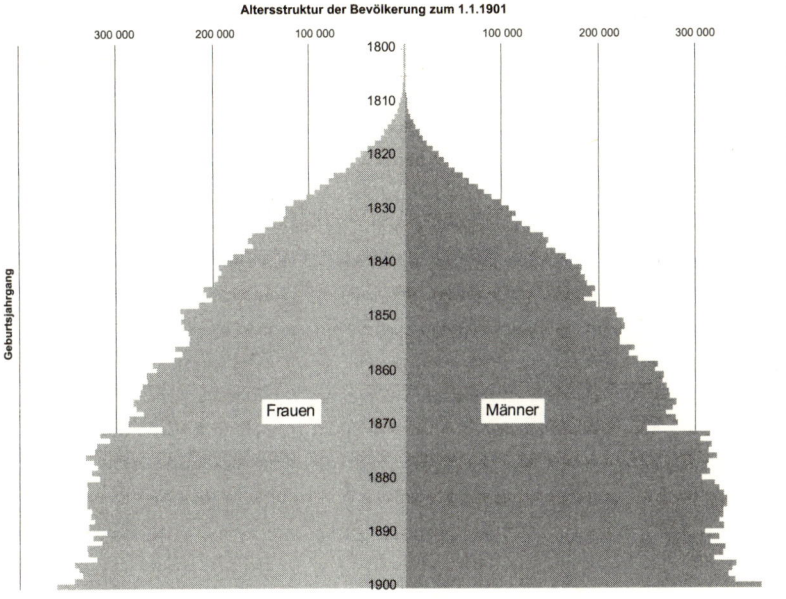

Altersstruktur der Bevölkerung zum 1.1.1901

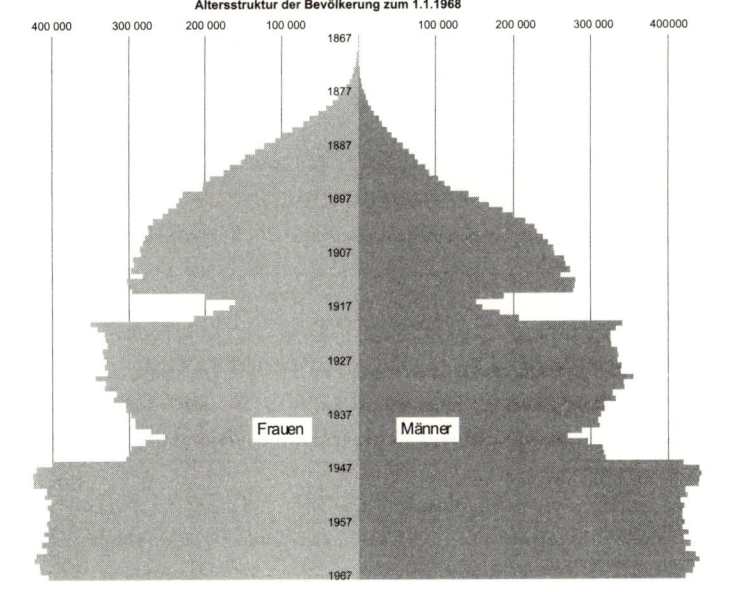

Altersstruktur der Bevölkerung zum 1.1.1968

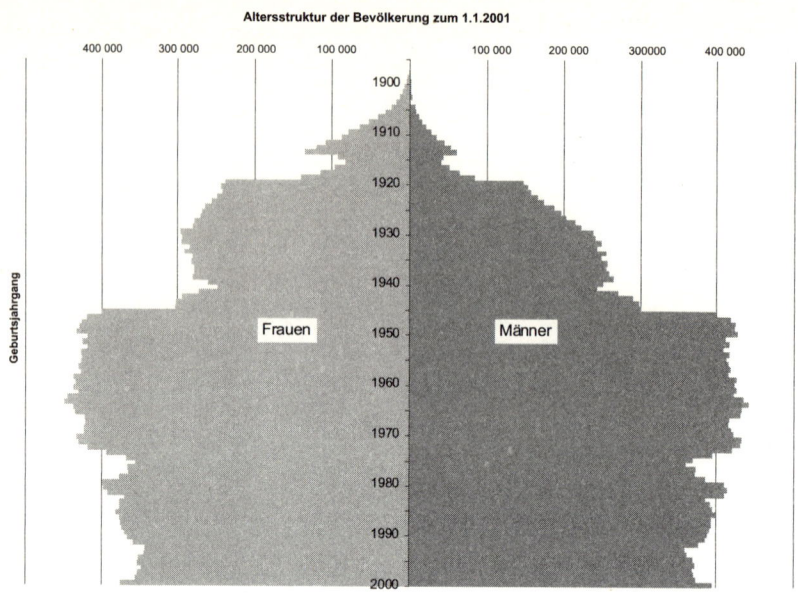

Altersstruktur der Bevölkerung zum 1.1.2001

Tab. 5: Geburten- und Sterberate, Kindersterblichkeit (1800–2000)

Geburten- und Sterberate beziehen sich jeweils auf 1000 Einwohner, die Rate der Kindersterblichkeit umfaßt die Todesfälle von Kindern unter 1 Jahr, berechnet auf 1000 Geburten. Für die Kindersterblichkeit sind für die Zeit vor 1920 nur statistisch nicht berichtigte Werte verfügbar.

	Geburten-rate	Sterbe-rate	Kindersterb-lichkeit		Geburten-rate	Sterbe-rate	Kindersterb-lichkeit
1801	32,9	27,7	–	1816	32,9	24,5	–
1802	33,0	27,7	–	1817	31,8	25,3	–
1803	32,5	31,2	–	1818	30,6	25,3	–
1804	31,3	31,0	–	1819	32,9	26,1	–
1805	31,6	28,8	–	1820	31,7	25,4	–
1806	31,4	26,8	–	1821	31,7	24,3	–
1807	31,8	27,6	–	1822	31,7	25,3	–
1808	31,3	26,5	–	1823	31,2	24,0	–
1809	32,0	25,0	–	1824	31,6	24,5	–
1810	31,8	24,9	–	1825	31,0	25,9	–
1811	31,6	26,1	–	1826	31,4	26,5	–
1812	30,1	26,2	–	1827	30,8	24,9	–
1813	30,5	26,4	–	1828	30,5	26,2	–
1814	33,9	29,8	–	1829	30,0	25,0	–
1815	32,5	26,0	–	1830	29,9	25,0	182

	Geburten-rate	Sterbe-rate	Kindersterb-lichkeit		Geburten-rate	Sterbe-rate	Kindersterb-lichkeit
1831	30,3	24,6	175	1875	25,9	23,0	170
1832	28,6	28,5	182	1876	26,2	22,6	166
1833	29,5	24,7	175	1877	25,5	21,6	157
1834	29,8	27,8	209	1878	25,2	22,5	169
1835	29,9	24,5	175	1879	25,1	22,5	158
1836	29,2	22,3	168	1880	24,6	22,9	179
1837	28,0	25,3	169	1881	24,9	22,0	166
1838	28,5	24,2	170	1882	24,8	22,2	165
1839	28,2	22,7	160	1883	24,8	22,2	165
1840	27,9	23,7	162	1884	24,7	22,6	177
1841	28,5	23,2	158	1885	24,3	22,0	161
1842	28,5	24,0	167	1886	23,9	22,5	173
1843	28,2	23,1	157	1887	23,5	22,0	160
1844	27,5	22,0	154	1888	23,1	21,9	164
1845	27,9	21,1	144	1889	23,0	20,7	155
1846	27,3	23,2	171	1890	21,8	22,8	174
1847	25,4	23,9	159	1891	22,6	22,9	162
1848	26,5	23,6	160	1892	22,3	22,8	181
1849	27,7	27,4	173	1893	22,8	22,5	174
1850	26,8	21,4	146	1894	22,3	21,2	157
1851	27,1	22,3	163	1895	21,7	22,2	177
1852	26,8	22,6	162	1896	22,5	20,0	149
1853	26,0	22,0	149	1897	22,2	19,4	152
1854	25,5	27,4	179	1898	21,7	20,9	168
1855	25,0	26,0	175	1899	21,8	21,0	163
1856	26,3	23,1	170	1900	21,3	21,9	160
1857	25,9	23,7	185	1901	22,4	20,1	145
1858	26,7	24,1	177	1902	22,0	19,5	137
1859	27,9	26,8	215	1903	21,5	19,3	139
1860	26,2	21,4	150	1904	21,2	19,4	147
1861	26,9	23,2	190	1905	20,9	19,6	139
1862	26,5	21,7	163	1906	20,9	19,8	146
1863	26,9	22,5	180	1907	20,0	20,1	131
1864	26,6	22,7	173	1908	20,5	18,9	131
1865	26,5	24,7	191	1909	19,9	19,1	119
1866	26,4	23,2	162	1910	19,9	17,7	113
1867	26,2	22,7	171	1911	19,0	19,5	157
1868	25,7	24,1	191	1912	19,2	17,4	106
1869	26,0	23,6	177	1913	19,0	17,6	114
1870	25,9	28,4	201	1914	18,1	18,5	111
1871	22,9	32,1	228	1915	11,8	18,3	123
1872	26,7	22,0	159	1916	9,5	17,4	117
1873	26,0	23,3	178	1917	10,4	18,0	129
1874	26,2	21,4	159	1918	12,2	22,4	146

	Geburten-rate	Sterbe-rate	Kindersterb-lichkeit		Geburten-rate	Sterbe-rate	Kindersterb-lichkeit
1919	13,0	19,1	125	1960	17,9	11,3	27,4
1920	21,4	17,3	123,2	1961	18,1	10,8	25,7
1921	20,7	17,7	121,2	1962	17,6	11,4	25,7
1922	19,3	17,5	90,4	1963	18,1	11,6	25,6
1923	19,1	16,7	101,8	1964	18,1	10,7	23,4
1924	18,8	16,9	89,8	1965	17,7	11,1	21,9
1925	19,1	17,5	94,8	1966	17,5	10,7	21,7
1926	18,9	17,5	101,8	1967	16,9	10,9	20,7
1927	18,2	16,6	87,8	1968	16,7	11,0	20,4
1928	18,3	16,5	96,8	1969	16,7	11,3	19,6
1929	17,8	18,0	100,3	1970	16,7	10,6	18,2
1930	18,1	15,7	83,8	1971	17,1	10,8	17,2
1931	17,7	16,3	79,9	1972	16,9	10,6	16,0
1932	17,4	15,9	81,6	1973	16,4	10,7	15,4
1933	16,3	15,9	78,4	1974	15,2	10,5	14,6
1934	16,3	15,3	74,4	1975	14,1	10,6	13,8
1935	15,4	15,8	72,5	1976	13,6	10,5	12,5
1936	15,2	15,5	71,8	1977	14,0	10,1	11,4
1937	14,9	15,2	70,0	1978	13,8	10,2	10,7
1938	14,7	15,6	70,4	1979	14,1	10,1	10,0
1939	14,8	15,5	68,3	1980	14,9	10,2	10,0
1940	13,7	18,1	91,4	1981	14,9	10,2	9,7
1941	13,2	17,1	75,0	1982	14,6	10,0	9,5
1942	14,6	16,7	76,7	1983	13,7	10,2	9,1
1943	15,8	16,1	81,0	1984	13,8	9,9	8,3
1944	16,2	17,1	82,3	1985	13,9	10,0	8,3
1945	16,2	16,2	113,7	1986	14,0	9,8	8,0
1946	20,9	13,5	77,8	1987	13,8	9,4	7,8
1947	21,3	13,1	71,1	1988	13,7	9,3	7,8
1948	21,1	12,4	55,9	1989	13,6	9,4	7,5
1949	20,9	13,7	60,3	1990	13,4	9,3	7,3
1950	20,5	12,7	51,9	1991	13,3	9,2	7,3
1951	19,5	13,3	50,2	1992	13,0	9,1	6,8
1952	19,3	12,3	45,1	1993	12,3	9,2	6,5
1953	18,7	12,9	41,7	1994	12,3	9,0	5,9
1954	18,7	12,0	40,8	1995	12,5	9,1	4,9
1955	18,5	12,0	38,6	1996	12,6	9,2	4,8
1956	18,3	12,4	36,2	1997	12,4	9,0	4,7
1957	18,3	11,9	33,8	1998	12,5	9,1	4,6
1958	18,1	11,1	31,5	1999	12,6	9,2	4,8
1959	18,2	11,2	29,6	2000	13,2	9,1	4,4

Abb. 8: Geburten- und Sterberate (1800–2000)

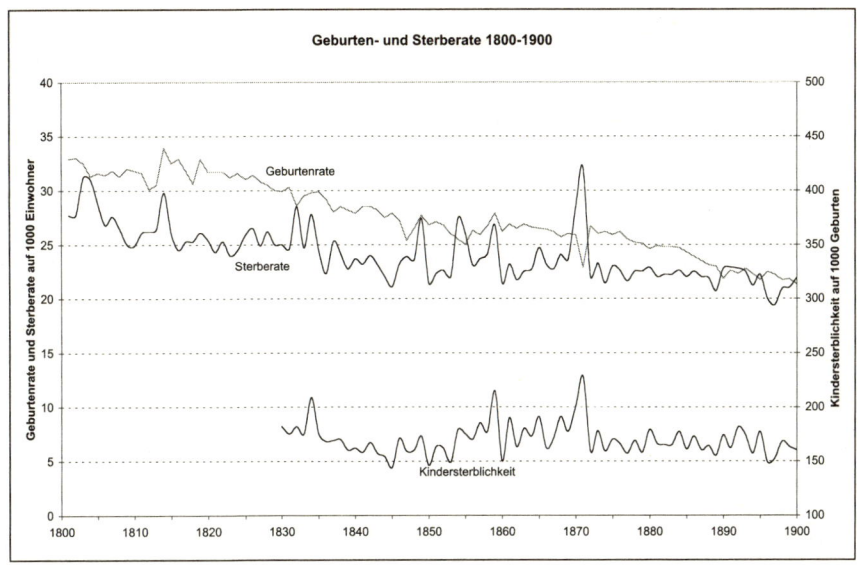

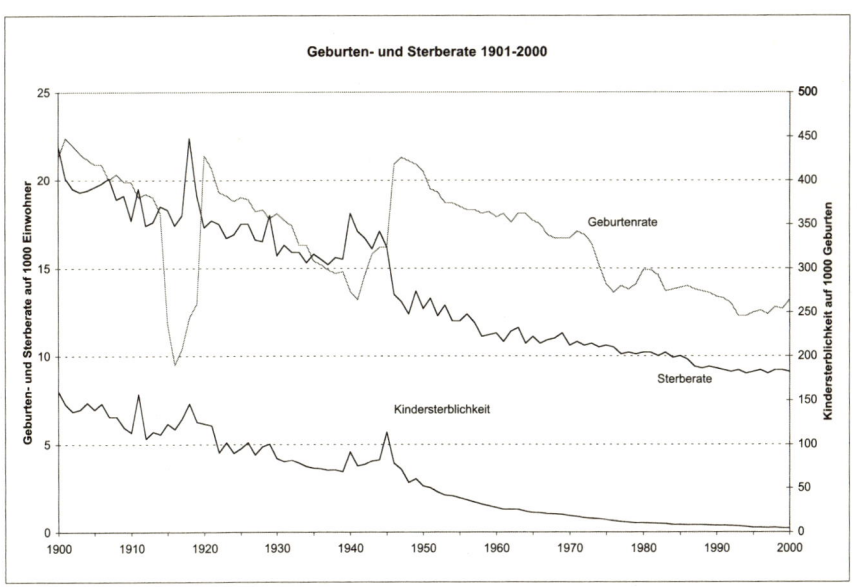

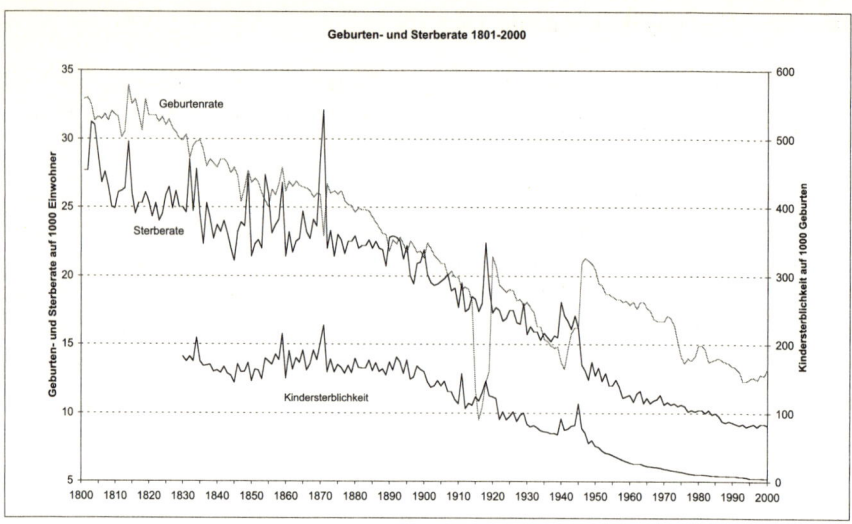

Zahlen für 1801–1900: Mitchell, Historical Statistics, S. 95, 98, 104, 116f.; 1901–1992: Champsaur, Un siècle de démographie française, S. 118f.; 1992–1999: INSEE, Annuaire statistique de la France, 2001, S. 75; 2000: www.insee.fr (La France en faits et chiffres. Bilan démographique; 1.8.2001).

2.2 Immigration

Tab. 6: Herkunft der ausländischen Bevölkerung Frankreichs (1931–1999)

	1931	1954	1962	1975	1990	1999
Ausländische Bevölkerung in Tsd.	2 890	1 765	2 170	3 442	3 580	3 263
davon aus Europa (%)	91,8	81,4	73,4	62,2	46,1	47,3
davon Belgier	9,4	6,1	3,6	1,6	1,6	2,0
Polen	18,7	15,2	8,2	2,7	1,3	1,0
Italiener	29,7	28,7	29,0	13,4	7,0	6,2
Spanier	13	16,1	20,4	14,5	6,0	5,0
Portugiesen	1,8	1,1	2,3	22,0	18,1	17,0
Türken	1,3	0,3	–	1,5	5,5	6,4
davon aus Afrika (%)	3,9	13,0	19,7	34,6	45,4	43,5
davon Algerier	–	12,0	16,2	20,6	17,1	14,6
Marokkaner	–	0,6	1,5	7,6	15,9	15,4
Tunesier	–	0,3	1,2	4,1	5,7	4,7
Andere	–	0,1	0,8	2,3	6,7	8,7
Amerika (Nord- und Süd-) (%)	–	–	–	1,2	2,0	2,5
Asiaten (%)	1,9	2,0	1,7	1,5	6,3	6,1

Zahlen aus: Borne, La société française; INSEE, Annuaire statistique de la France, 2001, S. 99.

Tab. 7: Bevölkerung nach Nationalitäten (1999)

Nationalität	France métropolitaine absolut	%	Ile de France absolut	%	Département Paris absolut	%
gebürtige Franzosen	52 902 209	90,4	8 906 217	81,3	1 661 187	78,1
Naturalisierte	2 355 293	4,0	743 533	6,8	156 398	7,4
Spanier	161 762	0,3	44 253	0,4	15 620	0,7
Italiener	201 670	0,3	43 166	0,4	11 027	0,5
Portugiesen	553 663	0,9	272 239	2,5	38 455	1,8
Andere EU	278 403	0,5	64 988	0,6	26 383	1,2
Algerien	477 482	0,8	190 967	1,7	33 586	1,6
Marokkaner	504 096	0,9	145 903	1,3	23 195	1,1
Tunesien	154 356	0,3	59 643	0,6	18 092	0,9
Türken	208 049	0,4	51 238	0,5	5 766	0,3
Anderes Ausland	723 700	1,2	428 989	3,9	136 142	6,4
Insgesamt	58 520 683	100	10 951 136	100	2 125 776	100

Zahlen aus: www.insee.fr (Recensement Mars 1999. Nationalités; 1.8.2001).

2.3 Départements und Regionen

Tab. 8: Bevölkerungsentwicklung der Départements (1801–1999)

Die angegebenen Zahlen (in Tsd.) beruhen auf den Ergebnissen der Volkszählungen. Aus der Volkszählung von 1999 sind vollständige Zahlen bekannt. Kleinere Gebietsverschiebungen unter den Départements sind nicht berücksichtigt. Zu größeren Veränderungen der Verwaltungsstruktur, insbesondere im Raum Paris vgl. die Anmerkungen.

	1801	1872	1911	1931	1968	1999
01 Ain	297	363	342	323	339	515 270
02 Aisne	426	552	530	489	526	535 489
03 Allier	249	391	406	374	387	344 721
04 Alpes-de-Haute-Provence[1]	134	139	107	88	105	139 561
05 Hautes-Alpes	113	119	105	88	92	121 419
06 Alpes-Maritimes[2]	–	199	356	493	772	1 011 326
07 Ardèche	267	380	332	283	257	286 023
08 Ardennes	260	320	319	294	309	290 130
09 Ariège	196	246	199	161	138	137 205
10 Aube	231	256	241	243	270	292 131
11 Aude	225	286	301	297	278	309 770
12 Aveyron	318	402	369	324	282	263 808
13 Bouches-du-Rhône	285	555	806	1 012	1 470	1 835 719
14 Calvados	452	454	396	401	520	648 385
15 Cantal	220	232	233	194	169	150 778
16 Charente	299	368	347	310	331	339 628
17 Charente-Maritime	399	466	451	415	484	557 024
18 Cher	218	335	338	294	305	314 428
19 Corrèze	244	303	310	264	238	232 576

	1801	1872	1911	1931	1968	1999
2A Corse-du-Sud[3]	164	259	291	297	274	118 593
2B Haute-Corse[3]						141 603
21 Côte-d'Or	341	375	350	334	421	506 755
22 Côtes d'Armor[4]	504	622	606	540	506	542 373
23 Creuse	218	275	266	208	157	124 470
24 Dordogne	409	480	437	384	374	388 293
25 Doubs	216	291	300	306	426	499 062
26 Drôme	235	320	291	267	343	437 778
27 Eure	403	378	324	306	383	541 054
28 Eure-et-Loire	258	283	272	255	302	407 665
29 Finistère	439	643	810	744	769	852 418
30 Gard	300	420	413	407	479	623 125
31 Haute-Garonne	340	479	432	442	691	1 046 338
32 Gers	258	285	222	193	182	172 335
33 Gironde	503	705	829	853	1 009	1 287 334
34 Hérault	275	430	480	515	591	896 441
35 Ille-et-Vilaine	489	590	608	563	653	867 533
36 Indre	206	278	288	248	247	231 139
37 Indre-et-Loire	269	317	341	335	438	554 003
38 Isère	436	576	556	584	768	1 094 006
39 Jura	288	288	253	229	233	250 857
40 Landes	224	301	289	257	277	327 334
41 Loir-et-Cher	210	269	271	242	268	314 968
42 Loire	291	551	641	665	722	728 524
43 Haute-Loire	230	309	304	252	208	209 113
44 Loire-Atlantique	369	602	670	652	861	1 134 266
45 Loiret	286	353	364	343	431	618 126
46 Lot	261	281	206	167	151	160 197
47 Lot-et-Garonne	299	319	268	248	291	305 380
48 Lozère	127	135	123	102	77	73 509
49 Maine-et-Loire	376	518	508	476	586	732 942
50 Manche	531	545	476	433	452	481 471
51 Marne	305	386	436	412	485	565 229
52 Haute-Marne	227	251	215	190	214	194 873
53 Mayenne	306	351	298	254	253	285 338
54 Meurthe-et-Moselle[5]	(338)	365	565	593	705	713 779
55 Meuse	270	385	278	216	210	192 198
56 Morbihan	401	490	578	538	540	643 873
57 Moselle[6]	348	(490)	(655)	693	971	1 023 447
58 Nièvre	233	340	299	255	248	225 198
59 Nord	765	1 448	1 962	2 029	2 418	2 555 020
60 Oise	351	397	411	407	541	766 441
61 Orne	396	398	307	274	289	292 337
62 Pas-de-Calais	506	761	1 068	1 205	1 396	1 441 568
63 Puy-de-Dôme	507	566	526	501	548	604 266
64 Pyrénées-Atlantiques[7]	356	427	433	423	509	600 018
65 Hautes-Pyrénées	175	235	206	190	226	222 368
66 Pyrénées-Orientales	111	192	213	239	282	392 803
67 Bas-Rhin[8]	450	(600)	(701)	688	827	1 026 120

	1801	1872	1911	1931	1968	1999
68 Haut-Rhin[8]	–	(516)	(495)	469	544	708 025
69 Rhône	299	670	916	1 046	1 326	1 578 869
70 Haute-Saône	–	317	267	228	208	229 732
71 Saône-et-Loire	453	598	604	539	550	544 893
72 Sarthe	388	447	419	385	462	529 851
73 Savoie[9]	–	268	248	236	289	373 258
74 Haute-Savoie[9]	–	273	255	253	379	631 679
75(alt) Seine[10]	632	2 220	4 154	4 934	–	–
76 Seine-Maritime	610	790	877	905	1114	1 239 138
77 Seine-et-Marne	299	341	364	406	604	1 193 767
78(alt) Seine-et-Oise[10]	422	580	818	1366	–	–
79 Deux-Sèvres	242	331	338	308	326	344 392
80 Somme	459	557	520	467	511	555 551
81 Tarn	271	353	324	303	332	343 402
82 Tarn-et-Garonne	228	222	183	164	184	206 034
83 Var	272	294	331	377	556	898 441
84 Vaucluse	191	263	239	242	354	499 685
85 Vendée	243	401	439	390	421	539 664
86 Vienne	241	321	332	303	340	399 024
87 Haute-Vienne	245	322	385	336	342	353 893
88 Vosges	309	393	434	378	388	380 952
89 Yonne	321	364	304	276	283	333 221
90 Territoire de Belfort[11]	–	57	101	99	118	137 408
75 Ville de Paris	–	–	–	–	2 591	2 125 246
78 Yvelines	–	–	–	–	854	1 354 304
91 Essonne	–	–	–	–	673	1 134 238
92 Hauts-de-Seine	–	–	–	–	1 462	1 428 881
93 Seine-Saint-Denis	–	–	–	–	1 250	1 382 861
94 Val-de-Marne	–	–	–	–	1 121	1 227 250
95 Val-d'Oise	–	–	–	–	693	1 105 464
971 Guadeloupe	–	[12]145 417	212 430	267 407	[14]312 724	422 496
972 Martinique	–	[12]161 995	[13]184 004	234 500	[14]320 030	381 427
973 Guyane[15]	–	[12]18 230	–	–	[14]444 392	157 213
974 Réunion	–	182 700	173 822	197 933	[14]416 525	706 300

[1] Früher: Basses-Alpes; [2] Die Grafschaft Nizza kam erst 1860 zu Frankreich und wurde zu einem Teil des Département Alpes-Maritimes; [3] 1975 wurde das Département Corse (20) in zwei Départements geteilt: Corse-du-Sud und Haute-Corse; [4] Früher: Côte-du-Nord; [5] Der 1871 durch Deutschland annektierte Teil des Département Meurthe wurde zu Moselle geschlagen, der Rest wurde zum Département Meurthe-et-Moselle. 1801 hier noch in den alten Grenzen; [6] Durch Deutschland annektiert 1871–1918, s. Meurthe-et-Moselle; [7] Früher: Basses-Pyrénées; [8] Von Deutschland annektiert 1871–1918; [9] Savoie und Haute-Savoie kamen erst 1860 von Italien zu Frankreich; [10] Die Départements Seine sowie Seine-et-Oise wurden 1964 in sieben neue Départememts aufgeteilt. Die Nummer 75 wurde der Stadt Paris, die Nummer 78 dem Département Yvelines zugeteilt (s.u.). Das Département Seine-et-Marne (77) blieb unverändert bestehen [11] Teil von Haut-Rhin bis 1871; [12] 1876; [13] 1910; [14] 1967; [15] Die Volkszählungen in Guyana zwischen 1877 und 1953 sind stark fehlerhaft und werden deshalb nicht wiedergegeben.

Zahlen aus: Mitchell, Historical Statistics, S. 50–52; Dictionnaire national des communes, S. 1272–1276; www.insee.fr (La France en faits et chiffres. Population [...] de ses départements; 1.8.2001).

Tab. 9: Daten zur Bevölkerungsstruktur der Regionen (1999)

	Oberfläche (km²)	Bevölkerung 1999 in Tsd.	Bevölkerungs-dichte Einw./km²	Veränderung 1990–99 (%)
Alsace	8 280,20	1 734,1	209	+ 6,8
Aquitaine	41 308,42	2 908,4	70	+ 4,0
Auvergne	26 012,89	1 308,9	50	– 0,9
Bourgogne	31 581,96	1 610,1	51	+/– 0
Bretagne	27 207,91	2 906,2	107	+ 4,0
Centre	39 150,94	2 440,3	62	+ 2,9
Champagne-Ardennes	25 605,75	1 342,4	52	– 0,4
Corse	8 679,79	260,2	30	+ 3,9
Franche-Comté	16 202,34	1 117,1	69	+ 1,8
Île-de-France	12 012,27	10 952,0	912	+ 2,7
Languedoc-Roussillon	27 375,79	2 295,6	84	+ 8,5
Limousin	16 942,34	710,9	42	– 1,6
Lorraine	23 547,36	2 310,4	98	+ 0,2
Midi-Pyrénées	45 347,94	2 551,6	56	+ 5,0
Nord-Pas-de-Calais	12 414,09	3 996,6	322	+ 0,8
Basse-Normandie	17 589,32	1 422,2	81	+ 2,2
Haute-Normandie	12 317,31	1 780,2	145	+ 2,5
Pays de la Loire	32 081,77	3 222,1	100	+ 5,3
Picardie	19 399,46	1 857,2	96	+ 2,6
Poitou-Charentes	25 809,53	1 640,1	64	+ 2,8
Provence-Alpes-Côte d'Azur	31 399,64	4 506,1	144	+ 5,8
Rhône-Alpes	43 698,23	5 645,4	129	+ 5,5
Métropole insgesamt	543 965,40	58 518,4	108	+ 3,4
Guadeloupe	1 702,60	422,5	248	+ 9,2
Martinique	1 128,00	381,4	338	+ 6,1
Guyane	83 533,90	157,2	2	+ 37,1
Réunion	2 503,72	706,3	282	+ 18,1
D.O.M. insgesamt	88 868,22	1 667,4	19	+ 14,3
Frankreich (Métropole und D.O.M.)	**623 833,62**	**60 185,8**	**95**	**+ 3,6**

Zahlen aus: INSEE, Annuaire statistique de la France 2001, S. 13–16, 23f.; www.insee.fr (La France en faits et chiffres. Population [...] de ses régions; 1.8.2001).

	Stadtbevölke-rung in %	Ausländer in %	Bevölkerung (in %)		
			< 20 Jahre	60–74 Jahre	> 75 Jahre
Alsace	75,1	7,4	24,9	12,9	6,2
Aquitaine	69,7	3,7	22,2	15,4	9,5
Auvergne	59,6	3,3	21,5	16,1	9,5
Bourgogne	57,3	4,0	23,3	15,4	9,3
Bretagne	64,5	1,1	24,1	15,3	8,5
Centre	65,9	4,0	24,1	14,5	8,8
Champagne-Ardennes	62,7	3,8	25,3	13,5	7,4
Corse	62,3	9,9[1]	22,1	15,9	9,0
Franche-Comté	58,9	4,8	25,2	13,7	7,5
Île-de-France	96,1	11,9	25,2	10,8	5,8
Languedoc-Roussillon	75,3	5,7	22,9	15,6	9,5
Limousin	51,7	2,8	19,5	17,6	11,8
Lorraine	72,5	5,5	25,1	14,1	6,8
Midi-Pyrénées	64,5	3,9	21,8	15,5	9,6
Nord-Pas-de-Calais	86,3	3,3	28,0	12,5	6,3
Basse-Normandie	53,8	1,4	25,2	14,7	8,1
Haute-Normandie	69,0	2,7	26,6	12,6	6,9
Pays de la Loire	65,3	1,3	25,4	13,9	7,9
Picardie	61,2	3,3	26,9	12,5	6,6
Poitou-Charentes	52,9	1,5	22,5	16,0	9,9
Provence-Alpes-Côte d'Azur	91,6	6,3	23,2	15,0	9,2
Rhône-Alpes	77,4	6,5	25,3	12,9	7,1
Métropole insgesamt	75,5	5,58	24,6	13,6	7,7
Guadeloupe	98,5	0,50	31,7	9,3	4,7
Martinique	82,9	0,94	29,5	11,1	5,5
Guyane	92,0	29,7[2]	43,3	4,3	1,7
Réunion	98,3	0,51	36,2	7,2	2,8
D.O.M. insgesamt	95,4	4,5	34,2	8,4	3,8
Frankreich (Métropole und D.O.M.)	**76,1**	**5,54**	**24,8**	**13,5**	**7,6**

„Stadt" ist nach der Definition des INSEE jede Kommune über 2000 Einwohner.
[1] davon: 5,3% Marokkaner; [2] davon u.a.: 12,1% aus Surinam, 5,4% Brasilianer, 11,0% Haïti.

2.4 Städte und Agglomerationen

Tab. 10: Die größten Städte Frankreichs (1600–1999)

Die Zahlen geben die Einwohnerzahl der jeweils 20 größten französischen Städte des jeweiligen Jahres an. Da Strasbourg 1901 zum Deutschen Reich gehörte, fällt die Stadt für dieses Jahr aus der Rangliste heraus.

	1600 (in Tsd.)		1811		1861	
1	Paris	300	Paris	622 636	Paris	1 643 917
2	Rouen	70	Lyon	109 338	Lyon	267 587
3	Tours	65	Bordeaux	88 397	Marseille	219 984
4	Marseille	45	Rouen	81 098	Bordeaux	149 229
5	Bordeaux	40	Marseille	78 445	Lille	123 438
6	Orléans	40	Nantes	74 524	Nantes	103 780
7	Toulouse	40	Lille	66 536	Rouen	94 679
8	Lyon	35	Strasbourg	48 213	Toulouse	91 756
9	Lille	33	Toulouse	45 094	Le Havre	72 950
10	Rennes	33	Orléans	42 651	St.-Etienne	71 829
11	Caen	30	Metz	38 656	Strasbourg	56 248
12	Dieppe	30	Nîmes	37 721	Brest	54 435
13	Valenciennes	30	Amiens	35 876	Reims	51 693
14	Angers	26	Caen	34 479	Nîmes	50 882
15	Avignon	26	Toulon	31 689	Amiens	50 318
16	Amiens	25	Montpellier	31 237	Toulon	47 581
17	Nantes	25	Reims	31 192	Nancy	43 221
18	Strasbourg	25	Clermont-F.	30 379	Orléans	43 097
19	La Rochelle	23	Nancy	28 950	Angers	41 157
20	Dijon	21	Rennes	26 639	Montpellier	39 605

	1901		1931		1954	
1	Paris	2 659 128	Paris	2 846 923	Paris	2 820 534
2	Marseille	396 033	Marseille	502 000	Lyon	632 210
3	Lyon	392 361	Lyon	428 993	Marseille	605 577
4	Bordeaux	238 237	Bordeaux	249 754	Bordeaux	376 309
5	Lille	153 243	Lille	194 824	Lille	345 766
6	Le Havre	145 082	Le Havre	180 768	Roubaix	262 665
7	Nantes	141 518	Nice	177 190	Rouen	236 697
8	St.-Etienne	129 850	St.-Etienne	170 858	Strasbourg	230 479
9	Toulouse	127 866	Strasbourg	170 794	Toulouse	217 667
10	Roubaix	120 209	Nantes	169 164	Nantes	214 707
11	Rouen	110 480	Toulouse	161 515	Nice	208 453
12	Reims	100 688	Rouen	115 283	Le Havre	170 446
13	Nancy	90 524	Roubaix	115 202	Nancy	164 217
14	Toulon	78 833	Nancy	112 258	St.-Etienne	156 907
15	Nice	78 480	Reims	106 662	Grenoble	126 623
16	Amiens	76 172	Toulon	98 318	Toulon	125 572
17	Angers	72 571	Amiens	83 377	Clermont-F.	120 462
18	Nîmes	72 479	Grenoble	82 873	Reims	116 751
19	Limoges	70 573	Dijon	82 120	Rennes	112 553
20	Brest	69 801	Rennes	8 693	Dijon	110 041

	1982		1990		1999	
1	Paris	2 176 243	Paris	2 152 423	Paris	2 125 246
2	Marseille	874 436	Marseille	800 550	Marseille	798 430
3	Lyon	413 095	Lyon	414 487	Lyon	445 452
4	Toulouse	347 995	Toulouse	358 688	Toulouse	390 350
5	Nice	337 085	Nice	342 439	Nice	342 738
6	Strasbourg	248 712	Strasbourg	252 338	Nantes	270 251
7	Nantes	240 539	Nantes	244 995	Strasbourg	264 115
8	Bordeaux	208 159	Bordeaux	210 336	Montpellier	225 392
9	St.-Etienne	204 955	Montpellier	207 996	Bordeaux	215 363
10	Le Havre	199 388	St.-Etienne	199 396	Rennes	206 229
11	Montpellier	197 231	Rennes	197 536	Le Havre	190 905
12	Rennes	194 656	Le Havre	195 854	Reims	187 206
13	Toulon	179 423	Reims	180 620	Lille	184 657
14	Reims	177 234	Lille	172 142	St.-Étienne	180 210
15	Lille	168 424	Toulon	167 619	Toulon	160 639
16	Grenoble	156 637	Grenoble	150 758	Grenoble	153 317
17	Brest	156 060	Brest	147 956	Angers	151 279
18	Le Mans	147 697	Dijon	146 703	Dijon	149 867
19	Clermont-F.	147 224	Le Mans	145 502	Brest	149 634
20	Dijon	140 942	Angers	141 404	Le Mans	146 105

Zahlen aus: Pinol, Atlas historique des villes de France, S. 314–318 [für 1600–1990]; INSEE, Annuaire statistique de la France, 2001 [für 1999].

Tab. 11: Bevölkerungsverteilung Stadt – Land (1911–1999)

	Bev. in Tsd.	Land	Stadt	Stadt in %	Urbane Fläche in km²
1911	39 500	–	–	44,1	–
1936	41 813	19 693	22 120	52,9	36 516
1954	42 705	18 249	24 456	57,3	41 142
1962	46 425	17 055	29 370	63,2	48 743
1968	49 712	14 848	34 834	70,1	68 880
1975	52 592	14 241	38 351	72,9	76 281
1982	54 335	14 474	39 861	73,4	83 352
1990	56 615	14 717	41 898	74,0	89 649
1999	58 518	14 321	44 197	75,5	100 041

Zahlen aus: Duby, Histoire de la France urbaine, Bd. 5, S. 140 [für 1911]; INSEE première Nr. 707 (April 2000) [für 1936–1999].

Tab. 12: Städte und Agglomerationen in Frankreich (1999)

Im folgenden werden die aktuell jeweils 20 größten Städte und Agglomerationen wiedergegeben. Das INSEE verwendet dabei folgende Definitionen:

Commune: Die Gesamtbevölkerung einer Kommune teilt sich in die eigentlichen Gemeindebürger und die separat gezählten Einwohner (Soldaten in den Kasernen, Internatsschüler, Strafgefangene etc.); die hier angegebenen Zahlen betreffen jeweils die Gesamtbevölkerung, jedoch ohne doppelte Zählungen, also auch in anderen Kommunen gezählte Personen.

Unité urbaine: Einziges Kriterium ist hier die kontinuierliche Wohnbebauung. Dies kann eine Stadt (*ville*) mit mindestens 2 000 Einwohnern sein oder eine *agglomération urbaine,* die aus zwei oder mehr Kommunen besteht, also i.d.R. einem Zentrum und seiner *banlieue,* und zusammen mehr als 2 000 Einwohner besitzt.

Aire urbaine: Gruppe von Kommunen und *unités urbaines,* die sich um einen urbanen Pol gruppieren, wobei 40% der arbeitenden Bevölkerung in diesem Pol oder in den zu ihm gehörigen Kommunen arbeiten müssen. Ein solcher Pol muß mindestens 5 000 Arbeitsplätze bieten und darf selbst nicht zur *couronne périurbaine* eines anderen Pols gehören (Zahlen hier: Schätzungen für 1999 in den Grenzen von 1990).

| communes | | unités urbaines | | | aires urbaines | | | | Wachstum in v.H. | | |
Name	Bev. absolut	Name	Zahl der zugehörigen Kommunen	Bev. absolut	Name	Zahl der zugehörigen Kommunen	Bev. absolut	Rang 1990	1975–1982	1982–1990	1990–1999
1 Paris	2 125 246	Paris	396	9 644 507	Paris	1 155	10 561 379	1	0,28	0,70	0,29
2 Marseille	798 430	Marseille-Aix-en-Provence	38	1 349 772	Lyon	239	1 597 662	2	0,49	0,81	0,65
3 Lyon	445 452	Lyon	102	1 348 832	Marseille-Aix-en-Provence	67	1 398 147	3	0,57	0,11	0,43
4 Toulouse	390 350	Lille 1	63	1 000 900	Lille	118	1 108 447	4	0,16	0,32	0,30
5 Nice	342 738	Nice	50	888 784	Toulouse	255	917 312	6	1,01	1,69	1,57
6 Nantes	270 251	Toulouse	72	761 090	Bordeaux	149	882 156	5	0,90	1,09	0,67

7	Strasbourg	264 115	Bordeaux	51	753 931	Nantes	65	674 115	7	0,93	0,93	1,11	
8	Montpellier	225 392	Nantes	20	544 932	Strasbourg	128	557 165	9	0,57	0,65	0,80	
9	Bordeaux	215 363	Toulon	26	519 640	Nice	72	556 525	8	0,69	0,97	0,35	
10	Rennes	206 229	Douai-Lens	68	518 727	Grenoble	101	504 849	10	0,51	0,62	0,63	
11	Le Havre	190 905	Strasbourg[1]	20	427 245	Rennes	104	483 795	13	1,51	1,20	1,32	
12	Reims	187 206	Grenoble	34	419 334	Toulon	25	478 206	12	1,24	0,89	0,54	
13	Lille	184 657	Rouen	31	389 862	Rouen	142	470 120	11	0,08	0,36	0,26	
14	St.-Étienne	180 210	Valenciennes[1]	61	357 395	Montpellier	74	445 724	15	2,09	2,11	1,86	
15	Toulon	160 639	Nancy	37	331 363	Nancy	163	396 314	14	0,34	0,27	0,11	
16	Grenoble	153 317	Metz	47	322 526	Tours	66	368 395	17	1,10	0,81	0,67	
17	Angers	151 279	Tours	23	297 631	Valenciennes	90	368 279	16	-0,49	-0,41	-0,04	
18	Dijon	149 867	St.-Étienne	17	291 960	Grasse-Cannes-Antibes	30	364 362	18	1,97	1,68	0,68	
19	Brest	149 634	Montpellier	11	287 981	Clermont-Ferrand	99	351949	19	0,68	0,36	0,36	
20	Le Mans	146 105	Rennes	10	272 263	Caen	204	345919	22	1,10	1,03	0,73	

[1] hier der französische Teil.
Zahlen aus: Annuaire statistique de la France, 2001, S. 18–22 (Recensement de 1999).

III. Dynastien und Regenten

Tab. 13: Die Regenten Frankreichs (751–1870)

Karolinger:

751	König Pippin *der Jüngere*
768	Karl und Karlmann
771	Karl wird Alleinherrscher
773	Karl wird König der Lombardei
800	Kaiserkrönung Karls *des Großen* in Rom
813	Ludwig I. wird dem Thron assoziiert
814	Ludwig I. wird Kaiser und König
840/43	König Karl II. (von Frankreich)
875	Karl II. wird Kaiser
877	König Ludwig II.
879	Könige Ludwig III. und Karlmann
882	Karlmann alleiniger König nach Tod Ludwig III.
885	Kaiser und König Karl III.
[888	König Odo, Graf von Paris]
896	Karl III. *der Einfältige* und Odo teilen sich das Königreich
898	Karl III. alleiniger König nach Tod Odos
922	König Robert I.
923	König Rudolf I.
936	König Ludwig IV., *der Überseeische*
954	König Lothar
986	König Ludwig V.

Kapetinger:

987	König Hugo Capet
996	König Robert II. *der Fromme*
1031	König Heinrich I.
1060	König Philipp I.
1100	Philipp I. assoziiert seinen Sohn Ludwig (VI.) dem Thron
1108	König Ludwig VI. *der Dicke*
1137	König Ludwig VII.
1180	König Philipp II. Augustus

1223   König Ludwig VIII.
1226   König Ludwig IX. *der Heilige*
1270   König Philipp III.
1285   König Philipp IV. *der Schöne*
1314   König Ludwig X.
1316   König Johann I.
1316   König Philipp V.
1322   König Karl IV.

Haus Valois (Nebenlinie der Kapetinger):

1328   König Philipp VI.
1350   König Johann II. *der Gute*
1364   König Karl V. *der Weise*
1380   König Karl VI.
1422   König Karl VII.
1461   König Ludwig XI.
1483   König Karl VIII.
1498   König Ludwig XII. (Haus Orléans)
1515   König Franz I. (Haus Orléans-Angoulême)
1547   König Heinrich II.
1559   König Franz II.
1560   König Karl IX.
1574   König Heinrich III.

Haus Bourbon:

1589   König Heinrich IV. (von Frankreich und Navarra)
1610   König Ludwig XIII.
1643   König Ludwig XIV.
1715   König Ludwig XV.
1774   König Ludwig XVI.

2.12.1804–6.4.1814:   Kaiser Napoleon I. Bonaparte

11.4.1814   König Ludwig XVIII.

1.3.1815–(22.6.)1815: „Herrschaft der Hundert Tage" Napoleons

(7.7.)1815   König Ludwig XVIII.
16.9.1824   König Karl X.
9.8.1830–24.2.1848: König Louis Philippe (von Orléans)

2.12.1852–4.9.1870:   Kaiser Napoleon III.

Aus: Lucine-Jean Bord, Généalogie commentée des Rois de France, Chiré-en-Montreuil 1980.

IV. Staatsform und wichtigste politische Institutionen seit 1789

1. Verfassungen und staatsrechtliche Zäsuren: ein historischer Abriß (1789–2002)

1.1 26. August 1789: Erklärung der Menschen- und Bürgerrechte

Die Erklärung der Menschen- und Bürgerrechte ist das berühmteste Dokument, das die Französische Revolution hervorgebracht hat. Sie besiegelte den revolutionären Bruch mit der ständischen Gesellschaft, der bereits am 4. August 1789 mit der Abschaffung der Feudalrechte vollzogen worden war. Unverkennbar beeinflußt vom Geist der Aufklärung, aber auch der amerikanischen Revolution, statuierte die Erklärung die natürlichen und unveräußerlichen Rechte des Individuums. Die Menschen sind und bleiben von Geburt an gleich in ihren Rechten (Art. 1). Sie genießen Meinungs- und Religionsfreiheit (Art. 10–11). Die Freiheit des einzelnen findet seine Grenze allein im Gesetz und in den Freiheitsrechten des anderen (Art. 4–5). Insbesondere das Eigentum – und hier kommt der „bürgerliche" Charakter der Erklärung zum Ausdruck – wird als „unverletzliches und heiliges Recht" konstituiert (Art. 17). Darüber hinaus werden die Freiheitsrechte der Deklaration überwiegend „negativ" formuliert. Geprägt durch den Kampf gegen den monarchischen „Despotismus", legten die Mitglieder der Konstituante besonderes Gewicht auf die Garantie individueller Freiheitsrechte gegenüber der Staatsgewalt. In erster Linie betraf dies die Abwehr willkürlicher Verhaftungen und Strafen (Art. 7–9).

Trug die Erklärung der Menschen- und Bürgerrechte universalen Charakter, so begründete sie doch zugleich die Idee der Nation. Allein in der Nation, nicht etwa bei Gott oder im Königtum, hat jede Souveränität ihren Ursprung (Art. 3); innerhalb der Nation haben alle Bürger das Recht, an der Formung des allgemeinen Willens (*volonté générale*), das heißt an der Gesetzgebung, mitzuwirken (Art. 6). Zur Sicherung dieser Freiheit wie auch der individuellen Rechte hielt die Konstituante die Gewaltenteilung für erforderlich (Art. 16). Nur unter dieser Voraussetzung, so folgerte die Deklaration, besitze eine Gesellschaft auch eine „Verfassung". Der moderne Verfassungsgedanke, im angelsächsischen Raum bereits seit längerem etabliert, fand so definitiv Eingang in die französische Geschichte. Zwar ist die Erklärung der Menschen- und Bürgerrechte primär als Dokument ihrer Zeit zu verstehen; sie spiegelt gleichsam ex negativo den sozialen und politischen Zustand des Ancien Régime wider. Aber als Verfassungsdokument hat sie eine kontinentaleuropäische Tradition begründet, nachdem sie zunächst in vollem Umfang zum einleitenden Teil der Verfassung von 1791 geworden war.

1.2 3. September 1791: Die Verfassung von 1791

Die Grundgedanken der Deklaration der Menschen- und Bürgerrechte konsequent weiterführend, begründete die Verfassung von 1791 zwei neue Prinzipien: die Souveränität der Nation und die Gewaltenteilung. Zwar blieb die Staatsform monarchisch, aber ihre Organe legitimierten sich ausnahmslos aus der Nation. Deren „einheitliche, unteilbare und unveräußerliche" Souveränität ist die Quelle aller Staatsgewalt (Tit. III, Art. 1). Damit hatten sich in der Nationalversammlung jene Kräfte um den Abbé Sieyès durchgesetzt, die dem König nur eine von der Nation abgeleitete Prärogative zuzugestehen bereit waren. Stärker royalistisch gesinnte Abgeordnete, die König und Nation als gleichberechtigte Partner im Prozeß der Verfassungsgebung begriffen, blieben demgegenüber in der Minderheit.

In ebenso strikter wie schematischer Weise trennte die Verfassung von 1791 die Gewalten: Die gesetzgebende Gewalt (*pouvoir législatif*) oblag ausschließlich der Nationalversammlung, die als einzige Kammer die souveräne Nation repräsentierte. Dagegen ruhte die oberste vollziehende Gewalt (*pouvoir exécutif*) in der Hand des Königs, der dementsprechend allein über Berufung und Entlassung der Minister entschied (Tit. III, Kap. II, Abschn. IV, Art. 1). Für jede seiner Entscheidungen benötigte er die Gegenzeichnung durch einen Minister. Jedoch stattete die Verfassung den König mit einem aufschiebenden Vetorecht aus. Über vier Jahre hinweg konnte der König somit die Ausfertigung von Gesetzen verweigern, die von der Nationalversammlung ordnungsgemäß verabschiedet worden waren. Die richterliche Gewalt (*pouvoir judiciaire*) schließlich sollten vom Volk auf Zeit gewählte, unabhängige und unabsetzbare Richter ausüben (Tit. III, Kap. V, Art. 1–2).

Unübersehbar stand diese Konstruktion einer konstitutionellen Monarchie in der liberalen Tradition von John Locke und Charles de Montesquieu. Sie markierte die erste Phase der Französischen Revolution, in der nicht wenige darauf hofften, einen Teil der traditionellen Gewalten, insbesondere die Monarchie, mit den neuen Kräften des revolutionären Aufbruchs versöhnen zu können. Dem „bürgerlichen" Charakter dieser Phase entsprach es auch, wenn die Verfassung von 1791 den Status des *citoyen actif* auf Steuerbürger beschränkte, faktisch also ein Zensuswahlrecht vorsah. In der Praxis freilich ist diese Verfassung kaum zur Anwendung gekommen; vielmehr fiel sie rasch der sich radikalisierenden Revolution zum Opfer. Schon der gescheiterte Fluchtversuch Ludwigs XVI., der am 21. Juni 1791 mit seiner Verhaftung in Varennes kläglich endete, hatte das Ansehen des Königs in der Öffentlichkeit in irreversibler Weise beschädigt. Für den gemäßigten Flügel der Revolution, der ja den König und die Monarchie für die Verfassung von 1791 dringend brauchte, war dies ein schwerer Schlag. Tatsächlich bildete Varennes, die Flucht, Verhaftung und Rückführung des Königs und seiner Familie vor einer riesigen, schweigenden Volksmenge, einen definitiven Wendepunkt in der Revolutionsgeschichte. Bis dahin hatte Ludwig XVI. wohl durchaus die Chance, ein „Bürgerkönig" zu werden und in dem neuen französischen Verfassungsgefüge die dringend benötigte stabilisierende Rolle zu spielen. Nach Varennes jedoch fehlte einer großen konservativ-liberalen Politik das hierfür notwendige Element eines geliebten und geachteten Königs.

Zwar leistete Ludwig XVI. am 13. September 1791 den geforderten Eid auf die Verfassung; in der Folge aber setzte sich der Trend zu einer parlamentarischen Verantwortlichkeit der Minister vor der Nationalversammlung zunehmend durch, und der König geriet unvermeidlich zwischen die innerrevolutionären Fronten. Im Mai/Juni 1792 eskalierte die latente Krise in einem offenen Verfassungskonflikt, als Ludwig XVI. gegen den Beschluß der Nationalversammlung, die eidverweigernden Priester zu deportieren, sein Veto einlegte und die girondistischen Minister entließ. Sofort wurde der König zur Zielscheibe der zunehmend politisierten, zur Radikalisierung neigenden Sektionen von Paris. Schon erscholl die Forderung nach seiner Absetzung. Und als am 10. August 1792 Angehörige der Pariser Bevölkerung in einer blutigen Auseinandersetzung die Tuilerien stürmten, war das Schicksal der Monarchie und der Verfassung von 1791 besiegelt. Ludwig XVI. wurde gefangengesetzt und nach seinem Prozeß am 21. Januar 1793 hingerichtet. Der Versuch, in Frankreich eine konstitutionelle Monarchie nach englischem Muster zu etablieren, ging im Strudel der sich radikalisierenden Revolution unter.

1.3 24. Juni 1793: Die Verfassung der Ersten Französischen Republik

Der im September 1792 neugewählte Nationalkonvent gab sich bald nach seinem Zusammentritt einen Verfassungsausschuß. Er wurde vom girondistischen Flügel des Konvents beherrscht und tagte unter dem Vorsitz von Antoine de Condorcet. Bereits am 6. Februar 1793 präsentierte er seinen Verfassungsentwurf. Doch nach dem Sturz der Girondisten am 2. Juni 1793 beauftragte der Konvent den Wohlfahrtsausschuß mit der Erarbeitung einer neuen Verfassung. Auch wenn diese Verfassung, anders als ihre Vorgängerin, niemals in Kraft trat, ist sie doch gleichwohl von historischer Bedeutung. Denn zum einen begründete sie die republikanische Verfassungstradition Frankreichs. In ihr findet sich der berühmte Artikel 1 der Verfassungsurkunde, der in Anknüpfung an die bereits 1791 etablierte Souveränität der unteilbaren Nation formulierte: „Die Französische Republik ist einheitlich und unteilbar (une et indivisible)". Selbstverständnis und Ideologie des französischen Republikanismus fanden damit in einer im Grunde bis heute gültigen Form ihren Ausdruck. Zum anderen aber offenbarte die Verfassung von 1793 den Geist des „linken", zum sozialen Egalitarismus tendierenden Flügels der Revolution. Bereits in der charakteristischen Umformulierung der Erklärung der Menschen- und Bürgerrechte kommt dies treffend zum Ausdruck. Während die Deklaration von 1789 lediglich die Gleichheit der Bürger vor dem Gesetz kannte, präzisierte die republikanische Verfassung: „Alle Menschen sind von Natur und vor dem Gesetz gleich" (Art. 3). Dies implizierte die Kodifikation wichtiger sozialer Grundrechte wie das Recht auf Arbeit oder das Recht auf Bildung, die den bis heute bedeutsamen Anspruch auf soziale Emanzipation zur Geltung brachten. Dem entsprach ein sozialstaatlicher Imperativ, den die Verfassung der Republik als „heilige Schuld" auftrug. „Die Gesellschaft schuldet ihren unglücklichen Mitbürgern den Unterhalt, indem sie ihnen entweder Arbeit verschafft oder denen, die außerstande sind zu arbeiten, die Mittel für ihr Dasein sichert" (Art. 21).

In ihrem mit kurzer, gleichsam jakobinischer Schärfe formulierten Organisationsstatut war die Verfassung von 1793 radikaldemokratisch. An die Stelle des indirekten Zensuswahlrechts von 1791 setzte sie das allgemeine gleiche direkte Wahlrecht ab 21 Jahren. Die Wahlperiode von nur einem Jahr diente dazu, die Abgeordneten einer engen Kontrolle durch den Souverän – das „Volk" – zu unterwerfen. Wichtiger noch waren die faktische Aufhebung des Prinzips der Gewaltenteilung und die konsequente Unterordnung der Exekutive unter die Legislative. In der Verfassung von 1793 erscheint die vollziehende Gewalt lediglich als Ausschuß des Parlaments. Von der Nationalversammlung gewählt, wären seine Mitglieder ohne eigene Kompetenzen geblieben und der stets engen Kontrolle durch die Versammlung ausgeliefert gewesen.

Mit ihren direkt-demokratischen und sozialegalitären Elementen, bei gleichzeitiger Aufrechterhaltung ihrer liberal-individualistischen Grundlagen, atmete die Verfassung den jakobinischen Geist ihrer Zeit. Sie wurde durch ein Referendum ratifiziert, aber bereits am 10. Oktober 1793 durch ein Dekret des Wohlfahrtsausschusses suspendiert. Im Kontext des äußeren Krieges wie des Bürgerkrieges etablierte der Wohlfahrtsausschuß unter Maximilien de Robespierre seine Diktatur. Die erste Französische Republik blieb zunächst ohne Verfassung; Ausnahmezustand und Terror wurden zu ihren Insignien.

1.4 22. August 1795 (5. Fructidor III): Die Direktorialverfassung

Nach dem 9. Thermidor des Jahres II (= 27./28. Juli 1794), dem Sturz der Jakobinerherrschaft unter Robespierre, verfiel Frankreich für längere Zeit einer verfassungspolitischen Orientierungslosigkeit. Einerseits hatten sich die Ideen der radikalen, sozialegalitären Demokratie zunächst weitgehend diskreditiert und im besitzenden Bürgertum Furcht und Schrecken hervorgerufen; andererseits aber gab es keine direkte Rückkehr zu den liberalen Mustern der frühen Revolutionszeit. Der Weg dorthin war, wie sich unter dem Direktorium nur allzu rasch herausstellte, mit den Methoden der sozialen Reaktion gepflastert. Tatsächlich resultierte die Rückkehr zu den Grundsätzen des Jahres 1791 in erster Linie aus der Abkehr von der Jakobinerherrschaft, weniger dagegen aus genuinem Enthusiasmus für die Ideen der damaligen Aufbruchstimmung. Einmal mehr lassen sich die

Nuancen an der „Erklärung der Rechte und Pflichten des Menschen und des Bürgers" ablesen, die die Direktorialverfassung von 1795 – hierin ihren Vorgängerinnen folgend – an den Anfang stellte. Die Erklärung sprach nicht mehr von „natürlichen" und „unveräußerlichen" Rechten, sondern begnügte sich mit der bloßen Aufzählung: „Die Rechte des Menschen in Gesellschaft sind: Freiheit, Gleichheit, Sicherheit, Eigentum" (Art. 1 der Deklaration). Das Recht der „Gleichheit" bestand für die Thermidorianer ausschließlich als Gleichheit vor dem Gesetz; jegliche Anklänge an soziale Rechte und egalitäre Ziele wurden aus der Verfassung von 1795 getilgt. Hinzu traten nun die „Pflichten" der Bürger bei der Befolgung der Gesetze. Auch die Souveränität wies die Verfassung nicht mehr der „Nation" oder gar dem „peuple" zu, sondern der „Gesamtheit der französischen Bürger" (*universalité des citoyens*), was die Notwendigkeit implizierte, den Status des *citoyen* zu definieren (Art. 2). Faktisch führte dies zur Abschaffung des allgemeinen Wahlrechts, wenn auch die Zahl der Wähler über diejenigen des Jahres 1791 deutlich hinausging. Allerdings griff man erneut auf das Instrument der indirekten Wahl zurück, und die Wahlmänner mußten Besitz vorweisen können.

Der im eigentlichen Sinne rückwärts gewandte Charakter der Direktorialverfassung erschließt sich vor allem aus dem Organisationsstatut. Massiv geschwächt wurde die Legislative und mit ihr das repräsentative Element der Verfassung. Anders als ihre Vorgängerinnen richtete die Verfassung von 1795 ein Zweikammersystem ein: Neben den „Rat der Fünfhundert" trat der „Rat der Alten", bestehend aus 250 zumindest vierzigjährigen, verheirateten (oder verwitweten) Männern, die 15 Jahre lang in Frankreich ihren Wohnsitz gehabt haben mußten (Art. 83). Unverkennbar war die am britischen Oberhaus orientierte „mäßigende" Funktion dieser Kammer. Ihr oblag es, die Beschlüsse des Rates der Fünfhundert zu prüfen und gegebenenfalls zu verwerfen; sie wählte aus dem Vorschlag der Fünfhundert die Mitglieder des Direktoriums aus. Im Direktorium selbst konzentrierte sich die exekutive Macht. Seine fünf Mitglieder wachten über die Durchführung der Gesetze, die äußere und innere Sicherheit der Republik und besaßen den Oberbefehl über die Armee.

Eine entscheidende Schwäche der Direktorialverfassung bestand darin, daß sie kein Verfahren für den Fall des Konflikts zwischen Legislative und Exekutive vorsah. Hieraus ergab sich eine dauernde Instabilität im Verhältnis der Verfassungsorgane zueinander; zugleich stieg die Versuchung zu gewaltsamen Lösungen bzw. zum Staatsstreich. Im Konfliktfall kam der bewaffneten Macht eine entscheidende Rolle zu. Insofern sie gleichermaßen den Weg zur Monarchie wie zur jakobinischen Republik zu blockieren suchte, strebte die Direktorialverfassung nach einem Gleichgewicht, das auf die Dauer nicht zu halten war. Ihr offen zutage tretender sozial-reaktionärer Gehalt und das moralische Zwielicht, in das sich der „starke Mann" des Direktoriums, Paul Barras, begab, trugen zusätzlich zur Delegitimation der Direktorialverfassung bei. Gegen Ende der 1790er Jahre jedenfalls diagnostizierten viele eine geradezu ausweglose Krise. Und es war in dieser Situation, daß Napoleon Bonaparte seinen Mythos als „Retter" der Revolution begründen konnte.

1.5   15. Dezember 1799: Die Verfassung des Jahres VIII (Konsulatsverfassung und Erstes Kaiserreich)

Der Aufstieg Napoleons an die Spitze des französischen Staates entsprang einer Vielzahl von Faktoren; zweifellos spielte unter ihnen das persönliche Charisma des in der Armee vergötterten und in der Öffentlichkeit populären korsischen Generals eine zentrale Rolle. Aber erst als der Abbé Sieyès 1799 in das Direktorium eintrat und sogleich eine autoritäre Verfassungsrevision anstrebte, schlug die Stunde Napoleons. Für seine ehrgeizigen Pläne benötigte Sieyès ein „Schwert", das ihm die nötige Rückendeckung sicherte; und Napoleon, der am 16. Oktober 1799 von seiner mißglückten Ägyptenexpedition zurückkehrte, schien für diese Funktion prädestiniert zu sein. Das Einvernehmen zwischen Sieyès und Bonaparte lag denn auch an der Wurzel des Staatsstreiches vom 18./19. Brumaire (9./10. November 1799). Zunächst nach Saint-Cloud verlegt, wurde der Rat der Fünfhundert von Bonapartes Truppen gesprengt, während der Rat der Alten die neuen Verhältnisse sanktionierte: An die Stelle des Direktoriums trat ein dreiköpfiges provisorisches Konsulat. In ihm hatte sich Bonaparte selbst neben den beiden früheren Direktoren Sieyès und Roger-Ducos einen Platz reservieren lassen.

Daß Bonaparte von Beginn an seine eigenen Ziele verfolgte, wurde bei den anschließenden Verfassungsberatungen rasch deutlich. Gegenüber Sieyès' Plänen setzte er eine massive Stärkung der Exekutive durch, die sich darüber hinaus, in Gestalt eines „Ersten Konsuls", auf seine eigene Person konzentrieren ließ. Demgegenüber wurde das allgemeine gleiche Wahlrecht formal zwar wiederhergestellt, in seiner politischen Bedeutung jedoch vollständig entleert. Denn das passive Wahlrecht beschränkte sich auf ca. 6.000 Personen. Gewählt in einem mehrstufigen Verfahren, erschienen ihre Namen auf einer nationalen Liste. Aus ihr wählte ein neugeschaffenes Gremium, der „Verfassungserhaltende Senat" (*Sénat conservateur*) – bestehend aus achtzig auf Lebenszeit ernannten, zumindest vierzigjährigen Mitgliedern – die Mandatsträger der Legislative aus. Die legislative Gewalt selbst wiederum teilte die Verfassung in zwei Versammlungen: Das Tribunat (*Tribunat*) beriet über die allein von der Regierung vorgelegten Gesetzesinitiativen; der Gesetzgebenden Körperschaft (*Corps législatif*) oblag die formelle Beschlußfassung – allerdings ohne Beratung.

Diese komplexe Konstruktion sicherte die unbestrittene Vorherrschaft der Exekutive, genauer Napoleon Bonapartes selbst, der als Erster Konsul die wichtigsten exekutiven Befugnisse in seiner Hand konzentrierte. Auf zehn Jahre ernannt, unabsetzbar, fertigte er die Gesetze aus, ernannte und erließ nach Gutdünken die Mitglieder des Staatsrates und die Minister, die Diplomaten und eine Vielzahl weiterer hoher Beamter (Art. 41). In allen anderen Regierungsgeschäften, darunter die Gesetzesinitiative sowie die Aufrechterhaltung der inneren und äußeren Sicherheit, gab der Erste Konsul den Ausschlag; seine beiden Kollegen besaßen lediglich beratende Stimmen (Art. 42).

Tatsächlich begründete die Konsulatsverfassung eine Art republikanischer Monarchie. Die ihm damit an die Hand gegebenen Möglichkeiten hat Napoleon in der Folgezeit systematisch zu erweitern gewußt. Entscheidende Legitimität verschafften ihm hierfür seine überragenden Erfolge auf dem Schlachtfeld. Daneben aber kennzeichnete eine weitsichtige und durchaus modern zu nennende Gesellschaftspolitik seine Herrschaft. Der 1805 eingeführte *Code civil* überführte den 1789 vollzogenen Bruch mit der ständischen Gesellschaft in eine stabile bürgerliche Rechtsordnung. Nicht ohne Wirkung blieb auch das Bestreben, die infolge der Revolution zutiefst gespaltene französische Gesellschaft zu versöhnen. So bestätigte Bonaparte etwa die vollzogenen Vermögensumverteilungen, gestattete aber zugleich den Emigranten, unter bestimmten Auflagen nach Frankreich zurückzukehren und gegebenenfalls ihre Güter zurückzukaufen.

Gestützt auf ein Plebiszit und durch Beschluß des Senates ließ sich Bonaparte am 2. August 1802 zum Ersten Konsul auf Lebenszeit ernennen. Mit Senatsbeschluß vom 18. Mai 1804 schließlich erfolgte seine Proklamation zum Kaiser der Franzosen (*Empereur des Français*). Als Napoleon I. krönte er sich am 2. Dezember 1804 selbst zum Kaiser. Immer noch mit republikanischen Institutionen versehen, wurde Frankreich faktisch doch zur erblichen Monarchie.

1.6 4. Juni 1814: Die Charte constitutionelle

Am 6. April 1814, nach der ersten Abdankung Napoleons, bot der Senat dem Chef des Hauses Bourbon, dem jüngeren Bruder des hingerichteten Ludwigs XVI., den französischen Thron an. Seinem ganzen Selbstverständnis nach und sich selbst schon längst Ludwig XVIII. nennend, begriff sich dieser ohnehin als legitimer Monarch. Konsequenterweise verwarf er den vom napoleonischen Senat präsentierten Entwurf einer Verfassung, der weiterhin von der Souveränität der Nation ausging. Die am 4. Juni 1814 oktroyierte königliche Verfassungsurkunde definierte dagegen den König „von Gottes Gnaden" als in seiner Person „unverletzlich und heilig" (Art. 13). Dementsprechend verlieh die *Charte* dem König wichtige Prärogativrechte. Als Staatsoberhaupt hielt er allein die exekutive Gewalt in den Händen. Er besaß den Oberbefehl über die Streitkräfte, schloß Verträge mit dem Ausland, erklärte den Krieg und ernannte die Amtsträger der öffentlichen Verwaltung. Schließlich erließ er die Verordnungen, die für die Durchführung der Gesetze und die Aufrechterhaltung der Sicherheit erforderlich sind (Art. 14). Darüber hinaus aber partizipierte der König auch an der Legislative. Er allein verfügte über die Gesetzesinitiative, und im Vergleich zur Verfassung von 1791 besaß er nicht nur ein suspensives Veto. Vielmehr wirkte er in gleichberechtigter Weise am Gesetzgebungsprozeß mit.

Dem stand die Legislative im eigentlichen Sinne gegenüber, geteilt in eine *Chambre des Pairs*, eine Art Oberhaus, in dem Adlige und andere vom König Ernannte ihren Sitz hatten, und eine Deputiertenkammer, die sich aus gewählten

Abgeordneten zusammensetzte. Das aktive wie das passive Wahlrecht band die *Charte* indes an so erhebliche Steuerleistungen, daß von einer demokratischen Willensbildung keine Rede mehr sein konnte (Art. 38 u. 40).

Trotz ihrer restaurativen Grundtendenz akzeptierte die *Charte* doch die sozialen Umwälzungen der Revolutions- und Empirezeit und verzichtete auf eine materielle Wiederherstellung der Verhältnisse vor 1789. Für die restaurierte Herrschaft der Bourbonen bildete sie damit – nach dem Zwischenspiel der Hundert Tage – eine vergleichsweise solide und vor allem entwicklungsfähige Verfassungsgrundlage. Die Frage war freilich, wie sich innerhalb der konstitutionellen Monarchie das Kräfteverhältnis zwischen König und Exekutive einerseits und der parlamentarischen Vertretungskörperschaft andererseits entwickeln würde. Seit 1789 war das verfassungspraktische Problem der Beziehungen zwischen Exekutive und Legislative zu keinem Zeitpunkt befriedigend gelöst worden. Auf der Basis der *Charte* war immerhin eine allmähliche Ausdehnung der faktischen Kompetenzen der Deputiertenkammer, bis hin zur vollen Parlamentarisierung, vorstellbar. Tatsächlich stellte sich bis gegen Ende der 1820er Jahre ein Verfassungszustand ein, der – obgleich von der *Charte* nicht vorgesehen – einer faktischen Abhängigkeit der Minister von der Parlamentsmehrheit sehr nahekam. Mehr und mehr verbreitete sich die Idee, der König könne keinen Minister berufen, der nicht über das Vertrauen der Kammern verfügte. Erst der scharf antiparlamentarische Kurs Karls X., der die Kontrolle der Kammern auf die Dauer nicht akzeptieren wollte und eine Regierungsform „à l'anglaise" ablehnte, provozierte die offene Verfassungskrise. Die Pariser Julirevolution von 1830 (27.–29. Juli 1830) zwang Karl X. zur Abdankung und ins Exil.

Nicht zuletzt um der Gefahr einer Radikalisierung der Revolution und der Ausrufung der Republik vorzubeugen, trugen die Kammern dem Herzog von Orléans, einem Cousin Karls X., die Krone an. Als Louis-Philippe I., König der Franzosen, leistete dieser am 9. August 1830 den Eid auf die revidierte Verfassungsurkunde und begründete damit die Julimonarchie. Die Verfassung Frankreichs entsprang nun nicht mehr dem Octroi des legitimen Königtums, sondern einem Vertrag zwischen der souveränen Nation und dem Monarchen, der dadurch zum „Bürgerkönig" (*roi citoyen*) wurde. Dem entsprach es, wenn die *Charte* in einigen Punkten revidiert wurde. So wurde das Notstandsrecht des Königs – Hauptstreitpunkt der Julirevolution – abgeschafft und die Gesetzesinitiative zwischen König und Parlament geteilt. Zugleich wurden die zensitären Einschränkungen des Wahlrechts gelockert. Allerdings blieb die Revolution von 1830 insofern auf halbem Wege stehen, als sie auf eine dauerhafte Regelung der Beziehungen zwischen königlicher Exekutive und parlamentarischer Legislative erneut verzichtete. Aus dieser ungelösten Verfassungsfrage entstanden auch in der Zeit der Julimonarchie Konflikte. Dies trug zur Verschärfung der Situation Mitte der 1840er Jahre und zur erneuten Revolution von 1848 bei.

1.7 4. November 1848:
Die Verfassung der Zweiten Französischen Republik

In der Geschichte der Revolution vom Februar 1848 konvergierte eine bürgerlich-linksliberale, politische Reformbewegung, die eine Erweiterung des Wahlrechts forderte, mit der sozialen Bewegung der Stadt Paris, die sich aus weitverbreiteter Unzufriedenheit mit den wirtschaftlichen Verhältnissen, zum Teil aber auch aus purer Existenznot speiste. Ähnlich wie sein Vorgänger Karl X. 18 Jahre zuvor beging Louis-Philippe den Fehler, der parlamentarischen Reformforderung unversöhnlich entgegenzustehen und darüber hinaus allzu lange an einem unpopulären Minister (François Guizot) festzuhalten. Als daher große Teile der Pariser Bevölkerung sowie ein Teil der parlamentarischen Elite gegen den König mobil machten, mußte Louis-Philippe am 24. Februar 1848 abdanken und seinem Vorgänger ins englische Exil folgen. Die Zweite Französische Republik war damit begründet.

Eine gewaltige politische Massenmobilisierung sowie eine teilweise enthusiastische Aufbruchstimmung prägten die folgenden Monate. Stets war dabei die Erinnerung an die Große Revolution präsent: Wie damals diskutierte man in politischen Clubs, pflanzte Freiheitsbäume, feierte revolutionäre Feste und fühlte sich einig in der Ausrufung der Republik. Am 23./24. April 1848 fanden allgemeine gleiche Wahlen zur Verfassunggebenden Nationalversammlung (*Assemblée nationale constituante*) statt, die am 4. Mai 1848 zusammentrat. In ihrer überwältigenden Mehrheit schickten die Wähler gemäßigt republikanische Abgeordnete nach Paris, so daß sozialistische Experimente von der Nationalversammlung nicht zu erwarten waren. Der damit etablierte Gegensatz zwischen gemäßigter Konstituante und der auf das Weitertreiben der Revolution drängenden sozialen Bewegung von Paris erreichte im Juni seinen Höhepunkt. Vom 23. bis 27. Juni 1848 fand ein Aufstandsversuch der verarmten Pariser Handwerker, Gesellen und Arbeiter gegen die republikanische Regierung sein Ende. Die blutigen Straßenschlachten auf den Barrikaden des Pariser Ostens forderten mehrere tausend Todesopfer.

Die von einem Ausschuß der Konstituante erarbeitete Verfassung vom 4. November 1848 stand einerseits in der Kontinuität der vorherigen republikanischen Grundgesetze, aber auch der Verfassung von 1791. Andererseits verzichtete sie auf die Voranstellung eines Katalogs von „Menschen- und Bürgerrechten". An seine Stelle trat eine Präambel, die den idealistisch-humanistischen Schwung der Epoche widerspiegelte, von konkreten Festlegungen aber absah. Kapitel II der Verfassungsurkunde garantierte dann die zentralen Rechte und Freiheiten des einzelnen Bürgers. Darüber hinaus gewährleistete die Verfassung ein kostenloses Elementarschulwesen, die Berufsausbildung und die Intervention des Staates bei sozialen Notlagen (Art. 13).

In ihrem Organisationsstatut etablierte die Verfassung eine einzige Kammer (*Assemblée unique*), die aus allgemeinen gleichen und geheimen Wahlen hervorging und mit der vollen gesetzgebenden Gewalt ausgestattet war. In konsequenter Durchführung des Prinzips der Gewaltenteilung stand ihr die Exekutive in Person eines auf vier Jahre direkt gewählten Präsidenten (*Président de la République*) gegenüber, der zusammen mit der Kammer die Gesetzesinitiative besaß, die Minister berief und die Außenpolitik leitete, dagegen über kein Vetorecht verfügte. Es war dieses plebiszitär legitimierte Amt, das es dem Neffen Napoleon Bonapartes, Louis-Napoléon Bonaparte, überraschend erlaubte, die Macht zu erobern. Aus dem Londoner Exil zurückgekehrt, mit bonapartistischer „Legitimität" ausgestattet, gewann er die Volksstimmung für sich und wurde am 10. Dezember 1848 zum Präsidenten der Republik gewählt.

1.8   15. Januar 1852: Die Verfassung des Zweiten Kaiserreiches

Louis-Napoléon verstand es, seine Popularität zu konservieren, indem er sich einerseits als Ordnungsmacht, andererseits als Sozialreformer präsentierte. Darüber hinaus kam ihm entgegen, daß die am 13. Mai 1849 neugewählte Nationalversammlung in ihrer Mehrheit monarchistisch oder zumindest antirepublikanisch eingestellt war. Somit schieden nach den sozialegalitären Kräften auch die gemäßigt republikanischen aus dem politischen Kräftespiel weitgehend aus, und der Weg wurde frei für autoritäre Lösungen. Der entscheidende Konflikt entstand, als Louis-Napoléon einen Verfassungsartikel revidieren lassen wollte, der die unmittelbare Wiederwahl des Präsidenten untersagte (Art. 45). Als sich die Nationalversammlung weigerte, diesem Ansinnen mit der erforderlichen Dreiviertel-Mehrheit nachzukommen, griff Louis-Napoléon zu dem Mittel, das schon sein Onkel angewendet hatte: zum Staatsstreich. Am 2. Dezember 1851 ließ Bonaparte durch ihm ergebene Militärs die Versammlung auflösen, erklärte den Belagerungszustand und legte der Bevölkerung zugleich die Grundsätze einer neuen Verfassung vor.

Aus ihnen ging am 15. Januar 1852 die Konstitution des Zweiten Kaiserreiches hervor. Ähnlich wie die Konsulatsverfassung war sie völlig auf die Person des Inhabers der Exekutivgewalt, des Präsidenten und damit auf Louis-Napoléon selbst zugeschnitten. Als Staatsoberhaupt fertigte er die Gesetze aus, und ihm allein kam auch die Gesetzesinitiative zu; die Gesetzgebende Körperschaft konnte er einberufen, vertagen und auflösen. In völliger Souveränität vermochte er die Mitglieder des Staatsrates, die Minister und die hohen Beamten zu berufen und zu entlassen. Ihm oblag der Oberbefehl der Streitkräfte und die Führung der Außenpolitik. Demgegenüber führte die Gesetzgebende Körperschaft (*Corps législatif*), obwohl durch allgemeines gleiches Wahlrecht gewählt, zunächst ein reines Schattendasein. Ohne eigene Initiative beriet sie allein über die Vorlagen des Präsidenten und seiner Regierung; Änderungsanträge mußte der Staatsrat zuerst genehmigen, bevor sie zur weiteren Beratung zugelassen wurden. Darüber hinaus wachte erneut ein Senat über die Verfassungsmäßigkeit des politischen Prozesses. Wie im Ersten Kaiserreich verstand er seine Rolle als Hüter der Verfassung in einem dem Präsidenten gewogenen Sinne, der überdies auch seine Mitglieder ernannte.

Als sich Louis-Napoléon am 7. November 1852 durch Senatsbeschluß und am 21./22. November 1852 durch Plebiszit zum „Kaiser der Franzosen" mit dem Namen Napoleon III. erheben ließ, trieb er die historische Analogie zu seinem Onkel bis zur Perfektion. Aber das Zweite Kaiserreich entwickelte sich anders als das erste. Während Napoleon I. die auf ihn konzentrierte Macht eher noch erweiterte, ließ sich sein Neffe in den 1860er Jahren auf einige Verfassungsreformen ein, um sich aus seiner Abhängigkeit von den konservativen Kreisen zu lösen. Bis 1869 resultierte hieraus eine kontinuierliche Aufwertung der Gesetzgebenden Körperschaft. Tatsächlich stand gegen Ende des Empire seine evolutionäre Parlamentarisierung auf der Tagesordnung, freilich unter Beibehaltung der plebiszitär legitimierten Autorität des Kaisers. Die Ära des „liberalen Empire" endete jedoch brüsk mit dem Deutsch-Französischen Krieg und mit der verheerenden Niederlage der französischen Armee bei Sedan am 2. September 1870. Während Napoleon III. selbst in preußische Gefangenschaft geriet, wurde am 4. September 1870 in Paris einmal mehr die Republik ausgerufen.

1.9 Die Verfassungsgesetze von 1875 und die Dritte Republik

Wenn auch klar ist, daß der 4. September 1870 eine neues, republikanisches Zeitalter der französischen Verfassungsgeschichte einleitete, so läßt sich der Beginn der Dritten Republik gleichwohl auf unterschiedliche Weise datieren. Die turbulenten, aus dem Krieg geborenen Umstände ihrer Entstehung mündeten zunächst in einen verfassungspolitischen Schwebezustand, der erst nach einer mehrjährigen Übergangszeit beendet wurde. Während die von Bismarck verlangten Neuwahlen vom 8. Februar 1871 eine monarchistische Mehrheit in der Abgeordnetenkammer ergaben, wurde in der Stadt Paris die revolutionäre Kommune ausgerufen. Der blutige Bürgerkrieg, mit dem die Regierung Adolphe Thiers' die radikalen Pariser Aufständischen niederwarf („semaine sanglante", 21.–28. Mai 1871), hinterließ ein zwiespältiges Erbe: Zum einen belastete er die Republik durch seinen Blutzoll mit einer schweren Hypothek; zum anderen aber erwarb Thiers Vertrauen unter den besitzenden Schichten: Mit seinem kompromißlosen Vorgehen führte er den Beweis, daß die Republik in der Lage war, eine bürgerlich-liberale Ordnung nötigenfalls auch mit Gewalt durchzusetzen.

Das harte Vorgehen der Regierung Thiers trug zu einer paradoxen Entwicklung bei: Denn die überwiegend monarchistisch gesinnte Kammer etablierte im Jahre 1875 eine republikanische Verfassungsordnung. Voraussetzung hierfür war die Verständigung der republikanischen Minderheit mit der liberalen Strömung unter den Monarchisten, den sogenannten „Orléanisten". Der gemeinsame Nenner dieses Kompromisses lag in der Auffassung, die neue Republik würde im Unterschied zu ihren Vorgängern 1793 und 1848 durchaus gemäßigt, ja konservativ und deshalb mit einem besitzindividualistisch verstandenen Liberalismus vereinbar sein. Auf dieser Basis erfolgte die allmähliche Republikanisierung der mit den Verfassungsgesetzen von 1875 eingerichteten Ordnung. Seinen Kulminationspunkt erfuhr dieser Prozeß im Jahre 1877, als der monarchistische Staatspräsident Mac-Mahon mit seinem Versuch scheiterte, der Abgeordnetenkammer ein ungeliebtes Ministerium aufzuzwingen. Als 1879 auch die Wahlen zum Senat eine republikanische Mehrheit ergaben, trat Mac-Mahon zurück, und der Weg zur republikanischen Ausgestaltung der Verfassung war definitiv frei. Eine weitere langfristig wirksame Stärkung erfuhren die republikanischen Kräfte schließlich durch die 1894 aufbrechende Krise um den jüdischen Hauptmann Dreyfus, die 1906 mit dessen vollständiger Rehabilitierung endete.

Den gemäßigt-konservativen Charakter der neuen Republik offenbart bereits die Tatsache, daß die Verfassungsgesetze von 1875 keine Deklaration der Grundrechte enthalten. Vielmehr sind sie knapp und funktional gehalten und dienen allein der Etablierung eines neuen Organisationsstatutes. Dem Kompromiß zwischen liberalen Monarchisten und gemäßigten Republikanern entspricht die Einrichtung eines Zweikammersystems mit einem starken Staatspräsidenten. Das „Verfassungsgesetz über die Organisation des Senats" vom 24. Februar 1875 bindet die Mitgliedschaft im Senat an das Mindestalter von 40 Jahren. Von seinen 300 Mitgliedern werden 75 durch die Abgeordnetenkammer gewählt und sind unabsetzbar. Die übrigen Mitglieder erhalten ihr Mandat durch Wahlkollegien der Départements, die sich aus Amtsträgern und sonstigen lokalen Honoratioren zusammensetzen. Solcherart konstituiert, wirkt der Senat gleichberechtigt an der Gesetzgebung mit und kann gegebenenfalls als Gerichtshof fungieren. Der mäßigende, am Establishment der Notabeln orientierte Einfluß des Senats wird hier greifbar.

Das „Verfassungsgesetz über die Organisation der Staatsgewalt" vom 25. Februar 1875 regelt die demokratische Wahl der Abgeordnetenkammer und die Rechte des Staatspräsidenten. Letzterer wird – eine klare Absage an den Bonapartismus – nicht direkt, sondern von beiden Kammern des Parlaments gemeinsam gewählt. Zwar erhält der Staatspräsident weitreichende Befugnisse. Er fertigt nicht nur die Gesetze aus, versieht den Oberbefehl über die Streitkräfte und ernennt die Beamten, sondern er ernennt auch die Minister und besitzt das Recht, die Abgeordnetenkammer aufzulösen. Aber nach der Krise von 1877 besteht dieses politisch wichtige Recht nur noch theoretisch, und das Amt des Staatspräsidenten wird faktisch auf überwiegend repräsentative Funktionen beschränkt. Dagegen suchten Abgeordnetenkammer und Senat dem traditionellen Schwachpunkt der zurückliegenden Verfassungen dadurch entgegenzuwirken, daß sie am 16. Juli 1875 noch zusätzlich ein „Verfassungsgesetz über die Beziehungen der Staatsgewalten untereinander" verabschiedeten. In ihm waren Verkehr und Kommunikation der Verfassungsorgane festgelegt, so etwa die Präsenz der Minister in beiden Kammern des Parlaments sowie deren Rechte gegenüber dem Präsidenten.

Die Verfassungsgesetze von 1875 begründeten eine republikanische Ordnung, die 65 Jahre lang bestand – bis heute länger als jede andere französische Verfassung. Möglich wurde dies freilich nur durch die Herausbildung einer republikanischen Verfassungspraxis, die sich bis Anfang des 20. Jahrhunderts etablierte und durch die Bewährungsprobe des Ersten Weltkriegs eine zusätzliche Legitimation erfuhr. Ihr entsprach die Entstehung und zunehmende Dominanz des *Parti Radical*, der auf parteipolitischer Ebene zum maßgeblichen Träger einer hegemonialen (links-)republikanischen Kultur wurde. Ihre Stichworte lauteten: unbedingter Vorrang des Individuums, Sicherheit des Eigentums, verfassungspolitische Priorität des Parlaments sowie die Trennung von Staat und Kirche, die 1905 durchgesetzt wurde. Mit einem solchen Programm, das auch der gemäßigt sozialistischen Arbeiterbewegung Integrationspotentiale darbot, stellte sich der „Radikalismus" explizit in die Tradition der Französischen Revolution. Als symbolisches Kennzeichen hierfür war bereits 1880 der 14. Juli zum Nationalfeiertag erhoben worden.

Erst in den 1930er Jahren geriet die auf Individualismus, Parlamentarismus und Laizismus gegründete Republik in eine tiefreichende Krise, die freilich in engem Zusammenhang mit dem in ganz Europa zu beobachtenden Niedergang der Demokratien stand. Angesichts langanhaltender wirtschaftlicher und finanzpolitischer Probleme, einem immer stärker spürbaren Reformstau, schließlich auch gegenüber einem erstarkenden politischen Radikalismus von links wie von rechts geriet die Republik in die Defensive. Ihr rascher, fast widerstandsloser Zusammenbruch im Jahre 1940 hatte zwar die verheerende militärische Niederlage gegen das nationalsozialistische Deutschland zur historischen Voraussetzung. Aber er resultierte auch aus den genannten inneren Entwicklungen und Strömungen, die sich während der 1930er Jahre teilweise gegen die Republik selbst gekehrt hatten.

1.10 10./11. Juli 1940: Die Etablierung des État Français

Bereits am 18. Mai 1940 trat der durch seine Rolle im Ersten Weltkrieg und seinen Sieg in der Schlacht von Verdun überaus beliebte, ja teilweise vergötterte Marschall Philippe Pétain in die französische Regierung ein. Unter seiner Leitung unterwarf sich Frankreich den überlegenen Kräften NS-Deutschlands. Während Charles de Gaulle von London aus zur Fortsetzung des Kampfes aufrief, wurde am 22. Juni 1940 der Waffenstillstand, der einer Kapitulation gleichkam, unterzeichnet. Zugleich berief die nach Bordeaux geflüchtete Regierung die Nationalversammlung ein, die am 10. Juli 1940 in dem südfranzösischen Kurort Vichy zusammentrat. Von den immerhin 672 anwesenden Abgeordneten beider Kammern votierte die große Mehrheit (569) für jenes „Verfassungsgesetz", dessen einziger Artikel dem Marschall Pétain alle Vollmachten übertrug, eine neue Konstitution zu erlassen. Bereits tags darauf erließ Pétain drei *Actes constitutionnels*, in denen er Teile der Verfassungsgesetze von 1875 widerrief, sich selbst zum französischen Staatschef mit allen legislativen und exekutiven Vollmachten ernannte und die Kammern des Parlaments auf unbestimmte Zeit vertagte. Dies war die pseudo-verfassungsrechtliche Grundlage für den *État Français*, der von Beginn an die während der Dritten Republik marginalisierte antirepublikanische und gegenrevolutionäre Tradition Frankreichs in Anspruch nahm. Unter der diktatorischen Gewalt Pétains und seiner Regierung, allen voran des Ministerpräsidenten Pierre Laval, suchte das „Vichy-Regime" im unbesetzten Frankreich zunächst noch einen eigenständigen Kurs zu steuern und war auch keineswegs ohne Sympathien in der Bevölkerung. Indem es aber je länger desto mehr in die völlige Abhängigkeit Hitlers und des NS-Regimes geriet und auch zur aktiven Kollaboration bereit war, verlor es bis zur Befreiung im Jahre 1944 jegliche Legitimität. Seine Vertreter fielen großenteils der sich anschließenden *épuration* zum Opfer. Die Verteidigungsargumentation, die Pétain bei seinem Prozeß im Jahre 1945 verfolgte, behauptete, er habe (in Verbindung mit dem „Schwert" Charles de Gaulle) das „Schild" Frankreichs verkörpert und zugleich ein doppeltes Spiel gespielt, um Hitler zu täuschen. Freilich konnte diese Konstruktion vor ernsthafter Forschung nicht bestehen und erwies sich als Geschichtsklitterung. Beide herausragenden Protagonisten des Vichy-Regimes, Pétain und Laval, wurden zum Tode verurteilt. Während indes der Marschall, von de Gaulle zu lebenslänglicher Haft begnadigt, 1951 im Gefängnis starb, wurde Laval am 15. Oktober 1945 hingerichtet.

1.11 27. Oktober 1946: Die Verfassung der Vierten Republik

In verfassungspolitischer Hinsicht hinterließen *libération* und *épuration* zunächst ein Vakuum. Eine Rückkehr zur Dritten Republik kam nicht in Frage; am 21. Oktober 1945 sprach sich die Mehrheit der Franzosen in einem Referendum für die Schöpfung einer neuen Verfassung aus. In der zugleich – erstmals auch von Frauen – neu gewählten Nationalversammlung brachen jedoch sehr bald die grundlegenden, in der französischen Geschichte regelmäßig wiederkehrenden Konflikte darüber auf, wie die konstitutionelle Macht zwischen den einzelnen Verfassungsorganen zu verteilen war. Der am 13. November 1945 zum Regierungschef gewählte Charles de Gaulle wünschte ein Präsidialsystem mit nur einer Kammer, das sich im übrigen an der US-amerikanischen Verfassung orientierte. Als er damit nicht durchdrang, trat er am 20. Januar 1946 überraschend zurück, ohne daß seine Hoffnung erfüllt worden wäre, sich mit diesem Schachzug doch noch durchzusetzen. Vielmehr machte die Demission der alles überragenden Persönlichkeit des Generals den Weg frei zur Vorherrschaft des Parlaments und der Parteien, welche die Vierte Republik kennzeichnen sollte. De Gaulles Erbe trat zunächst die Koalition des *tripartisme* an, bestehend aus Kommunisten, Sozialisten und dem christdemokratischen MRP. Doch schon der Entwurf für eine neue Verfassung spaltete die Regierungsmehrheit. Das von PCF, SFIO und einigen *Radicaux* durchgesetzte Projekt, das ein konsequentes Einkammersystem mit weitgehenden parlamentarischen Wahl- und Kontrollrechten gegenüber der Exekutive vorsah, wurde vom MRP bekämpft. Allzu groß erschien die Gefahr einer langfristigen Dominanz der Linksparteien. Am 5. Mai 1946 lehnte auch die Mehrheit der Franzosen in einem erneuten Referendum den Verfassungsentwurf ab.

Aus der damit notwendig gewordenen Wahl einer neuen Konstituante, die am 2. Juni 1946 stattfand, ging der MRP als Sieger hervor. Die neue Verfassung, die am 13. Oktober 1946 in einem weiteren Referendum angenommen wurde, resultierte denn auch aus einem Kompromiß zwischen den radikaldemokratischen Vorstellungen der Linken und den eher an traditionell-gemäßigten Mustern orientierten des MRP. Zwar lag das Schwergewicht der Macht auch dieses Mal unzweifelhaft bei der auf fünf Jahre gewählten *Assemblée nationale*. Denn der als zweite Kammer neu eingeführte *Conseil de la République*, dessen Mitglieder durch ein kompliziertes, indirektes Wahlverfahren nominiert wurden, verfügte nur über mindere Rechte. Als ein weiteres Gegengewicht zur *Assemblée nationale* fungierte jedoch der Präsident der Republik. Von beiden Kammern gemeinsam auf sieben Jahre gewählt, vermochte er unabhängig gegenüber dem Parlament zu agieren, zumal ihm das Recht zukam, den *Président du Conseil* zu berufen. Dessenungeachtet befand sich der Regierungschef in weitestgehender Abhängigkeit von der Nationalversammlung, deren positive „Einsetzung" (*investiture*) er nach seiner Ernennung durch den Präsidenten benötigte. Zugleich blieben die Möglichkeiten, die Kammer aufzulösen, sehr begrenzt.

Durch die Verfassungsreform von 1954 noch einmal in ihrer Stellung bestärkt, entwickelte die Nationalversammlung ähnlich wie unter der Dritten Republik die Neigung, gerade berufenen Regierungen allzu rasch das Vertrauen wieder zu entziehen. Wie ihre Vorgängerin war die Vierte Republik daher durch eine fortdauernde ministerielle Instabilität gekennzeichnet. Zusammen mit den Schattenseiten des wirtschaftlichen Wandels und der forcierten Modernisierung des Landes provozierte dies auch außerparlamentarische Proteste, die vornehmlich von der extremen Rechten ausgingen (*Poujadisme*). Zudem spitzte sich seit Mitte der fünfziger Jahre die kolonialpolitische Situation Frankreichs, zunächst in Indochina (Niederlage von Dien Bien Phu 1954), dann auch in Algerien immer prekärer zu. Als sich schließlich die militärische, politische und moralische Malaise des Algerienkrieges zu einer ausweglosen Systemkrise zu verdichten drohte und ein Staatsstreich in der Luft hing, schlug erneut die Stunde de Gaulles: Aus seinem zwölfjährigen politischen Exil in Colombey-les-deux-Eglises zurückgekehrt, wird der General am 1. Juni 1958 zum Regierungschef gewählt. Tags darauf erteilt ihm die Nationalversammlung außerordentliche Regierungsvollmachten, und am 3. Juni 1958 erhält er den Auftrag, eine neue Verfassung auszuarbeiten.

1.12 4. Oktober 1958: Die Verfassung der Fünften Republik

Die neue Verfassung, die am 28. September 1958 durch Volksentscheid angenommen wurde und am 4. Oktober 1958 in Kraft trat, war ganz auf die Person de Gaulles zugeschnitten. In ihrem Organisationsstatut, das die präsidiale und die plebiszitäre Komponente auf Kosten des Parlaments aufwertete, verkörperte sie ein veritables Gegenprogramm zu den parlamentarisch dominierten Verfassungen der Dritten und der Vierten Republik. Faktisch installierte sie damit die konstitutionell stärkste Exekutive seit den Tagen des Second Empire. Zum eindeutigen Machtzentrum erhob die Verfassung den Präsidenten der Republik. Vom Volk direkt für sieben Jahre gewählt, besitzt er eine eigenständige plebiszitäre Legitimität. Er verfügt nicht nur über die traditionellen repräsentativen Rechte des Präsidenten, den Oberbefehl über die Streitkräfte und das Recht auf Begnadigung. Vielmehr nimmt er unmittelbar an den exekutiven Geschäften der Regierung teil, ja in gewisser Weise bildet er selbst das Zentrum der Regierung. In der Fünften Republik ernennt und entläßt der Präsident den Premierminister, der damit – auch wenn er zur Amtsführung des Vertrauens der Parlamentsmehrheit bedarf – zum präsidialen Regierungschef wird. Der Präsident führt den Vorsitz im Ministerrat und kann, „nach Beratung mit dem Premierminister und den Präsidenten der Kammern" (Art. 12) die Nationalversammlung auflösen. Darüber hinaus verfügt der Präsident über das Recht, direkt an das Wahlvolk zu appellieren: „Auf Vorschlag der Regierung oder auf gemeinsamen Vorschlag beider Kammern" kann er ihm „jeden Gesetzentwurf" zur Entscheidung vorlegen (Art. 11).

Das solcherart durch präsidiale und plebiszitäre Elemente in seinen Befugnissen eingeschränkte Parlament wurde als Zweikammersystem eingerichtet. Neben die *Assemblée nationale* trat mit dem durch Vertreter der Gebietskörperschaften indirekt gewählten Senat wieder eine weitgehend gleichberechtigte zweite Kammer. Gesetzgebungs- und Gesetzesinitiativrecht stehen ihnen gemeinsam zu, letzteres natürlich auch der Regierung.

In der Praxis werden die Rechte der Nationalversammlung durch einige weitere Verfassungsartikel eingeschränkt. Dies gilt insbesondere für den Artikel 49, der die Modalitäten eines Mißtrauensantrages regelt. Der dritte Absatz dieses Artikels bestimmt, daß der Premierminister für die Abstimmung über einen Regierungsantrag „die politische Verantwortung der Regierung" übernehmen kann. In diesem Falle gilt der Antrag als angenommen, wenn sich die Versammlung nicht binnen 24 Stunden entschließt, der Regierung das Mißtrauen auszusprechen. Im Einzelfall kann daher die Nationalversammlung vor die unbequeme Wahl gestellt werden, eine mißliebige Gesetzesvorlage entweder passieren zu lassen oder eine Regierungskrise auszulösen.

Alle diese Vorschriften unterstreichen den präsidialen, gegen die Erfahrungen der Dritten und der Vierten Republik gerichteten Charakter der gegenwärtig gültigen französischen Verfassung. Unter ihr erfolgte zunächst eine gewisse Beruhigung der politischen Szenerie Frankreichs. De Gaulle, der am 21. Dezember 1958 zum ersten Präsidenten der Fünften Republik gewählt wurde, gelang es, den Algerienkrieg zu beenden und die Dekolonisation voranzutreiben. 1965 erst im zweiten Wahlgang wiedergewählt, wurde seine Position gegen Ende der 1960er Jahre, im Kontext wachsender sozialer Spannungen, des Generationenumbruchs und der Studentenproteste, deutlich schwächer. Der knappe Ausgang der Parlamentswahlen vom März 1967 zwang den gaullistischen Premierminister Georges Pompidou immer häufiger, zu jenem ominösen Artikel 49,3 zu greifen, was die innenpolitischen Spannungen noch verstärkte. Als de Gaulle schließlich am

27. April 1969 mit dem Versuch scheiterte, durch ein Referendum die Rechte des oppositionellen Senats zu beschneiden, trat er zurück.

Eine weitere einschneidende Zäsur in der Geschichte der Fünften Republik resultierte am 10. Mai 1981 aus dem Wahlsieg François Mitterrands über den amtierenden Präsidenten Giscard d'Estaing. Mit Mitterrand, dem ersten, 1988 wiedergewählten sozialistischen Präsidenten, wurde in gesellschaftspolitischer Hinsicht eine neue Periode eingeläutet. Verfassungspolitisch war sie insofern bedeutsam, als in ihrem Verlauf dem Präsidenten zweimal eine oppositionelle Mehrheit in der Nationalversammlung entgegenstand, die ihrerseits den Premierminister stellte. Die hieraus resultierende, dem Geist der Verfassung eigentlich nicht entsprechende *cohabitation* führte von 1986 bis 1988 (Premierminister Jacques Chirac) und 1993 bis 1995 (Premierminister Édouard Balladur) notwendig zu einer Aufwertung des Parlaments.

Die Zukunft der Fünften Republik ist offen. Einerseits mündet der Ruf nach institutionellen Reformen gelegentlich bereits in das Schlagwort von der „Sechsten Republik"; andererseits hat die Verfassung von 1958 – ähnlich wie die Regelung von 1875 – ihre Wandlungs- und Anpassungsfähigkeit unter Beweis gestellt. So läßt sich seit dem Ende von Mitterrands Amtszeit im Jahre 1995 ein deutlicher Trend zur „Reparlamentarisierung" der Fünften Republik beobachten. Dies schlug sich nicht nur in dem Erfordernis einer weiteren, diesmal länger anhaltenden *cohabitation* nieder. Von Juni 1997 bis zu den Parlamentswahlen im Jahre 2002 währte die vom Wähler aufgetragene Zusammenarbeit zwischen dem gaullistischen Präsidenten Chirac und dem sozialistischen Premierminister Jospin. Verfassungspolitisch erforderte dies eine das reine Präsidialsystem transzendierende Balance zwischen präsidialer und parlamentarischer Regierung. Dem entsprach es auch, daß die letzten Regierungen den Artikel 49,3 in den vergangenen Jahren nicht mehr anwendeten, während zugleich die Amtszeit des Präsidenten der Republik von sieben auf fünf Jahre verkürzt wurde: Am 24. September 2000 befürwortete ein Referendum mit großer Mehrheit das *Quinquennat*. Mithin ist nicht auszuschließen, daß sich ein gleichsam „stiller" Verfassungswandel abzeichnet, der die ursprünglich rein auf de Gaulle zugeschnittene präsidiale Republik ohne formelle Verfassungsänderung im Sinne einer substantiell parlamentarischen Demokratie verändert. In diesem Fall hätte sich die Fünfte Republik auch verfassungspolitisch in die republikanische Tradition Frankreichs eingeordnet, die ja stets die Stellung der Abgeordnetenkammer betont und sie mit starken Rechten ausgestattet hat.

Literaturhinweise

Serge Berstein/Pierre Milza, Histoire de la France au XXᵉ siècle. 4 Bde., Paris 1990–1992.

Kleine Geschichte Frankreichs. Hg. von Ernst Hinrichs, Stuttgart 2000.

Wilfried Loth, Geschichte Frankreichs im 20. Jahrhundert, Frankfurt/M. ³1995.

Jean-Marie Mayeur, La vie politique sous la Troisième République 1870–1940, Paris 1984.

Pierre-Clément Timbal/André Castaldo, Histoire des institutions publiques et des faits sociaux, Paris ⁹1993.

Abb. 9: Die Verfassung der Dritten Republik

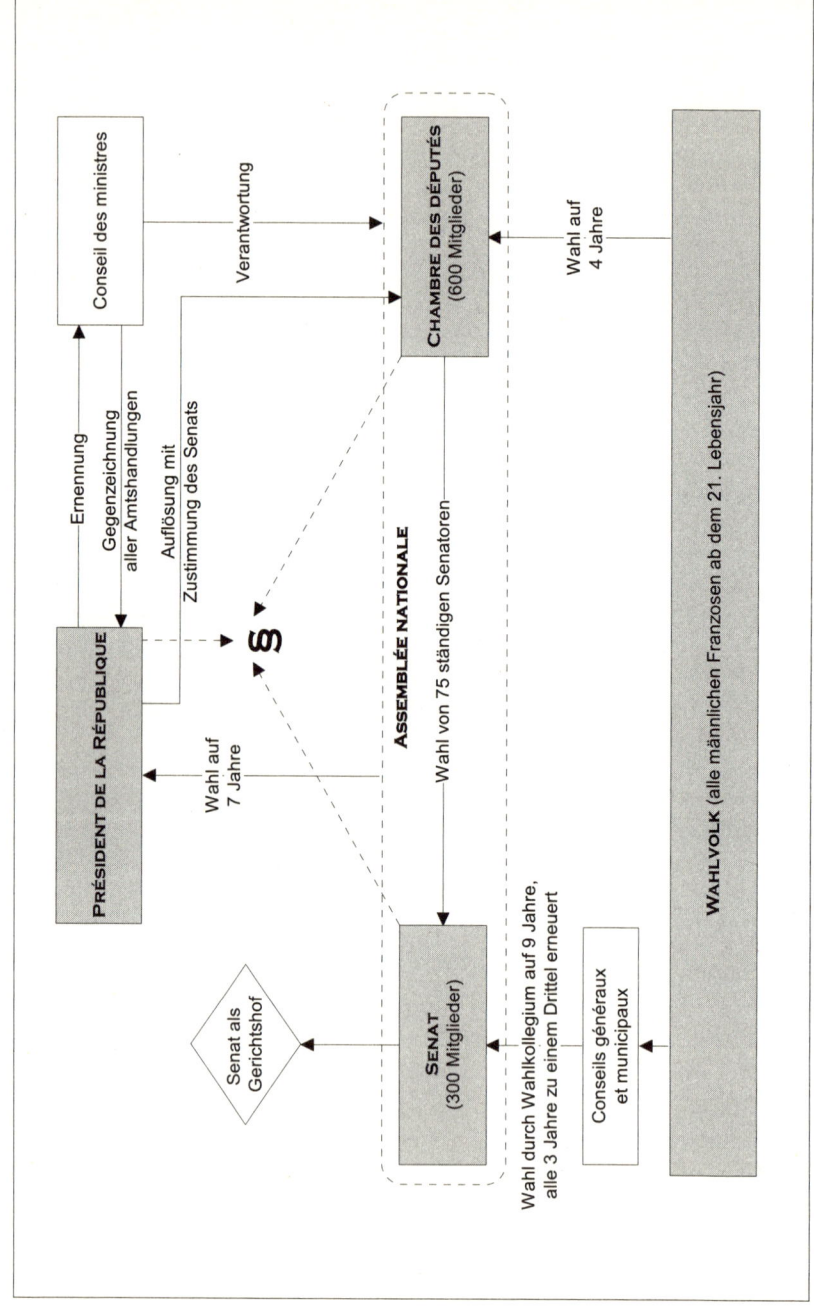

Abb. 10: Die Verfassung der Vierten Republik

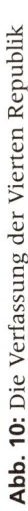

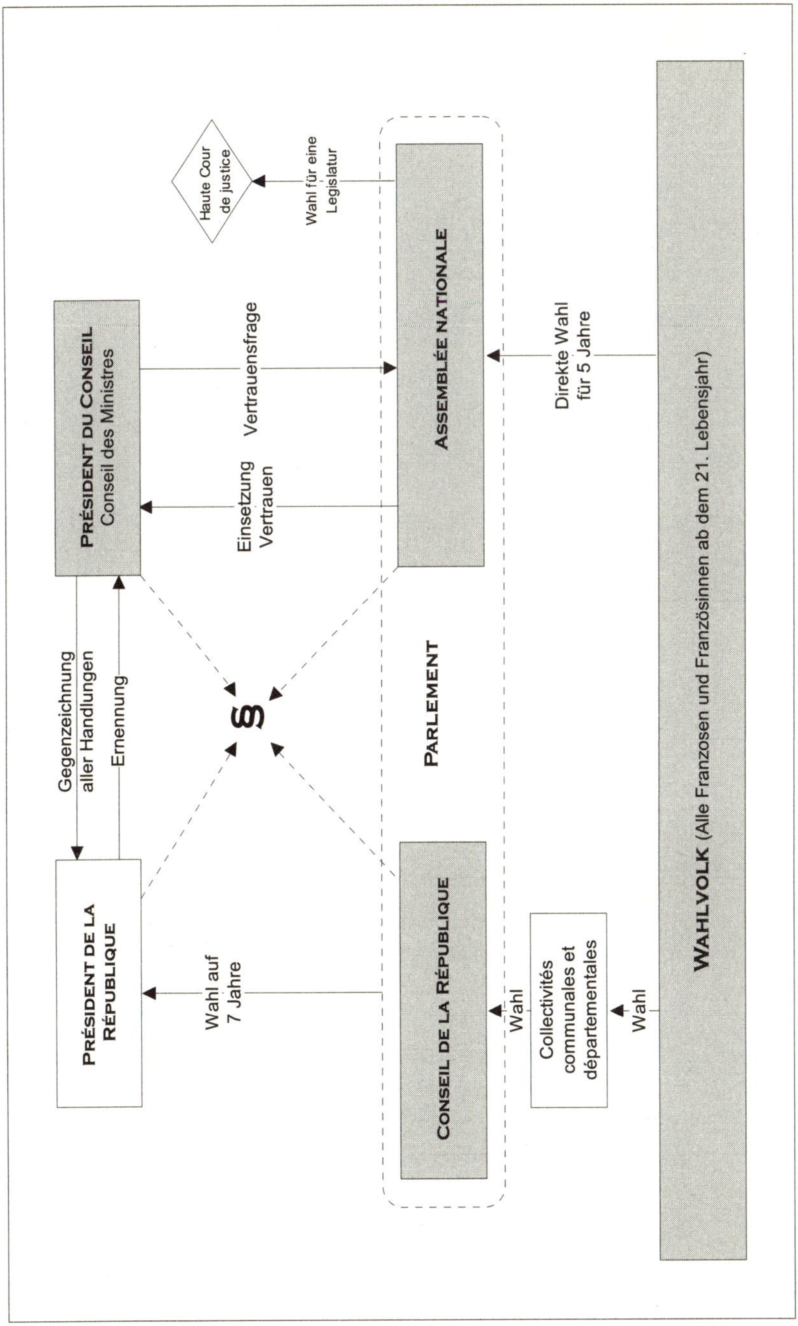

PRÉSIDENT DU CONSEIL
Conseil des Ministres

Haute Cour
de justice

Wahl für eine
Legislatur

ASSEMBLÉE NATIONALE

Vertrauensfrage

Einsetzung
Vertrauen

Direkte Wahl
für 5 Jahre

PARLEMENT

§

Gegenzeichnung
aller Handlungen

Ernennung

PRÉSIDENT DE LA
RÉPUBLIQUE

Wahl auf
7 Jahre

CONSEIL DE LA RÉPUBLIQUE

Wahl

Collectivités
communales et
départementales

Wahl

WAHLVOLK (Alle Franzosen und Französinnen ab dem 21. Lebensjahr)

Abb. 11: Die Verfassung der Fünften Republik

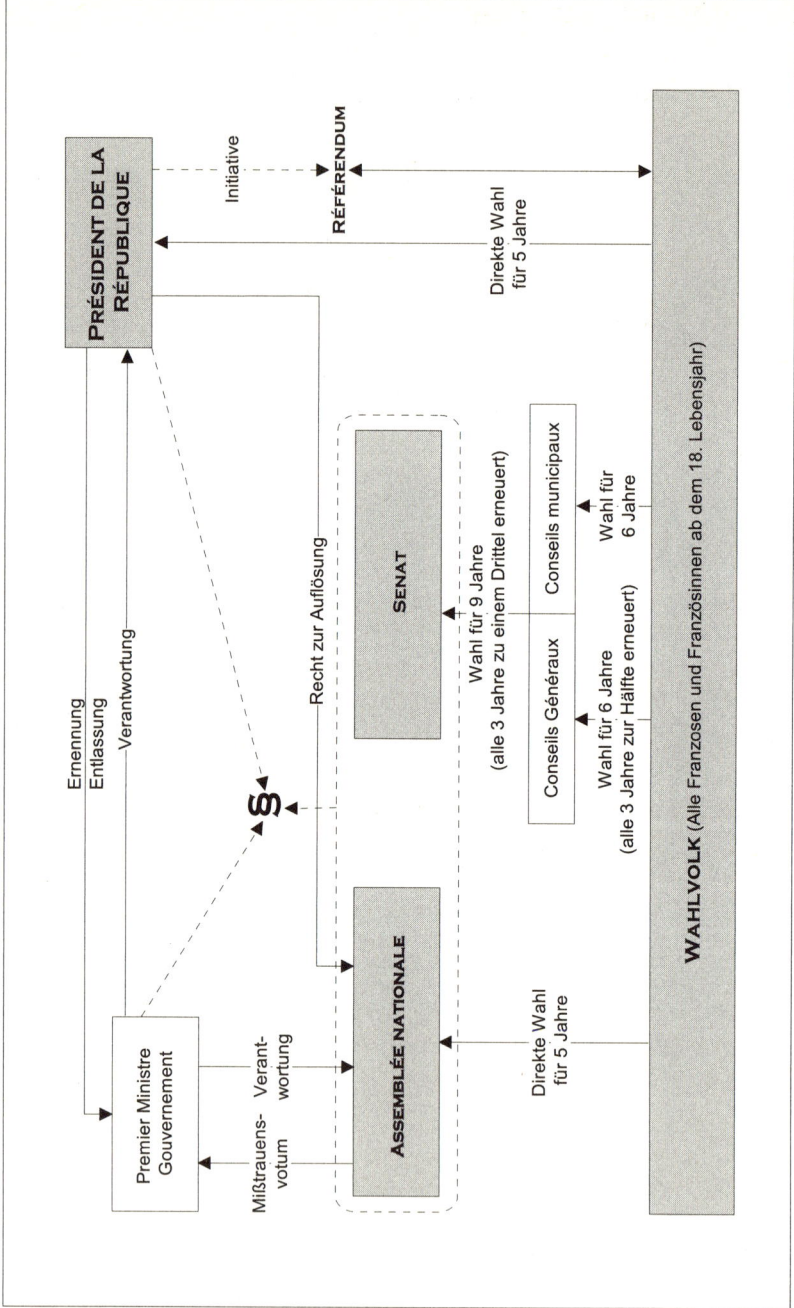

2. Staatsoberhäupter

Tab. 14: Présidents de la République (seit 1871)[1]

Dritte Republik:

31. 8.1871 – 24. 5.1873		Adolphe Thiers
24. 5.1873 – 30. 1.1879		Patrice de Mac-Mahon
30. 1.1879 – 2.12.1887		Jules Grévy
3.12.1887 – 25. 6.1894		Sadi Carnot
25. 6.1894 – 14. 1.1895		Casimir Perier
17. 1.1895 – 16. 2.1899		Félix Faure
18. 2.1899 – 18. 2.1906		Emile Loubet
18. 2.1906 – 18. 2.1913		Armand Fallières
18. 2.1913 – 18. 2.1920		Raymond Poincaré
18. 2.1920 – 21. 9.1920		Paul Deschanel
23. 9.1920 – 11. 6.1924		Alexandre Millerand
13. 6.1924 – 13. 6.1931		Gaston Doumergue
13. 6.1931 – 7. 5.1932		Paul Doumer
10. 5.1932 – 11. 7.1940		Albert Lebrun

Etat Français:

11. 7.1940 – 24. 4.1945	Philippe Pétain (*Chef de l'Etat*; ab September 1944 in Sigmaringen)

Vierte Republik:

16. 1.1947 – 16. 1.1954	Vincent Auriol
16. 1.1954 – 8. 1.1959	René Coty

Fünfte Republik:

8. 1.1959 – 19.12.1965	Charles de Gaulle
19.12.1965 – 28. 4.1969	Charles de Gaulle
28. 4.1969 – 15. 6.1969	Alain Poher (Interimspräsident)
15. 6.1969 – 2. 4.1974	Georges Pompidou
2. 4.1974 – 19. 5.1974	Alain Poher (Interimspräsident)
19. 5.1974 – 20. 5.1981	Valéry Giscard d'Estaing
21. 5.1981 – 8. 5.1988	François Mitterrand
8. 5.1988 – 7. 5.1995	François Mitterrand
7. 5.1995 – 5. 5.2002	Jacques Chirac
seit 5.5.2002	Jacques Chirac

---

[1] Nach: Michel Antoine u.a. (Hg.), Origines et Histoire des cabinets des Ministres en France, Genf 1975; Jean-Marie Mayeur, La vie politique sous la Troisième République, 1870–1940, Paris 1984, S. 403; Minister-Ploetz. Regenten und Regierungen der Welt, Band 3, 2. Auflage, Würzburg 1962 und 4, 2. Auflage, Würzburg 1964.

3. Regierungschefs

Tab. 15: Présidents du Conseil und Premier Ministres (seit 1871)

Dritte Republik:[2]

19. 2.1871 – 18. 5.1873		Louis Adolphe Thiers
18. 5.1873 – 25. 5.1873		Louis Adolphe Thiers
25. 5.1873 – 16. 5.1874		Marie Edme Patrice Maurice Mac Mahon
22. 5.1873 – 25. 2.1875		Ernest Louis Octave Courtot De Cissey
10. 3.1875 – 23. 2.1876		Louis Joseph Buffet
23. 2.1876 – 9. 3.1876		Jules Dufaure
9. 3.1876 – 3.12.1876		Jules Dufaure
12.12.1876 – 16. 5.1877		Jules Simon
17. 6.1877 – 19.11.1877		Albert de Broglie
23.11.1877 – 24.11.1877		Caiétan de Grimaudet de la Rochebouet
13.12.1877 – 30. 1.1879		Jules Dufaure
4. 2.1879 – 26.11.1879		William Henry Waddington
18.12.1879 – 19. 9.1880		Charles de Saulces de Freycinet
23. 9.1880 – 10.11.1881		Jules Ferry
14.11.1881 – 27. 1.1882		Léon Gambetta
30. 1.1882 – 29. 7.1882		Charles de Saulces de Freycinet
7. 8.1882 – 28. 1.1882		Charles Théodore Eugène Duclerc
29. 1.1883 – 18. 2.1883		Armand Fallières
21. 2.1883 – 30. 3.1885		Jules Ferry
6. 4.1885 – 29.12.1885		Eugène Henri Brisson
7. 1.1886 – 3.12.1886		Charles de Saulces de Freycinet
11.12.1886 – 18. 5.1887		René Goblet
30. 5.1887 – 4.12.1887		Maurice Rouvier
12.12.1887 – 30. 3.1888		Pierre Emmanuel Tirard
3. 4.1888 – 14. 2.1889		Charles Thomas Floquet
22. 2.1889 – 14. 3.1890		Pierre Emmanuel Tirard
17. 3.1890 – 20. 2.1892		Charles de Saulces de Freycinet
27. 2.1892 – 28.11.1892		Émile Loubet
6.12.1892 – 10. 1.1893		Alexandre Félix Joseph Ribot
11. 1.1893 – 30. 3.1893		Alexandre Félix Joseph Ribot
4. 4.1893 – 25.11.1893		Charles Dupuy
3.12.1893 – 23. 5.1894		Casimir Périer
30. 5.1894 – 27. 6.1894		Charles Dupuy
1. 7.1894 – 14. 1.1895		Charles Dupuy
26.1.1895 – 28.10.1895		Alexandre Félix Joseph Ribot
1.11.1895 – 24. 4.1896		Léon Bourgeois
29. 4.1896 – 15. 6.1898		Félix Jules Méline
28. 6.1898 – 26.10.1898		Eugène Henri Brisson

---

[2] Ebenda.

1.11.1898 – 18. 2.1899	Charles Dupuy
18. 2.1899 – 12. 6.1899	Charles Dupuy
22. 6.1899 – 4. 6.1902	Pierre Marie Waldeck-Rousseau
7. 6.1902 – 18. 1.1905	Émile Combes
24. 1.1905 – 18. 2.1906	Maurice Rouvier
18. 2.1906 – 9. 3.1906	Maurice Rouvier
14. 3.1906 – 19.10.1906	Ferdinand Sarrien
25.10.1906 – 20. 7.1909	Georges Clemenceau
24. 7.1909 – 2.11.1910	Aristide Briand
3.11.1910 – 27. 2.1911	Aristide Briand
2. 3.1911 – 23. 6.1911	Antoine Emmanuel Ernest Monis
27. 6.1911 – 11. 1.1912	Joseph Caillaux
14. 1.1912 – 18. 1.1913	Raymond Poincaré
21. 1.1913 – 18. 2.1913	Aristide Briand
18. 2.1913 – 22. 3.1913	Aristide Briand
22. 3.1913 – 9.12.1913	Louis Barthou
9.12.1913 – 3. 6.1914	Gaston Doumergue
9. 6.1914 – 13. 6.1914	Alexandre Félix Joseph Ribot
13. 6.1914 – 26. 9.1914	René Viviani
26. 9.1914 – 29.10.1915	René Viviani
29.10.1915 – 12.12.1916	Aristide Briand
12.12.1916 – 18. 3.1917	Aristide Briand
20. 3.1917 – 7. 9.1917	Alexandre Félix Joseph Ribot
12. 9.1917 – 13.11.1917	Paul Painlevé
16.11.1917 – 18. 1.1920	Georges Clemenceau
20. 1.1920 – 18. 2.1920	Alexandre Millerand
18. 2.1920 – 23. 9.1920	Alexandre Millerand
24. 9.1920 – 12. 1.1921	Georges Leygues
16. 1.1921 – 12. 1.1922	Aristide Briand
15. 1.1922 – 26. 3.1924	Raymond Poincaré
29. 3.1924 – 1. 6.1924	Raymond Poincaré
9. 6.1924 – 10. 6.1924	Frédéric François-Marsal
14. 6.1924 – 10. 4.1925	Édouard Herriot
17. 4.1925 – 27.10.1925	Paul Painlevé
29.10.1925 – 22.11.1925	Paul Painlevé
28.11.1925 – 6. 3.1926	Aristide Briand
9. 3.1926 – 15. 6.1926	Aristide Briand
23. 6.1926 – 17. 7.1926	Aristide Briand
19. 7.1926 – 21. 7.1926	Édouard Herriot
23. 7.1926 – 6.11.1928	Raymond Poincaré
11.11.1928 – 27. 7.1929	Raymond Poincaré
27. 7.1929 – 22.10.1929	Aristide Briand
3.11.1929 – 17. 2.1930	André Tardieu
21. 2.1930 – 25. 2.1930	Camille Chautemps
2. 3.1930 – 4.12.1930	André Tardieu
13.12.1930 – 22. 1.1931	Théodore Steeg
27. 1.1931 – 13. 6.1931	Pierre Laval

13. 6.1931 – 12. 1.1932	Pierre Laval
14. 1.1932 – 16. 2.1932	Pierre Laval
20. 2.1932 – 10. 5.1932	André Tardieu
3. 6.1932 – 14.12.1932	Édouard Herriot
18.12.1932 – 28. 1.1933	Joseph Paul-Boncour
31. 1.1933 – 24.10.1933	Édouard Daladier
26.10.1933 – 23.11.1933	Albert Sarraut
26.11.1933 – 27. 1.1934	Camille Chautemps
30. 1.1934 – 7. 2.1934	Édouard Daladier
9. 2.1934 – 8.11.1934	Gaston Doumergue
8.11.1934 – 31. 5.1935	Pierre-Étienne Flandin
1(6). 6.1935 – 4. 6.1935	Fernand Bouisson
7. 6.1935 – 22. 1.1936	Pierre Laval
24. 1.1936 – 4. 6.1936	Albert Sarraut
4. 6.1936 – 21. 6.1937	Léon Blum
22. 6.1937 – 14. 1.1938	Camille Chautemps
18. 1.1938 – 10. 3.1938	Camille Chautemps
14. 3.1938 – 8. 4.1938	Léon Blum
10. 4.1938 – 20. 3.1940	Édouard Daladier
21. 3.1940 – 16. 6.1940	Paul Reynaud
16. 6.1940 – 11. 7.1940	Philippe Pétain

Etat Français:

12. 7.1940 – 13.12.1940	Pierre Laval (*Vice-Président du Conseil*)
10. 2.1941 – 17. 4.1942	François Darlan (*Vice-Président du Conseil*)
18. 4.1942 – 6. 9.1944	Pierre Laval (*Chef du Gouvernement*; ab August 1944 in Belfort)
6. 9.1944 – Ende April 1945	Fernand de Brinon (Chef der *Délégation française pour la défense des intérêts nationaux* bzw. der *Commission gouvernementale française pour la défense des intérêts nationaux* in Sigmaringen)

Provisorische Regierung:[3]

29. 8.1944 – 9. 9.1944	Charles de Gaulle
10. 9.1944 – 16.11.1945	Charles de Gaulle
21.11.1945 – 20. 1.1946	Charles de Gaulle

Vierte Republik:[4]

26. 1.1946 – 12. 6.1946	Félix Gouin
24. 6.1946 – 28.11.1946	Georges Bidault
16.12.1946 – 16. 1.1947	Léon Blum
22. 1.1947 – 22.10.1947	Paul Ramadier

[3] Minister-Ploetz, Band 4.
[4] Ebenda.

24.10.1947	–	19.11.1947	Paul Ramadier
24.11.1947	–	19. 7.1948	Robert Schuman
27. 7.1948	–	27. 8.1948	André Marie
31. 8.1948	–	8. 9.1948	Robert Schuman
13. 9.1948	–	6.10.1949	Henri Queuille
28.10.1949	–	24. 6.1950	Georges Bidault
30. 6.1950	–	4. 7.1950	Henri Queuille
11./12. 7.1950	–	28. 2.1951	René Pleven
9./10. 3.1951	–	10. 7.1951	Henri Queuille
8./11. 8.1951	–	8. 1.1952	René Pleven
18./20. 1.1952	–	29. 2.1952	Edgar Faure
7./ 8. 3.1952	–	23.12.1952	Antoine Pinay
7./ 9. 1.1953	–	21. 5.1953	René Mayer
26./28. 6.1953	–	12./14. 6.1954	Joseph Laniel
18./19. 6.1954	–	5. 2.1955	Pierre Mendès France
17. 2.1955	–	19. 2.1955	Christian Pineau
23. 2.1955	–	19. 1.1956	Edgar Faure
31. 1./2. 2.1956	–21. 5./10.	6.1957	Guy Mollet
11./13. 6.1957	–	30. 9.1957	Maurice Bourgès-Maunoury
6.11.1957	–	15. 4.1958	Félix Gaillard
14. 5.1958	–	28. 5.1958	Pierre Pflimlin
1. 6.1958	–	8. 1.1959	Charles de Gaulle

Fünfte Republik:[5]

8. 1.1959	–	14. 4.1962	Michel Debré
14. 4.1962	–	5.10.1962	Georges Pompidou
7.12.1962	–	4. 1.1966	Georges Pompidou (Kabinettsumbildung)
5. 1.1966	–	10. 7.1968	Georges Pompidou (Kabinettsumbildung)
10. 7.1968	–	20. 6.1969	Maurice Couve de Murville
20. 6.1969	–	7. 1.1971	Jacques Chaban-Delmas
7. 1.1971	–	5. 7.1972	Jacques Chaban-Delmas (Kabinettsumbildung)
5. 7.1972	–	5. 4.1973	Pierre Messmer
5./12. 4.1973	–	28. 2.1974	Pierre Messmer (Parlamentswahl)
28. 2.1974	– 2. 4./28.	5.1974	Pierre Messmer (Kabinettsumbildung)
28. 5.1974	–	25. 8.1976	Jacques Chirac
25. 8.1976	–	4. 4.1978	Raymond Barre
4. 4.1978	–	21. 5.1981	Raymond Barre (Parlamentswahl)
21. 5.1981	–	17. 7.1984	Pierre Mauroy

---

5 Serge Berstein, La France de l'expansion. Band 1: La République gaullienne, 1958–1969 (Nouvelle Histoire de la France contemporaine 17), Paris 1989; ders./Jean-Pierre Rioux, La France de l'expansion. Band 2: L'apogée Pompidou, 1969–1974 (Nouvelle Histoire de la France contemporaine 18), Paris 1995; Jean-Jacques Becker/Pascal Ory, Crises et alternances, 1974–1995 (Nouvelle Histoire de la France contemporaine 19), Paris 1998. Ergänzt durch aktuelle Angaben.

17. 7.1984 –	20. 3.1986	Laurent Fabius
20. 3.1986 –	10. 5.1988	Jacques Chirac (Beginn der ersten Cohabitation)
10. 5.1988 –	5./12. 6.1988	Michel Rocard (Präsidialwahl)
5./12. 6.1988 –	15. 5.1991	Michel Rocard (Parlamentswahl)
15. 5.1991 –	31. 3.1992	Édith Cresson
2. 4.1992 –	29. 3.1993	Pierre Bérégovoy
29. 3.1993 –	16. 5.1995	Édouard Balladur (Zweite Cohabitation)
18. 5.1995 –	2. 6.1997	Alain Juppé
2. 6.1997 –	17. 6.2002	Lionel Jospin (Dritte Cohabitation)
seit 17. 6.2002		Jean-Pierre Raffarin

4. Die Präsidenten der beiden parlamentarischen Kammern

Tab. 16: Die Präsidenten der Abgeordnetenversammlung (seit 1871)[6]

Dritte Republik
(Chambre des Députés)

16. 2.1871 –	2. 4.1873	Jules Grévy
4. 4.1873 –	2. 3.1875	Louis Buffet
15. 3.1875 –	8. 3.1876	Duc d'Audiffret-Pasquier
13. 3.1876 –	25. 6.1877	Jules Grévy
10.11.1877 –	30. 1.1879	Jules Grévy
31. 1.1879 –	27.10.1881	Léon Gambetta
3.11.1881 –	7. 4.1885	Henri Brisson
8. 4.1885 –	9.11.1885	Charles Floquet
10.11.1885 –	3. 4.1888	Charles Floquet
4. 4.1888 –	11.11.1889	Jules Méline
16.11.1889 –	10. 1.1893	Charles Floquet
10. 1.1893 –	14.10.1893	Casimir Périer
18.11.1893 –	3.12.1893	Casimir Périer
5.12.1893 –	30. 5.1894	Charles Dupuy
2. 6.1894 –	27. 6.1894	Casimir Périer
5. 7.1894 –	12.12.1894	Auguste Burdeau
18.12.1894 –	31. 5.1898	Henri Brisson
9. 6.1898 –	31. 5.1902	Paul Deschanel
10.6.1902 –	12. 1.1904	Léon Bourgeois
12. 1.1904 –	10. 1.1905	Henri Brisson
10. 1.1905 –	31. 5.1906	Paul Doumer

---

6 Entnommen aus: Pierre Avril u.a., Personnel Politique Français 1870–1988, Paris 1989. Ergänzt durch aktuelle Angaben.

8. 6.1906 – 31. 5.1910	Henri Brisson
1. 6.1910 – 14. 5.1912	Henri Brisson
23. 5.1912 – 31. 5.1914	Paul Deschanel
1. 6.1914 – 7.12.1919	Paul Deschanel
18.12.1919 – 10. 2.1920	Paul Deschanel
12.2.1920 – 31. 5.1924	Raoul Péret
9. 6.1924 – 21. 4.1925	Paul Painlevé
22. 4.1925 – 20. 7.1926	Edouard Herriot
22. 7.1926 – 10. 1.1927	Raoul Péret
11.1.1927 – 31. 5.1928	Fernand Bouisson
5./6. 6.1928 – 31. 5.1932	Fernand Bouisson
3. 6.1932 – 4. 6.1935	Fernand Bouisson
7. 6.1935 – 31. 5.1936	Fernand Bouisson
4. 6.1936 – 10. 7.1940	Edouard Herriot

Résistance/France libre
Assemblée consultative provisoire

9.11.1943 – 21.10.1945	Félix Gouin

Première Assemblée constituante

8.11.1945 – 2. 6.1946	Félix Gouin

Deuxième Assemblée constituante

14. 6.1946 – 10.11.1946	Vincent Auriol

Vierte Republik
(Assemblée Nationale)

3.12.1946 – 20. 1.1947	Vincent Auriol
21. 1.1947 – 9. 7.1951	Edouard Herriot
10. 7.1951 – 11. 1.1954	Edouard Herriot
12. 1.1954 – 10. 1.1955	André Le Troquer
11. 1.1955 – 23. 1.1956	Pierre Schneiter
24. 1.1956 – 8.12.1958	André Le Troquer

Fünfte Republik
(Assemblée Nationale)

9.12.1958 – 10.12.1962	Jacques Chaban-Delmas
11.12.1962 – 2. 4.1967	Jacques Chaban-Delmas
3. 4.1967 – 11. 7.1968	Jacques Chaban-Delmas
12. 7.1968 – 20. 6.1969	Jacques Chaban-Delmas
25. 6.1969 – 1. 4.1973	Achille Péretti
3. 4.1973 – 2. 4.1978	Edgar Faure
4. 4.1978 – 21. 5.1981	Jacques Chaban-Delmas
2. 7.1981 – 1. 4.1986	Louis Mermaz
2. 4.1986 – 1. 4.1988	Jacques Chaban-Delmas

23. 6.1988 – 22. 1.1992	Laurent Fabius
22. 1.1992 – 1. 4.1993	Henri Emmanuelli
2. 4.1993 – 21. 4.1997	Philippe Séguin
12. 6.1997 – 27. 3.2000	Laurent Fabius
29. 3.2000 – 16. 6.2002	Raymond Forni
seit 16. 6.2002	Jean-Louis Debré

Tab. 17: Die Präsidenten der Zweiten Kammer (seit 1871)[7]

Dritte Republik
(Sénat)

13. 3.1876 – 15. 1.1879	Duc d'Audiffret-Pasquier
15. 1.1879 – 20. 5.1880	Louis Martel
25. 5.1880 – 30. 1.1882	Léon Say
2. 2.1882 – 21. 2.1893	Philippe Le Royer
24. 2.1893 – 17. 3.1893	Jules Ferry
27. 3.1893 – 16. 1.1896	Paul Challemel-Lacour
16. 1.1896 – 21. 2.1899	Emile Loubet
3. 3.1899 – 13. 2.1906	Armand Fallières
16. 2.1906 – 14. 1.1920	Antonin Dubost
14. 1.1920 – 16. 2.1923	Léon Bourgeois
22. 2.1923 – 17. 6.1924	Gaston Doumergue
19. 6.1924 – 9. 1.1927	Justin de Selves
14. 1.1927 – 9. 6.1931	Paul Doumer
11. 6.1931 – 2. 6.1932	Albert Lebrun
3. 6.1932 – 10. 7.1940	Jules Jeanneney

Vierte Republik
(Conseil de la République)

26.12.1946 – 6. 3.1947	Auguste Champetier de Ribes
18. 3.1947 – 3.12.1958	Gaston Monnerville

Fünfte Republik
(Sénat)

28. 4.1959 – 1.10.1968	Gaston Monnerville
3.10.1968 – 2.10.1992	Alain Poher
2.10.1992 – 30. 9.1998	René Monory
seit 1.10.1998	Christian Poncelet

---

7 Entnommen aus: Pierre Avril u.a., Personnel Politique Français 1870–1988, Paris 1989;
ergänzt durch aktuelle Angaben.

V. Parteien und parlamentarische Kräfteverhältnisse

1. Parteien und politische Strömungen seit 1870

1.1 Alliance Républicaine Démocratique [auch: Parti Républicain Démocratique oder Alliance Démocratique]

Gegründet im Jahre 1901 als bürgerliche Sammlungspartei, behielt die Mitte-Rechts-Gruppierung zeit ihrer Existenz den Charakter einer lose organisierten Notabelnformation. Vorwiegend als Wahlhilfsorganisation aktiv, besaß sie keinen wirklichen, national agierenden Parteiapparat, und auch die konsequente Verknüpfung der bestehenden außerparlamentarischen Strukturen mit den Parlamentsfraktionen gelang bis 1940 nicht. Die *Alliance* wurde stets von wenigen einflußreichen Abgeordneten dominiert, die sorgfältig auf ihre politische Handlungsfreiheit achteten. So verteilten sich die Parlamentarier der Partei in der Kammer der Abgeordneten durchwegs auf mehrere *groupes* und pflegten keine konsequente Abstimmungsdisziplin. Auch über eine organisierte Massenbasis verfügte die Partei nicht. Ihre parlamentarische Stärke stieg gleichwohl zwischen 1902 und 1910 auf etwa 120 Sitze an. Nach dem Ersten Weltkrieg zählte die *Alliance* mit Ausnahme der Erfolge von 1919 und 1928, als sich ca. 100 Abgeordnete zu ihr bekannten, in der Regel um die 50 Mandatsträger. Anders als bei den deutschen Liberalen kam es also zwischen den beiden Weltkriegen keineswegs zu dramatischen Einbrüchen in der parlamentarischen Präsenz – ein Befund, der mutatis mutandis auch auf den linksliberalen → *Parti Radical* zutrifft.

Im ganzen betrachtet wurde die *Alliance* weniger über ihre Programme, Kongresse und Publikationen politisch wirksam, als über die Stellung und den Einfluß der politischen Persönlichkeiten, die ihr nahestanden. Louis Barthou, Paul Doumer, Raymond Poincaré, nach 1918 auch Pierre-Etienne Flandin, Paul Reynaud oder André François-Poncet zählten dazu. Bei aller stark individuell eingefärbten und kaum auf einen Nenner zu bringenden Programmatik standen sie für die Sicherung der demokratischen, laizistischen Republik und für die Ideen eines gemäßigten Nationalismus; Vorbehalte gegenüber den Ausprägungen des modernen Interventionsstaates und eine stark sozialkonservative Tendenz gehörten ebenso zu den Grundorientierungen. Ab 1940 zeigten manche Mitglieder Sympathien für den *Etat Français* Pétains und die Praxis der Kollaboration, darunter der Parteivorsitzende Flandin, der zwischen Dezember 1940 und Februar 1941 sogar das Amt des Ministerpräsidenten übernahm. Nach 1945 wiedergegründet, erlangte die Gruppierung nicht mehr die Bedeutung der Vorkriegszeit und löste sich 1978 im Gefolge längerer politischer Agonie selbst auf.

1.2   Centre National des Indépendants (CNI)
[Centre National des Indépendants et Paysans (CNIP)]

Obwohl weithin diskreditiert durch ihren vermeintlichen und realen Anteil am Niedergang der Dritten Republik und am Regime von Vichy, unternahm die liberalkonservative Rechte Frankreichs schon bald nach Ende des Zweiten Weltkriegs erneut Bemühungen zu ihrer parteipolitischen Sammlung. *Die* große konservative Partei, wie sie schon vor 1940 nach englischem Vorbild angestrebt worden war, entstand indes auch nach 1945 nicht. Allerdings konnte sich der 1948/49 gegründete *Centre National des Indépendants* in Konkurrenz zu Gaullisten, Christdemokraten und Linksparteien als eine wichtige politische Kraft der Vierten und frühen Fünften Republik etablieren.

Die personelle Basis bestand überwiegend aus Politikern, die vor 1945 keine oder nur lokale politische Ämter innegehabt hatten. Der ehemalige Funktionär des → *Parti Radical* und Bürgermeister von Beaune, Roger Duchet, fungierte von 1948 bis 1961 als Generalsekretär und graue Eminenz im Hintergrund. Nach außen hin traten unter anderem der späte Paul Reynaud, Antoine Pinay, Joseph Laniel, Maurice Petsche, Jacques Bardoux oder der 1953 zum Staatspräsidenten gewählte René Coty besonders in Erscheinung. Die politische Positionierung der Partei gelang: Nach den Wahlen von 1956 und 1958 nahm die Kammergruppe der *Indépendants* jeweils den Platz der zweitstärksten Fraktion in der *Assemblée nationale* hinter dem → *PCF* bzw. der gaullistischen → *Union pour la Nouvelle République* ein.

Ungeachtet des Anspruchs, eine „neue" Partei zu sein, lebten im *CNI bzw. CNIP* (ab 1951) wichtige Charakteristika der politischen Kultur der *Modérés*, also der ursprünglich orleanistisch gesinnten, gemäßigten Rechten Frankreichs fort. Die starke Stellung der Parlamentarier und einiger tonangebender *Fédérations* in der Partei, die politische Unabhängigkeit der Mitglieder, der Verzicht auf Abstimmungsdisziplin und die damit verbundenen eher informellen Strukturen machten einen Teil dieses Erbes aus. Im Bereich der politischen Doktrin hielt man sich an einen weitgefaßten Kanon, der sich in den allgegenwärtigen Leitbegriffen „Liberté, Autorité, Nation" niederschlug. Die *Indépendants* traten für einen aktionsfähigen Parlamentarismus und eine starke Exekutive ein, ohne doch dem Staatspräsidenten mehr als jene Schiedsrichterrolle über den Parteien einräumen zu wollen, die er bereits in der Dritten Republik innegehabt hatte. Sie forderten die Dezentralisierung staatlicher Macht und favorisierten ein Gesellschaftsmodell paternalistischer Prägung, in dem einer bürgerlichen Notabelnschicht selbstverständlich die Führungsrolle zuzukommen hatte. Wirtschaftspolitisch orientierte man sich an den Zielen der Geldwert- und Einkommensstabilität, stand der ökonomischen Weltsicht des Mittelstands nahe. Man dachte dezidiert antikommunistisch und trat für den Verbleib des Kolonialreichs bei Frankreich ein, wobei das Augenmerk vor allem Algerien galt.

So unterstützte Anfang Juni 1958 die große Mehrheit der *Indépendants* die Rückkehr de Gaulles an die Macht und stimmte auch für die neue → Verfassung der Fünften Republik. Erst die Haltung des Staatspräsidenten in der Algerienfrage, sein verfassungspolitischer Kurs im Hinblick auf die Stärkung des Präsidentenamts und Unstimmigkeiten in Fragen der Wirtschaftspolitik führten bis 1962 zum Bruch. Die schwere Wahlniederlage vom November des gleichen Jahres besiegelte den dauerhaften politischen Bedeutungsverlust des *CNIP*. Unter der Führung von Valéry Giscard d'Estaing organisierte sich daraufhin ein Teil seiner Mitglieder in der Kammergruppe der *Républicains Indépendants*, die zum eigentlichen Erben der nicht-gaullistischen Rechten wurde.

1.3 Fédération Républicaine

Die Gruppierung entstand im Jahre 1903 und vereinte konservative Anhänger der Republik, die die rückwärtsgewandten Politik- und Gesellschaftsmodelle monarchistischer und bonapartistischer Prägung ebenso ablehnten wie die radikaldemokratischen Utopien linker Republikaner. Geprägt von der sozialkonservativen Grundhaltung und dem ostentativen Nationalismus ihrer Mitglieder, pflegte die *Fédération Républicaine* eine gewisse Kirchennähe und verurteilte die antiklerikale Politik des jungen Staatswesens. In den Jahren der *République radicale* (M. Rebérioux), also des Aufstiegs des → *Parti Radical* zur führenden politischen Strömung nach der Jahrhundertwende, entwickelte sich die *Fédération* zu einer wichtigen Trägerin der Opposition. Gleichwohl erlangte sie zeit ihrer Existenz nie die Position einer dominierenden, eigenständigen Kraft. Vielmehr agierte sie als Teil der parlamentarischen Rechten, deren geringe Geschlossenheit sie mitverantwortete und widerspiegelte. Die latenten Spannungen innerhalb der heterogenen Gruppierung entzündeten sich gegen Ende der zwanziger Jahre an der Deutschlandpolitik Briands oder an Problemen der Kirchenpolitik und bewirkten in der Folge eine Rechtswendung der Partei. Bis 1932 erlangte jener Flügel die Oberhand, der für Härte in internationalen Fragen eintrat, weitergehende Sozialreformen ablehnte und eine ambivalente Haltung gegenüber der parlamentarischen Demokratie einnahm.

Zu einer Partei im modernen Sinne entwickelte sich die *Fédération* während der Dauer ihrer Existenz bis zum Zweiten Weltkrieg nicht. Die Standkraft der Honoratiorenorganisation, der chronische Geldmangel und die nur zeitweise feststellbare relative Abstimmungsdisziplin ihrer Abgeordneten verhinderten die Herausbildung schlagkräftiger, wohlorganisierter Strukturen inner- und außerhalb des Parlaments. Ihr Wahlergebnis von 1919 (145 Sitze) konnte die Gruppierung danach nicht mehr wiederholen; im Gefolge der Volksfrontwahlen 1936 reduzierte sich ihre parlamentarische Präsenz bis auf 60 Abgeordnete. Im Juni 1940 stimmte der Großteil der Fraktion für das Ermächtigungsgesetz zugunsten Pétains. Während die Partei in der Folge ihre Tätigkeit einstellte, gingen die führenden Politiker unterschiedliche Wege, die vom Rückzug ins Privatleben bis zur Kollaboration mit der Besatzungsmacht (Philippe Henriot) reichten. Nach 1945 wandten sich die meisten ihrer Anhänger neuen Gruppierungen des rechten Spektrums zu.

1.4 Front National (FN)

Gegründet im Jahr 1972, blieb der *Front National* bis gegen Mitte der 1980er Jahre eine Randerscheinung im politischen Leben Frankreichs. Parteichef Jean-Marie Le Pen selbst konnte noch bei den Präsidentschaftswahlen von 1974 nur 0,7% der abgegebenen Stimmen auf sich vereinen und scheiterte 1981 bereits im Vorfeld seiner Bewerbung. Erst die Europawahlen des Jahres 1984 verschafften der Partei den Durchbruch auf nationaler Ebene (11%). Der Trend setzte sich bei den *élections présidentielles* von 1988 (14,4%) und 1995 (15%) sowie bei allen nationalen Urnengängen der 1990er Jahre fort; im April/Mai 2002 erreichte Le Pen als Präsidentschaftskandidat 16,8% der Wählervoten. Im Gefolge der Kommunalwahlen von 1995 und 1997 besetzte der *Front National* außerdem vier Bürgermeisterposten im Süden des Landes (Toulon, Orange, Marignane, Vitrolles-en-Provence), die mit Ausnahme Toulons bei den Stadtratswahlen von März 2001 wiedererobert werden konnten.

In einer Krisensituation der angestammten politischen Kräfte Frankreichs zu Gewicht gelangt, bezog die Gruppierung einen Gutteil ihrer öffentlichen Wirksamkeit aus der Fähigkeit, sich in den gesellschaftspolitischen Debatten um die Einwanderungsfrage und die öffentliche Sicherheit im Land als Radikalalternative zum etablierten „System" zu präsentieren. Ein bloßes Sammelbecken für Protestwähler verschiedenster Couleur stellte der *Front National* jedoch allenfalls in den ersten Jahren seiner Existenz dar. Mittlerweile deutet die Zusammensetzung seiner Anhängerschaft eher auf die Herausbildung einer neuen rechtsextremen „Subkultur" (M. Minkenberg) im politischen Leben Frankreichs hin. Gemeinsame Wertemuster und ideologische Grundannahmen verbinden sich darin mit der bevorzugten politischen Behandlung der Themen Immigration, Arbeitslosigkeit und Kriminalität. Ungeachtet anderslautender Beteuerungen stellt sich der *Front National* programmatisch und praktisch gegen die republikanisch-demokratischen Traditionen Frankreichs: Zutiefst antiliberal und antiegalitär, propagiert die Partei antisemitische und biologistische Denkmuster, pflegt massive Fremdenfeindlichkeit und profitiert dabei von sozialer Abstiegsfurcht, Deprivationsängsten und Desolidarisierungstendenzen in Teilen der Bevölkerung. Die angebotene rechte Ausdeutung des Begriffs von der französischen Nation betont die Verankerung des

Landes in christlich-abendländischen Geschichtstraditionen und mündete u.a. in die Forderung nach einer Revision des territorialbezogenen französischen Staatsbürgerschaftsrechts. Auf außenpolitischem Feld korrespondiert dazu die aggressive Ablehnung der internationalen Einbindung Frankreichs und der europäischen Integration unter supranationalen Vorzeichen.

Die Forderung des *Front National* nach weitergehender Integration autoritärer, bonapartistischer und plebiszitärer Elemente in das französische politische System findet in seiner organisatorischen Struktur ein sprechendes Gegenbild. Ohne auch nur den Anschein innerparteilicher Demokratie erwecken zu wollen, stellt er sich als straff durchorganisierte, mit sympathisierenden gesellschaftlichen Gruppen eng vernetzte, auf den Führungsanspruch des Parteichefs hingeordnete Gruppierung dar. Daran hat auch die in innerparteilichen Rivalitäten begründete Abspaltung des *Mouvement national* unter der Führung von Bruno Mégret im Juni 1999 nichts ändern können, ebensowenig wie an der offenkundig gelungenen Etablierung des *Front National* im politischen System der Fünften Republik.

1.5 Mouvement Républicain Populaire (MRP) – Centre Démocrate (CD)/ Centre des Démocrates Sociaux (CDS)

Politische Strömungen christdemokratischer Tendenz haben in der Politik Frankreichs erst nach dem Zweiten Weltkrieg Bedeutung erlangt, anders als in Deutschland oder Italien blieb das politische Gewicht aber auch nach 1945 begrenzt. Der im November 1944 gegründete *Mouvement Républicain Populaire* stand gleichermaßen in der Tradition seiner Vorgängerpartei der Zwischenkriegszeit, des *Parti Démocrate Populaire*, wie er den Anspruch realisierte, bis dahin getrennt agierende Gruppen unter dem gemeinsamen Dach einer überkonfessionellen, christlich orientierten Partei zu integrieren. Hervorgegangen aus Zusammenschlüssen noch in der Résistance, entpuppte sich der *MRP* bei den Wahlen vom Oktober 1945 als zweitstärkste Kraft hinter den Kommunisten, ein Erfolg, den die Partei bei den Parlamentswahlen im November 1946 wiederholen konnte. Neben → *PCF* und Sozialisten nahmen die Christdemokraten ihren Platz im „Tripartisme" der frühen Vierten Republik ein; ab 1947 spielte die Partei an der Seite von → *SFIO* und Liberalkonservativen eine Schlüsselrolle in einer Folge von Regierungskoalitionen der *Troisième Force* gegen die oppositionellen Kommunisten und Gaullisten. Als eine der tragenden Regierungsparteien der Vierten Republik stellte der *MRP* mit Robert Schuman (1947/48), Georges Bidault (1949/50) und Pierre Pflimlin (1958) mehrfach den Regierungschef und besetzte geraume Zeit das Außenministerium.

Nach anfänglichem Zögern entwickelte sich der *MRP* seit Anfang der 1950er Jahre zu einem wichtigen Träger der französischen Europapolitik. Die Unterstützung der atlantischen Allianz und die Aussöhnung mit Deutschland bildeten Eckpfeiler seines außenpolitischen Programms, seine Vertreter befürworteten die Europäische Verteidigungsgemeinschaft (EVG) ebenso wie die Einführung des Gemeinsamen Marktes (EWG). Innenpolitisch vertrat die Partei ein Konzept vorsichtiger sozialer Reformen und liberaler Wirtschaftspolitik, beeinflußt von Ideen der christlichen Gesellschaftslehre und begleitet von dem Versuch, die Aussöhnung des französischen Katholizismus mit der demokratischen Republik weiter voranzutreiben. Frühe Hoffnungen, einen „dritten Weg" zwischen Kollektivismus und Konservativismus parteipolitisch dauerhaft verkörpern zu können, zerschlugen sich freilich bald. Bereits die Parlamentswahlen von 1951 machten einen Rückgang an Bedeutung sichtbar, der sich fortsetzte und bis Ende der 1950er Jahre mit einem deutlichen Mitgliederschwund einherging. Die Rückkehr der liberaldemokratischen Rechten auf die politische Bühne und die Gründung einer gaullistischen Partei entzogen dem *MRP* einen Großteil jener Wählerschaft, die er sich in den Nachkriegsjahren außerhalb der traditionellen Hochburgen christdemokratischer Prägung hatte erobern können.

In der Gründungsphase der Fünften Republik zunächst an der Seite de Gaulles, distanzierte sich der *MRP* u.a. auf europapolitischem Feld zunehmend von dessen Positionen. Im Jahr 1962 gehörte die Partei zu den Gegnern jener Verfassungsänderung, mit deren Hilfe de Gaulle die Volkswahl des Staatspräsidenten durchzusetzen beabsichtigte. Der Ausgang des Referendums vom Oktober und die Niederlage bei den Parlamentswahlen im folgenden Monat besiegelten den Untergang des *MRP* alter Prägung. Noch in der Phase des Niedergangs gründete Parteichef Jean Lecanuet im Februar 1966 eine neue Gruppierung, den *Centre Démocrate* (*CD*), der die Nachfolgerschaft übernahm. Nach einem Prozeß der Umgruppierung stellten sich die *Centristes* im Vorfeld der Präsidentschaftswahlen von 1974 in den Dienst der Politik Valéry Giscard d'Estaings und gründeten zu diesem Zweck im Mai 1976 den *Centre des Démocrates Sociaux* (*CDS*). Dieser wiederum wurde von Parteichef Lecanuet mit Blick auf die Parlamentswahlen von 1978 in Giscards Wahlbündnis → *UDF* eingebunden, dem Lecanuet bis 1988 vorstand. Seit der Niederlage Giscards 1981 erneut in konkurrierende Fraktionen zerfallen und ohne starke parlamentarische Vertretung, lebt der *CDS* in erster Linie vom politischen Gewicht einzelner Mitglieder, die seit 1995 in verschiedenen Kabinetten Regierungsämter wahrnahmen. Mit der Umwandlung in *Force Démocrate* im Jahr 1996 rückte die Partei unter ihrem Präsidenten François Bayrou ein stärker laizistisches Profil in den Vordergrund.

1.6   Parti Communiste Français (PCF)

Der *Parti Communiste Français (PCF)* ging aus der Spaltung der französischen Sozialisten (→ *SFIO*) auf dem Parteikongreß von Tours im Dezember 1920 hervor. Gegründet als *Section Française de l'Internationale Communiste*, blieb er bis Mitte der 1930er Jahre zahlenmäßig schwach und stand unter anderem aufgrund seines Engagements gegen die französische Ruhrbesetzung (1923) und den Rif-Krieg

(1925) in der politischen Isolation. Im Gefolge des V. Kongresses der Kommunistischen Internationale 1924 kam es zur Bolschewisierung der Partei, die mit ihrer organisatorischen Straffung, personellen Erneuerung und ideologischen wie agitatorischen Radikalisierung einherging. Programmatisch mündete die Linkswendung spätestens bis 1927/28 in die Orientierung am gewaltsamen Klassenkampf, an der Frontstellung gegen die Sozialisten und am Ziel der proletarischen Revolution auch in Frankreich. Anders als in Deutschland, wo die KPD bis zur Zerschlagung 1933 von wachsenden Wahlerfolgen und einer bedeutenden Ausweitung ihrer Klientel profitieren konnte, hatte die Komintern-Strategie in Frankreich eine tiefe Krise des *PCF* zur Folge. Erst die Wendung zur Volksfronttaktik nach der Machtergreifung Hitlers und den gewalttätigen Unruhen vom 6. Februar 1934 in Paris führte die Partei auf einen neuen Höhepunkt ihrer politischen Bedeutung. So wurde sie nicht nur in den Wahlen von 1936 in der *Région Parisienne* zur stärksten politischen Gruppierung. Vielmehr legte ihre Einbindung in das Volksfrontbündnis (1934-36) zusammen mit ihrer Rolle in der *Résistance* ab 1940 den Grundstein dafür, daß sie nach Kriegsende zur gewichtigsten Kraft der frühen Vierten Republik avancieren konnte. Vorerst hatte die Zustimmung des *PCF* zum Hitler-Stalin-Pakt vom August 1939 freilich den Ausschluß aus der nationalen Gemeinschaft und massive staatliche Repressionsmaßnahmen zur Folge. Erst nach dem deutschen Überfall auf die Sowjetunion 1941 konnten sich die Kommunisten zum organisierten Kampf gegen die Besatzer entschließen und entwickelten sich in der Folge zu einer der dynamischsten Gruppen im Widerstand.

Getragen unter anderem vom Mythos des „Parti des 75000 fusillés", erreichte der *PCF* bis 1958 regelmäßig über 25% der abgegebenen Wählerstimmen und vereinte bis zu 814000 Mitglieder (1946) in seinen Reihen. Der rasch anwachsende Ost-West-Konflikt und die antikoloniale Programmatik des *PCF* führten indes im Mai 1947 zum Ausschluß aus der Regierung Ramadier. Unter den Vorzeichen des Kalten Kriegs geriet die stalinistisch-linientreue Partei im politischen System Frankreichs erneut in die Isolation. Ungeachtet dessen erlebte sie in den Jahren bis 1958 eine Hochphase ihrer Wirksamkeit, in der sie sich als die wichtigste Vertretung der französischen Arbeiterschaft etablieren und unter anderem auf den starken Zulauf von Künstlern und Intellektuellen bauen konnte.

Die Rückkehr de Gaulles an die Macht verknüpfte sich für den *PCF* mit dem Eintritt in eine Phase des langfristigen, seit Ende der 1970er Jahre beschleunigten Rückgangs an politischer Bedeutung. Zwar entschloß man sich 1971/72 zur programmatischen Kooperation mit den Sozialisten, nahm auch in der Folge Abschied von der Kategorie der „Revolution" und der doktrinären Konzentration auf die Arbeiterklientel. Doch nicht zuletzt die ausgeprägte Moskau-Orientierung der Partei unterminierte in Zeiten wachsender antisowjetischer Totalitarismuskritik in Frankreich ihre Glaubwürdigkeit. Das offensichtliche Unvermögen, neue gesellschaftliche Strömungen anzusprechen und einzubinden, schwächte die Massenpräsenz weiter. So blieb angesichts schwindender Stimmenanteile der erneute Eintritt kommunistischer Minister in ein Linksbündnis (1981–1984) von kurzer

Dauer und endete vorzeitig. Der Zusammenbruch des Ostblocks und interne Auseinandersetzungen destabilisierten die Partei dann seit Ende der 1980er Jahre in existenzbedrohender Weise. Gleichwohl scheint die Ablösung von Georges Marchais auf dem Posten des Generalsekretärs durch Robert Hue im Januar 1994 eine gewisse Relativierung des elektoralen Niedergangs bewirkt zu haben. In der 2002 gewählten *Assemblée nationale* ist der *PCF* mit 20 Abgeordneten vertreten.

1.7   Partis Écologistes/Les Verts

Ökologisch orientierte Parteien entstanden in Frankreich bereits gegen Ende der 1960er Jahre. Mit der Präsidentschaftskandidatur von René Dumont traten sie 1974 erstmals bei nationalen Wahlen auf den Plan. Nicht weniger als 82 verschiedene Gruppierungen unterstützten zu diesem Zeitpunkt die Bewerbung – ein Indiz für die Vielgestaltigkeit und Zersplitterung der „grünen" Bewegung in Frankreich, die sich erst 1984 zu einer größeren Partei zusammenschloß (*Les Verts, Confédération écologiste – Parti écologiste*). Bis 1989 konnte die Partei freilich weder auf nationaler Ebene noch bei Europawahlen mehr als 5% der Stimmen erobern. Die schwach ausgeprägte organisatorische Basis der *Verts* trug ebenso Mitschuld an der politischen Schwäche wie das selbstgewählte Prinzip, keine Wahlbündnisse mit etablierten Parteien einzugehen. Zudem setzten sich die Spaltungen innerhalb des ökologischen Lagers fort: Während *Les Verts* unter Antoine Waechter ihrer Bündnisstrategie treu blieben, nahm der Aktivist Brice Lalonde ein Bündnisangebot Michel Rocards an, brachte es 1990 bis zum Umweltminister und gründete im gleichen Jahr eine neue Umweltpartei, die *Génération écologie*. Trotz harter gegenseitiger Konkurrenz erreichten die beiden wichtigsten ökologischen Gruppen – rechnerisch zusammengenommen – bei den Regionalwahlen von 1992 ihr bis dahin bestes Ergebnis (14,9%).

Die enttäuschenden Ergebnisse der Parlamentswahlen von 1993 hingegen führten Waechter in die innerparteiliche Isolation und zum Parteiaustritt, während sich die Mehrheit der *Verts* nun um Dominique Voynet und ihre linksgerichteten Bündnispläne scharte. Als einzige Kandidatin des ökologischen Lagers konnte sie bei den Präsidentschaftswahlen von 1995 indes nur bescheidene 3,3% der Stimmen auf sich vereinen. Ungeachtet dessen traten *Les Verts* im Januar 1997 einem Wahlbündnis mit den Sozialisten bei, zogen zum erstenmal ins Parlament ein und besetzten mit Dominique Voynet das Umweltministerium im Kabinett Jospin. Im Juni 1999 errang eine von Daniel Cohn-Bendit geführte Liste bei den Europawahlen 9,72% der Stimmen und konnte daraufhin 9 Abgeordnete ins Straßburger Parlament entsenden; bei den Parlamentswahlen vom Juni 2002 eroberten die *Verts* 3 Mandate in der *Assemblée nationale*.

Seit ihren Anfängen als strukturierte politische Kraft vertraten die französischen „Grünen" ein umfassendes „links-libertäres" Reformkonzept (C. Hangen), in dem der Umweltschutz ebenso seinen Platz fand wie die Verkürzung der Arbeitszeit, die Einführung des Verhältniswahlrechts oder der Ausgleich sozialer Disparitäten auf nationaler und internationaler Ebene. Obwohl die Vertreter einer realistischen, auf Regierungszusammenarbeit ausgerichteten Strömung bis gegen Ende der 1990er Jahre in der Partei dominant wurden, blieben Richtungskämpfe etwa in der Frage des französischen Kosovoeinsatzes oder der nationalen Zuwanderungspolitik auch in der Folge nicht aus.

1.8   Parti Radical [eigentlich: Parti Républicain Radical et Radical-socialiste]

Der *Parti Radical* kann für sich in Anspruch nehmen, die älteste noch existierende politische Gruppierung Frankreichs zu sein. Im Jahre 1901 schlossen sich eine Reihe von Wahlkomitees, Debattierclubs, sympathisierenden Zeitungsredaktionen, Freimaurerlogen und amtierenden Abgeordneten aus Kammer und Senat unter der offiziellen Bezeichnung *Parti Républicain Radical et Radical-socialiste* zusammen. Ihr Ziel war die Sammlung radikalistischer Strömungen mit Blick auf die Parlamentswahlen von 1902, doch erwies sich die Gründung auch darüber hinaus als sehr erfolgreich. Der *Parti Radical* erlebte bis zum Ersten Weltkrieg eine politische Hochphase und löste in diesen Jahren die rechtsliberalen *Modérés* in der Rolle der politisch führenden Kraft der Dritten Republik ab. Bis zu den Volksfrontwahlen von 1936 blieb die Partei die stärkste Gruppierung in der Kammer der Abgeordneten und stellte einen Gutteil der politischen Funktionselite des Landes. So besetzten radikalsozialistische Politiker bereits vor 1914 wiederholt das Amt des *Président du Conseil*; zwischen 1900 und 1940 leiteten *Radicaux* insgesamt über 21 Jahre lang das Innen-, das Landwirtschafts- und das Erziehungsministerium. Nicht zufällig handelte es sich dabei um Schlüsselbereiche, die gleichermaßen relevant für die forcierte Verankerung der Republik waren und die Mittel boten, um insbesondere die Gunst der Wählerschichten in der Provinz zu erwerben und zu konservieren. Joseph Caillaux, Georges Clemenceau, Léon Bourgeois, Pierre Cot, Jacques Kayser, Edouard Herriot oder Edouard Daladier repräsentierten bis 1940 die Partei und spielten teilweise noch nach 1945 eine gewichtige Rolle.

Zweifellos bildete der *Parti Radical* die prägendste politische Kraft der Dritten Französischen Republik (1870-1940). Er reflektierte und formte ihre politische Kultur, seine Vertreter hatten maßgeblichen Anteil an der Konsolidierung der parlamentarischen Demokratie, an der Zurückdrängung monarchisch-konservativer Strömungen und an der Trennung von Kirche und Staat. Zwar hatte man die Forderung nach einer Radikaldemokratisierung der französischen Gesellschaft mit dem Einrücken in die politischen Führungspositionen des Landes schon vor der Jahrhundertwende zurückgestellt. Dennoch gelang es nach 1919 weiterhin, sich erfolgreich als „Partei des kleinen Mannes" zu präsentieren, deren politisches Profil für die Verheißung einer unmittelbareren und menschlicheren Demokratie, mithin für die Aufhebung der „Antinomie von Demokratie und Macht" (J.-T. Nordmann) stand. Rechtsgleichheit, Laizität des Staates, soziale Gerechtigkeit und Vorrang der Volksvertretung im Spiel der Gewalten blieben erklärte Ziele. Die Emanzipation des einzelnen und der allgemeine gesellschaftlich-politische Fortschritt wurden als öffentlichkeitswirksamer Teil der eigenen programmatischen Identität gepflegt. Trotz gegenteiliger Attitüde hatte der Parti Radical freilich bereits vor 1914 de facto die Signatur einer Linkspartei verloren. Nach wechselnden Wahlbündnissen rechten (1919 und 1928) oder linken (1924, 1932 und 1936) Charakters kam es jedoch erst im Sommer 1938 unter Edouard Daladier zur konservativen Wende.

Das stark individualisierende Politikverständnis und der universale Vertretungsanspruch trugen wesentlich dazu bei, daß im *Parti Radical* vor 1940 keine Organisationsstrukturen entstanden, die mit denjenigen linker Parteien vergleichbar gewesen wären. Wie im rechtsliberalen Milieu lehnten die Parlamentarier der Partei jede Abstimmungsdisziplin ab. Im Lande selbst verkörperten lose strukturierte Wahlkomitees den Anspruch, die *France profonde* in Form eines basisnahen, tendenziell „parteifreien" Assoziationsmodells gegenüber den Zumutungen der Zentralgewalt zu vertreten.

Nach 1945 hatte die Partei zunächst unter der Identifikation mit der übel beleumundeten Dritten Republik zu leiden. Schon ab Frühjahr 1947 kehrte sie indes auf die politische Bühne zurück und besetzte aufgrund der erworbenen parlamentarischen Schlüsselposition bis 1958 immerhin siebenmal das Amt des Ministerpräsidenten. Überaltert und von wenigen einflußreichen Persönlichkeiten wie Herriot, Gaston Monnerville, René Mayer, Henri Queuille oder Edgar Faure dominiert, hatte die Partei die überkommene Rolle der Vertretung mittelständischer Interessen allerdings zunehmend mit dem neugegründeten → *MRP* und der → *SFIO* zu teilen. Außerdem war ihr mit dem *Rassemblement des Gauches Républicaines (RGR)* seit 1945 eine kurzlebige Konkurrenzgründung erwachsen, die sich personell zum Teil aus den eigenen Reihen speiste. So endete ein programmatischer und organisatorischer Erneuerungsversuch des *Parti Radical* unter Pierre Mendès France nach 1955 bereits zwei Jahre später im Mißerfolg. Ab 1959 in der Opposition gegen de Gaulle, hatte die Partei seither einen gravierenden Verlust an politischer Bedeutung hinzunehmen, der auch durch wechselnde Wahlbündnisse, diverse Spaltungen und einen erneuten Reformversuch unter Jean-Jacques Servan-Schreiber nicht aufgehalten werden konnte. Im Eintritt in die → *Union pour la Démocratie Française (UDF)* Giscard d'Estaings manifestierte sich 1978 eine neuerliche Rechtswendung des *Parti Radical*, die seine nurmehr marginale Stellung in der politischen Landschaft der Fünften Republik eher befestigte als relativierte.

1.9 Rassemblement du Peuple Français (RPF) [Union pour la Nouvelle République (UNR) bzw. Union des Démocrates pour la République (UDR)]

Gemessen an den politischen Intentionen des Namensgebers, Charles de Gaulle, stellt eine gaullistische Partei einen Widerspruch in sich dar. Der Führer von *France Libre* und erste Regierungschef des befreiten Frankreich hatte nach seinem Rücktritt im Januar 1946 eine Gruppierung ins Leben gerufen, die sich bewußt vom verachteten Parteiengetriebe der Vierten Republik abheben sollte. Im April 1947 gegründet, erhob das *Rassemblement du Peuple Français (RPF)* schon in der Namensgebung den Anspruch, als Massenbewegung des französischen Volkes schichten- und parteiübergreifend die Gegner des neuen politischen Systems und der kommunistischen Partei zu sammeln. Nach großen Erfolgen noch im Jahr 1947 hatte die Bewegung bald ebenso massive Rückschläge hinzunehmen: Von durchschnittlich 40% der abgegebenen Voten bei den Kommunalwahlen im Oktober 1947 sank ihr Anteil bis zu den Parlamentswahlen von 1951 auf kaum mehr als 22%. Gezeichnet von der Spaltung der eigenen Parlamentsfraktion im Jahr 1952, gelang es der Partei nicht, die politische Macht auf nationaler Ebene zu erobern. Daraufhin beendete de Gaulle im Frühjahr 1953 das politische Engagement des *RPF* und zog sich im Juni 1955 selbst von der politischen Bühne zurück.

Im Gefolge der Wahl de Gaulles zum Staatspräsidenten 1958 gründeten seine Anhänger unter der Führung von Jacques Soustelle die *Union pour la Nouvelle République (UNR)*. Mit 198 Abgeordneten die stärkste Fraktion in der *Assemblée nationale*, existierte die Partei zunächst vorwiegend auf parlamentarischer Ebene, bevor sie ihre – schwache – organisatorische Verankerung im Land fand. De Gaulle stand ihr distanziert gegenüber und blieb dem Parteivorsitz fern. Ungeachtet kleinerer personeller Abspaltungen im Streit um die Unabhängigkeit Algeriens entwickelte sich die *UNR* zur wichtigsten parlamentarischen Stütze des Staatspräsidenten. Sie spielte eine maßgebliche Rolle für den positiven Ausgang des Referendums über die Volkswahl des Staatsoberhaupts im Oktober 1962 und erreichte im November einen klaren Wahlsieg (233 Sitze). Seit der Fusion mit einer linksgaullistischen Gruppierung im gleichen Jahr trat die Partei unter dem Rubrum *UNR-UDT* auf; 1968 mutierte sie zur *Union des Démocrates pour la République (UDR)*. Nach dem nurmehr knappen Wahlerfolg ihrer Vorgängerin im Jahr 1967 (180 Mandate), erreichte die *UDR* im Juni 1968 erstmals in der Geschichte der französischen Republik die absolute Stimmenmehrheit im Parlament (293 Sitze). Bis 1974 nahmen die Gaullisten nahezu die Gesamtheit der politischen Schlüsselpositionen im Staat ein, mit Georges Pompidou stellten sie nach dem Rücktritt de Gaulles ab 1969 wiederum den *Président de la République*. Der Tod Pompidous im April 1974 beschleunigte einen gewissen Bedeutungsverlust der Partei, innerparteiliche Rivalitäten zwischen Jacques Chaban-Delmas und Jacques Chirac trugen zur Niederlage der Gaullisten bei den *élections présidentielles* des gleichen Jahres entscheidend bei.

Es war gleichwohl Jacques Chirac, politischer Ziehsohn Pompidous und neuer starker Mann der Partei, welcher den parteipolitischen Gaullismus allmählich aus der Krise führte. Im Dezember 1976 transformierte er die *UDR* in das → *Rassemblement pour la République (RPR)*, das sich bis heute zur wichtigsten konservativen Kraft Frankreichs entwickelte.

1.10 Rassemblement pour la République (RPR)

Gegen Jahresende 1976 aus der gaullistischen → *UDR* hervorgegangen, stellte das konservative *Rassemblement pour la République (RPR)* zusammen mit der → *UDF* Giscard d'Estaings bis 1981 die parlamentarische Mehrheit. Der doppelte Wahlsieg der Sozialisten bei den Präsidentschafts- und Parlamentswahlen des gleichen Jahres zwang die Gaullisten zum ersten Mal seit 1958 in die Oppositionsrolle. Bereits fünf Jahre später leitete der konservative Wahlsieg von 1986 die erste *Cohabitation* zwischen einer konservativen Regierung unter Jacques Chirac und dem amtierenden sozialistischen Staatspräsidenten Mitterrand ein. Nach dem Intermezzo einer erneuten linken Kammermehrheit seit 1988 folgte ab 1993 die zweite *Cohabitation* mit Édouard Balladur (*RPR*) im Amt des Ministerpräsidenten. Als erneut stärkste Kraft im Parlament und nunmehr wichtigste Gruppierung der französischen Rechten, stellt das *Rassemblement* seit 1995 zudem auch den Staatspräsidenten, Jacques Chirac.

Programmatisch unterscheidet sich der *RPR* kaum mehr von der traditionellen Rechten, insbesondere seitdem man alte Widerstände gegen die fortschreitende Liberalisierung der französischen Wirtschaft aufgab. Im Streit um die französische Europapolitik und den Vertrag von Maastricht 1992 kamen gleichwohl traditionelle Positionen und innerparteiliche Rivalitäten erneut zum Vorschein. Jacques Chirac und seine Anhänger gingen aus den Parteikämpfen gestärkt hervor, auch wenn die Wahlniederlage von 1997 einen erneuten Rückschlag brachte. Die schockierenden Stimmengewinne des → *Front National* und seines Kandidaten Le Pen bei den *présidentielles* vom Frühjahr 2002 führten noch im April zur Gründung des Wahlbündnisses *Union pour la Majorité Présidentielle (UMP)*. Ihm gehören neben dem *RPR* und den Chirac-Anhängern aus der Gruppierung *Démocratie Libérale* ein Gutteil der Abgeordneten der → *Nouvelle Union pour la Démocratie Française (UDF)* an. Gestärkt durch die Wiederwahl Chiracs ins Amt des Staatspräsidenten (82,2%) im Mai, konnte *UMP* bei den Parlamentswahlen vom Juni 2002 die absolute Mehrheit der Mandate (364 Sitze) erobern. Am 17. November 2002 konstituierte sich die Gruppierung unter dem Namen *Union pour un Mouvement Populaire* als Partei.

1.11 Section Française de l'Internationale Ouvrière (SFIO)/ Parti Socialiste (PS)

Fast überall in Europa bildeten sich etwa seit der Mitte des 19. Jahrhunderts als Reaktion auf die sozialen Folgen der Industrialisierung sozialistische Denkschulen und Bewegungen heraus. In Frankreich bestanden um 1900 fünf konkurrierende Gruppierungen, die sich im wesentlichen durch ihre Haltung zum Klassenkampf und zur Revolution, zu Fragen der Parteidisziplin sowie in ihrer Stellung zur Gewerkschaftsbewegung und zur Regierungsbeteiligung sozialistischer Politiker unterschieden. Im November 1901 kam es zu einer ersten Klärung der Fronten, als sich die Anhänger von Jules Guesde und Edouard Vaillant mit einigen kleineren Gruppen zum *Parti Socialiste de France* zusammenschlossen. Geprägt von der marxistischen Doktrin war man sich weitgehend einig in der Ablehnung des herrschenden Gesellschaftssystems und im Bekenntnis zum Prinzip der Revolution. Wenige Monate später fanden sich Jean Jaurès, Aristide Briand und die politischen Freunde von Paul Brousse und Jean Allemane zum *Parti Socialiste Français* zusammen, der als Konkurrenzgründung auf die reformistische Veränderung der Gesellschaft setzte und den Parlamentarismus als Aktionsfeld befürwortete.

Angeregt und geprägt durch die Forderungen der Zweiten Internationalen von 1904 vereinigten sich beide Parteien im April 1905 unter dem Namen *Parti Socialiste, Section Française de l'Internationale Ouvrière (SFIO)*. Es war auf den Einfluß des eigentlichen starken Mannes in der *SFIO*, Jean Jaurès, zurückzuführen, daß die bei der Parteigründung favorisierten Prinzipien des revolutionären Marxismus nur formal die Oberhand behielten. Gleichwohl hielt man sich vorerst fast ein Jahrzehnt lang von jeder Regierungsbeteiligung fern. Erst ab Ende August 1914 übernahmen sozialistische Politiker Ministerposten, nachdem die Parlamentarier der *SFIO* – wie die deutschen Sozialdemokraten – bereits am 4. August für die Bewilligung von Kriegskrediten gestimmt hatten. Ebenso wie in Deutschland stärkte aber auch hier der Kriegsverlauf die pazifistischen Kräfte in der Partei und legte den Keim für eine erneute Spaltung. Auf dem Parteikongreß von Tours 1920 sprach sich eine Mehrheit der Delegierten für den Anschluß an die Dritte Internationale aus und gründete in der Folge den → *Parti Communiste Français*. Der rechte Minderheitsflügel um den Juristen und Publizisten Léon Blum behielt den Namen *SFIO* bei, hatte aber das traditionsreiche Parteiblatt „L'Humanité" und den Verwaltungsapparat an die Kommunisten abzugeben.

Dem politischen Gewicht der sozialistischen Partei tat dies keinen wirklichen Abbruch. Hatte die *SFIO* vor 1914 bereits eine stete Zunahme ihrer parlamentarischen Stärke verbuchen können und am Vorabend des Weltkrieges die zweitstärkste Kammergruppe gestellt, so setzte sich diese Tendenz nach 1919 im wesentlichen fort. Im Gefolge der Volksfrontwahlen von 1936 stellte man sogar die stärkste Parlamentsfraktion. Als unbestrittene intellektuelle Autorität fungierte seit 1919 Léon Blum, in der Parteileitung unterstützt von Vincent Auriol und Paul Faure. Jean Zyromski und Marceau Pivert traten als markante Vertreter des linken

Flügels hervor, während Joseph Paul-Boncour und Pierre Renaudel den rechten Flügel vertraten. Unter Blums Führung praktizierte die Partei nicht nur eine vergleichsweise strikte Abstimmungsdisziplin, sondern unterwarf sich einer parlamentarischen Taktik, derzufolge die Teilnahme an bürgerlichen Regierungen ohne sozialistische Präponderanz ausgeschlossen sein sollte. Innenpolitisch trat die Partei unter anderem für den Schutz der parlamentarischen Republik, für die Stärkung der Demokratie auf wirtschaftlichem Feld, die Verstaatlichung von Schlüsselindustrien, die Einführung einer Kapitalsteuer und eine umfangreiche Sozialgesetzgebung ein; außenpolitisch setzte man auf die Prinzipien der kollektiven Sicherheit und der internationalen Abrüstung. Erst die Regierungen der Volksfront aus *SFIO*, → *PCF* und → *Parti Radical* boten zwischen 1936 und 1938 Gelegenheit zur unmittelbareren Umsetzung dieser Ziele.

In der Zeit des Vichy-Regimes agierte die *SFIO* gespalten zwischen Kollaboration und Résistance. Nach Ende des Zweiten Weltkriegs mußte die Partei ihre führende Stellung im linken Lager an den → *PCF* abgeben, der in der Folge bei sämtlichen Parlamentswahlen der Jahre 1946 bis einschließlich 1973 bessere Ergebnisse als die sozialistischen Formationen erzielte. Eine frühe Phase der Zusammenarbeit fand bereits im Mai 1947 ihr Ende und machte seitens der *SFIO* einer antikommunistischen Grundorientierung Platz, die über fast zwei Jahrzehnte hinweg auch deren innenpolitische Bündnisstrategie bestimmte. Doch obwohl die Partei zeitweise Schlüsselpositionen im Machtgefüge der Vierten Republik einnahm, hatte sie bis in die sechziger Jahre weiterhin kontinuierliche Verluste an Mitgliedern und Wählerstimmen hinzunehmen.

Erst der Zusammenschluß der „alten" *SFIO* mit mehreren kleineren Linksgruppen zum *Parti socialiste (PS)* und die parteiinterne Machtübernahme von François Mitterrand während der Parteikongresse von Issy-les-Moulineaux (Juli 1969) und Epinay (Juni 1971) leiteten eine Wende ein. In programmatisch-taktischer Neuorientierung erkor man die kommunistische Partei wiederum zum wichtigsten Bündnispartner und verkündete im Juni 1972 ein *Programme commun de gouvernement*. Es umfaßte neben Maßnahmen zur voranschreitenden „Demokratisierung" von Staat und Gesellschaft weitreichende, marxistisch inspirierte wirtschaftspolitische Forderungen, von denen man erst gegen Anfang der achtziger Jahre abging. Ungeachtet dessen erlangte das „Gemeinsame Regierungsprogramm" erhebliches mobilisierendes und identitätsstiftendes Potential im gesamten linken Spektrum. Der Wahlsieg François Mitterrands bei den Präsidentschaftswahlen 1981 markierte einen Höhepunkt im Prozeß des Aufstiegs der sozialistischen Partei zur dominierenden Kraft, zumal der *PS* bei den anschließenden Parlamentswahlen die absolute Mehrheit der Sitze (283) in der *Assemblée nationale* gewinnen konnte. Die ökonomischen Dauerprobleme und eine bald einsetzende rigide Sparpolitik führten indes zu Vertrauensverlusten bei der Basis und 1984 zum Austritt des → *PCF* aus der Regierungskoalition. Die Niederlage des *PS* bei den Parlamentswahlen von 1986 leitete eine Krise der Partei ein, die sich auch nach der erneuten Übernahme des Präsidentenamts durch Mitterrand 1988 wei-

ter verschärfte. Fehlendes programmatisches Profil, parteiinterne Konkurrenz-
kämpfe, Finanzaffären und die stark personenbezogene Ausrichtung als „Prä-
sidentenpartei" (I. Stephan) mündeten schließlich 1993 in eine vernichtende
Wahlniederlage. Unter dem Vorsitz von Lionel Jospin fand die Partei zur neuen
programmatischen Schwerpunktbildung im Bereich sozial- und wirtschaftspoliti-
scher Themen, was sie bei den Parlamentswahlen von 1997 wieder zur stärksten
politischen Kraft werden ließ. Die folgende dritte *Cohabitation* zwischen Premierminister Lionel Jospin und Staatspräsident Jacques Chirac fand erst nach den Präsidentschaftswahlen vom Frühjahr 2002 ihr abruptes Ende, als Jospin im ersten
Durchgang nur enttäuschende 16,18% auf sich vereinen konnte und daraufhin
am 6. Mai 2002 seinen Rückzug aus der Politik bekanntgab. Bei den anschließenden Parlamentswahlen konnte sich der *Parti Socialiste* deutlich abgeschlagen
nurmehr als zweitstärkste politische Kraft in der *Assemblée nationale* plazieren (142
Sitze).

1.12 Union pour la Démocratie Française (UDF)

Nicht als Partei, sondern als lose Vereinigung existierender Parteien, politischer
Clubs und Einzelpersonen gegründet, gewährt die *Union pour la Démocratie Française (UDF)* bis heute ihren Mitgliedern volle Autonomie in der Organisation und
Artikulation ihrer politischen Positionen. Am Beginn ihrer Geschichte stand eine
Initiative Valéry Giscard d'Estaings, der nach seiner Wahl zum Staatspräsidenten
1974 all jene Gruppen, die seine Kandidatur unterstützt hatten, zur Vereinigung
aufforderte. Mit Blick auf die bevorstehenden Parlamentswahlen von März 1978
sollten sämtliche nicht-gaullistischen Kräfte der Rechten und der rechten Mitte
zusammengefaßt werden, um dem konkurrierenden → *Rassemblement pour la République (RPR)* Paroli zu bieten. Neben dem liberalkonservativen *Parti Républicain*,
einer 1977 gegründeten Nachfolgeorganisation der *Républicains Indépendants* um
Giscard, folgten dem Aufruf der → *Centre des Démocrates Sociaux (CDS)*, der → *Parti
Radical* sowie einige kleinere Gruppen und unabhängige Politiker.

Bis gegen Ende der 1980er Jahre gelang es der *UDF* trotz aller internen politischen Differenzen, nach außen hin ein relativ geschlossenes Profil zu bieten: Das
Bekenntnis zur liberalen Marktwirtschaft und zur sozialen Gerechtigkeit gehörte
ebenso dazu wie eine gewisse Liberalität in gesellschaftspolitischen Fragen, die
Akzeptanz ökologischer und feministischer Tendenzen in der Gesellschaft oder die
Offenheit gegenüber dem europäischen Einigungsprozeß. Ausgelöst durch pro-
grammatische Divergenzen vorwiegend zwischen → *CDS* und → *Parti Radical* in
der Einwanderungs-, Privatisierungs- und Europapolitik, ging jedoch in der Folge
ein Gutteil der ohnehin von Anfang an prekären gemeinsamen politischen Identität verloren. Die Bildung einer kohärenten Partei jenseits der Praxis als Wahl-
hilfs- und Koordinationsgremium assoziierter politischer Gruppen blieb jedenfalls
dauerhaft außer Reichweite. Seit dem Wahlsieg von Jacques Chirac bei den Präsi-

dentschaftswahlen von 1995 in eine politisch mindere Position gedrängt, befindet sich das Bündnis in einem Prozeß des schleichenden Zerfalls. Er nahm seine jüngste Wendung im 2002 vollzogenen Austritt des → *Parti Radical* aus der 1998 gegründeten *Nouvelle Union pour la Démocratie Française (UDF)*. Bei den Parlamentswahlen vom Juni 2002 eroberte die *UDF* nurmehr 28 Sitze, während es im März 1993 noch 207 Mandate gewesen waren.

Literaturhinweise

François Borella, Les partis politiques dans la France d'aujourd'hui, Paris [5]1990

Jürgen Hartmann, Frankreichs Parteien, Köln 1985

Pierre Lévêque, Histoire des forces politiques en France. Band 1 (1789–1880); Band 2 (1880–1940); Band 3 (De 1940 à nos jours), Paris 1992/1994/1997

Sabine Ruß/Joachim Schild/Jochen Schmidt/Ina Stephan (Hg.), Parteien in Frankreich. Kontinuität und Wandel in der V. Republik, Opladen 2000

2.   Kräfteverhältnisse im Parlament (Chambre des Députés bzw. Assemblée nationale)

2.1 Allgemeines

Anders als in Deutschland reicht die parlamentarische Regierungsform in Frankreich in ihren Frühformen bis weit ins 19. Jahrhundert zurück. Erst im Verlauf des Gründungsprozesses der Dritten Republik freilich etablierte sich mit der Einführung des allgemeinen Männerwahlrechts eine parlamentarische Demokratie, die trotz wiederholter Krisen bis 1940 existierte. In reformierter Gestalt lebte die parlamentarische Regierungsform während der Vierten Republik wieder auf, bevor die Verfassung der Fünften Republik von 1958/1962 die Akzente in Richtung einer Präsidialdemokratie verschob.

Politische Parteien hingegen entstanden in Frankreich deutlich später als diesseits des Rheins. Erst mit Beginn des 20. Jahrhunderts fanden sich Linksliberale (*Radicaux*), Rechtsliberale, Konservative und Sozialisten in politischen Gruppierungen zusammen, deren Kohärenz und Organisationsgrad gleichwohl geringer blieb als im östlichen Nachbarland (vgl. Kap. V.1). Französische Politiker agierten somit nach 1871 in einem traditionell deliberativ ausgerichteten parlamentarischen System, das darauf abgestellt war, ohne organisierte Parteien zu funktionieren, und in dem diese Disposition mindestens bis gegen Ende der 1930er Jahre erhalten blieb. Anders als Konservative, Sozialisten, später auch Kommunisten, pflegten insbesondere die Gruppen der politischen Mitte nur ein vergleichsweise geringes Maß an parlamentarischer Disziplin. Auch war es noch zu Zeiten der

Dritten Republik durchaus an der Tagesordnung, daß sich Abgeordnete liberaler Parteien auf mehrere Fraktionen verteilten, deren Zusammensetzung keineswegs immer Ausdruck klar abgrenzbarer politischer Orientierungen war. Historische Gründe, also das Fortwirken vergangener Spaltungen und Zusammenschlüsse, konnten hierfür ebenso ausschlaggebend sein wie taktische Überlegungen der einzelnen Abgeordneten, persönliche Affinitäten oder auch die Absicht, durch Neugründungen programmatisch-personelle Akzente gegen bereits etablierte *groupes* zu setzen.

Nach dem Zweiten Weltkrieg kam es zweifellos auch in Frankreich zu einer Verdichtung von Parteienstrukturen. Bis in die Gegenwart aber läßt sich eine gewisse Fluidität der Grenzen zwischen den Parlamentsfraktionen beobachten, die sich in wiederholten Spaltungs- und Anlagerungsbewegungen, rasch wechselnden Etikettierungen oder in der fortwährenden Neuauflage von Bemühungen manifestiert, nun endlich *die* große konservative oder liberale Parteiformation ins Leben zu rufen.

Für die statistische Aufbereitung und Präsentation von Wahlergebnissen erwachsen aus dieser systemimmanenten Dynamik erhebliche Schwierigkeiten, die kaum anders als durch die Entscheidung für jeweils begründbare Momentaufnahmen parlamentarischer Präsenz zu umgehen sind. Die teils stark divergierenden Angaben in der vorliegenden Literatur spiegeln diese Problematik wider; im folgenden wurde auf die angegebenen Darstellungen zurückgegriffen.

2.2 Sitzverteilung im Parlament

Abb.12: Zusammensetzung der parlamentarischen Versammlungen (1893–2002)

Dritte Republik: *Chambre des Députés* vom 14. November 1893

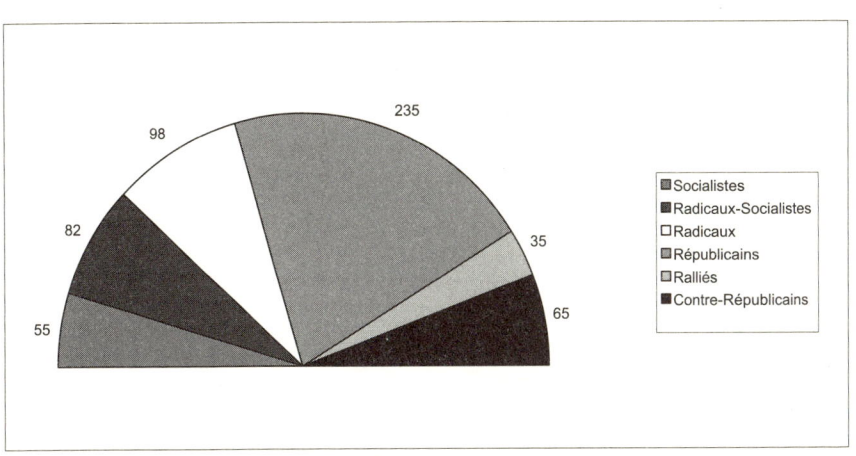

Dritte Republik: *Chambre des députés* vom 1. Juni 1898

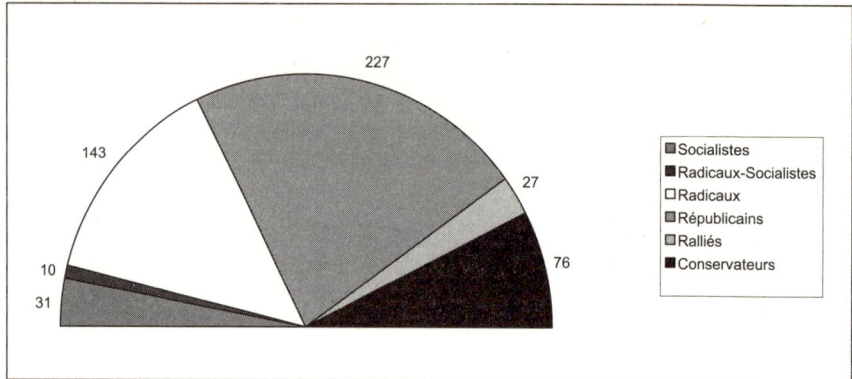

Dritte Republik: *Chambre des députés* vom 1. Juni 1902

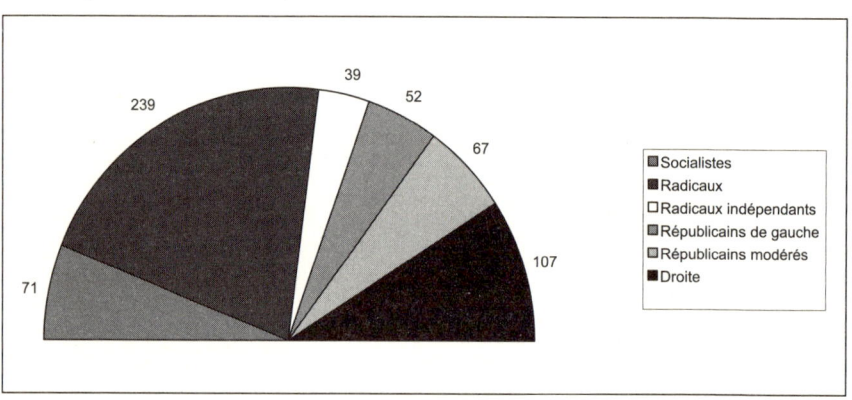

Dritte Republik: *Chambre des députés* vom 8. Juni 1906

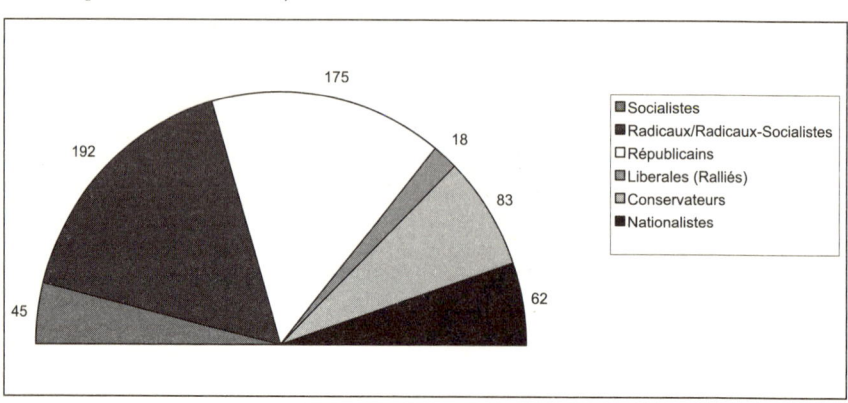

Dritte Republik: *Chambre des députés* vom 1. Juni 1910

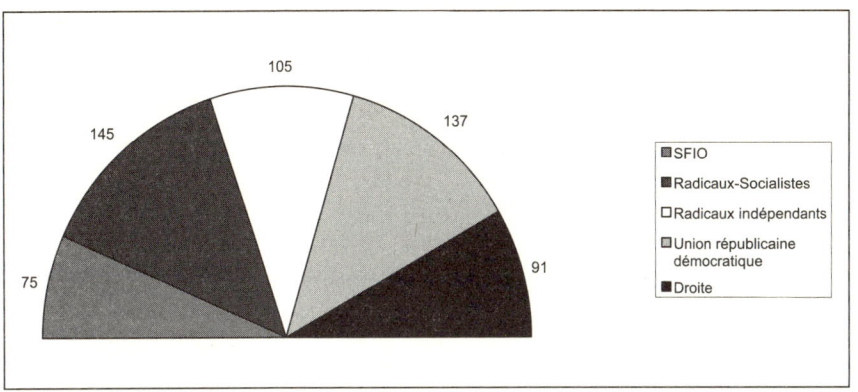

Dritte Republik: *Chambre des députés* vom 1. Juni 1914

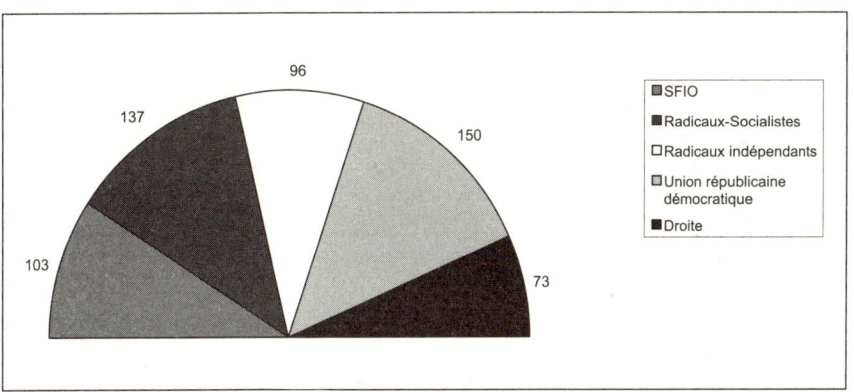

Dritte Republik: *Chambre des députés* vom 16. November 1919

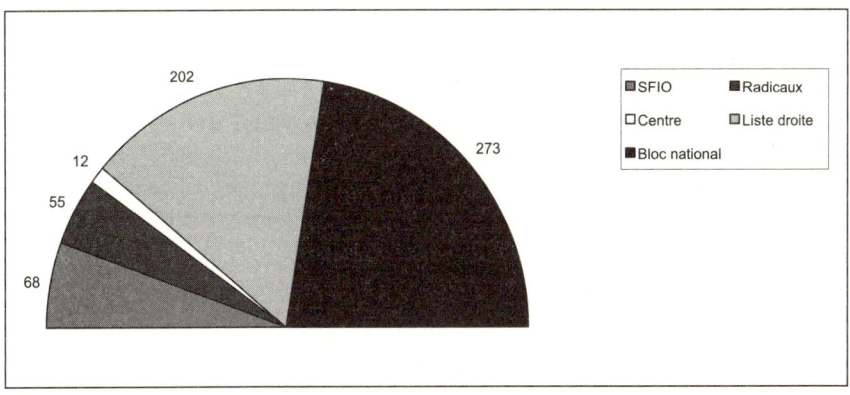

Dritte Republik: *Chambre des députés* vom 11. Mai 1924

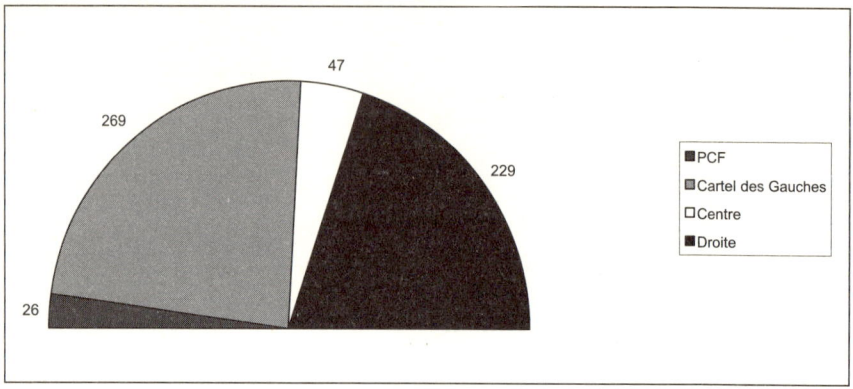

Dritte Republik: *Chambre des députés* vom 29. April 1928

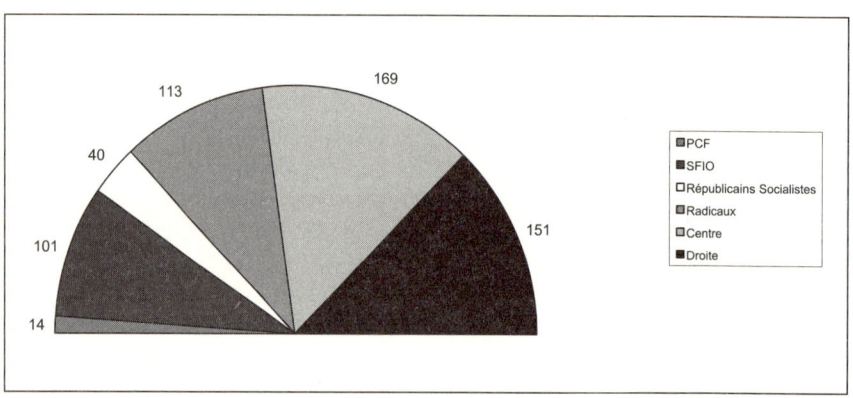

Dritte Republik: *Chambre des députés* vom 10. Mai 1932

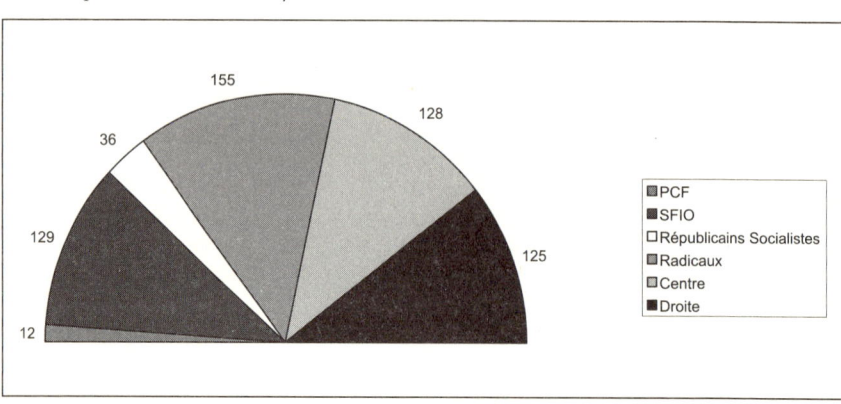

Dritte Republik: *Chambre des députés* vom 3. Mai 1936

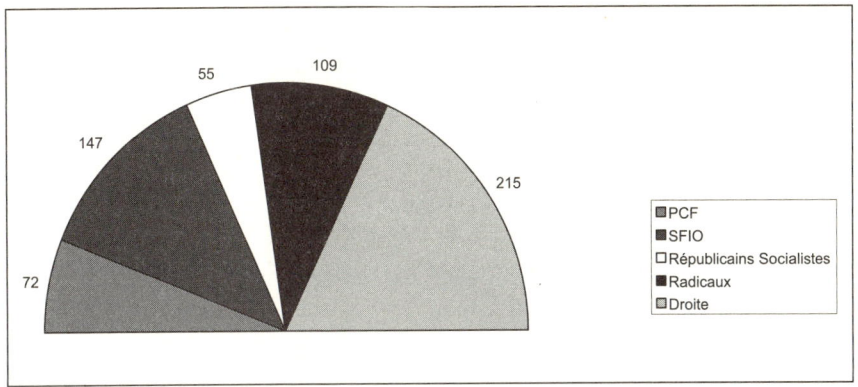

Vierte Republik: Die *Constituante* vom 21.Oktober 1945

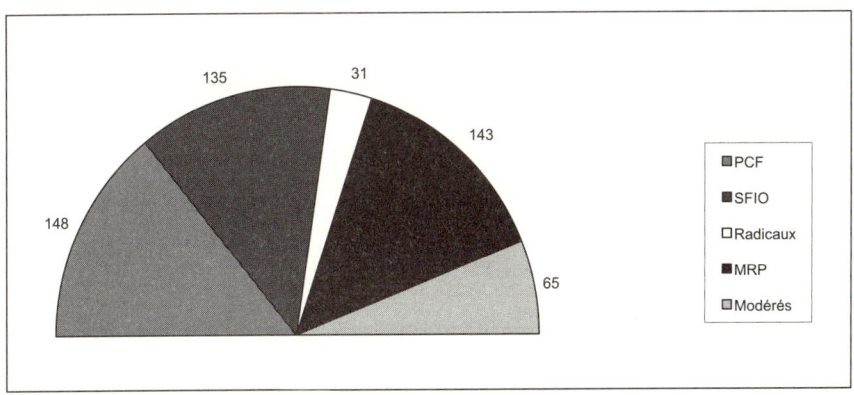

Vierte Republik: Die Zweite *Constituante* vom 2. Juni 1946

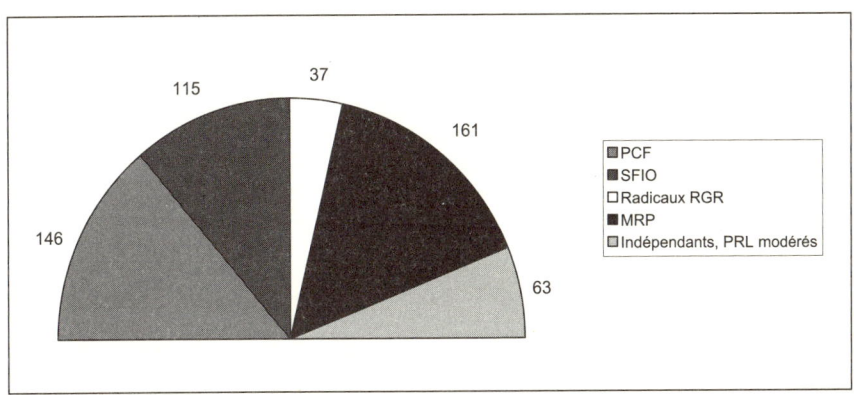

Vierte Republik: Die *Assemblée nationale* vom 10. November 1946

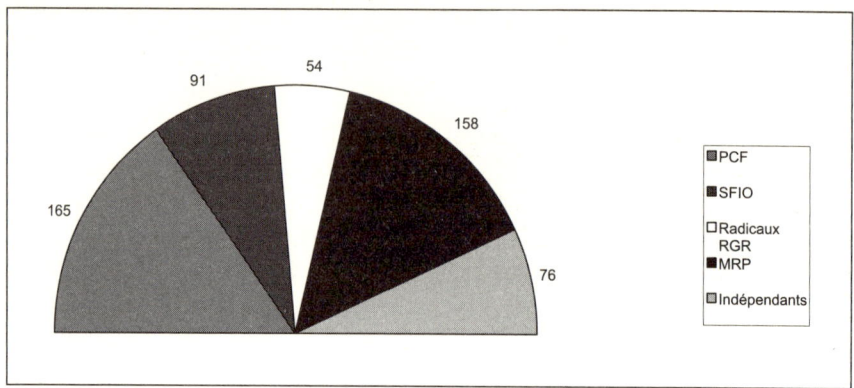

Vierte Republik: Die *Assemblée nationale* vom 17. Juni 1951

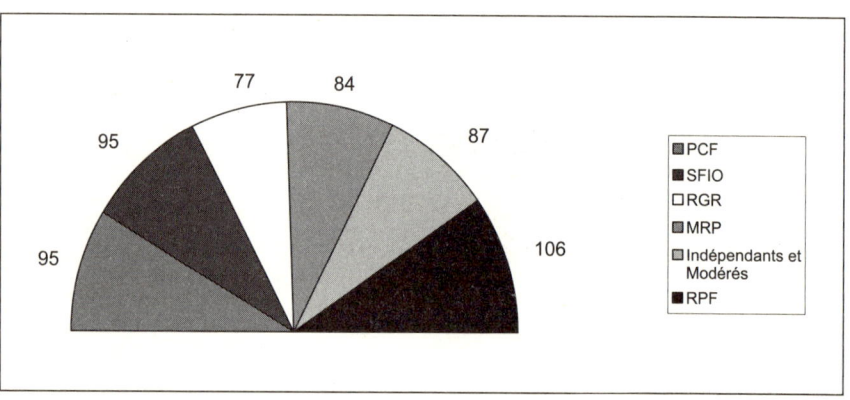

Vierte Republik: Die *Assemblée nationale* vom 2. Januar 1956

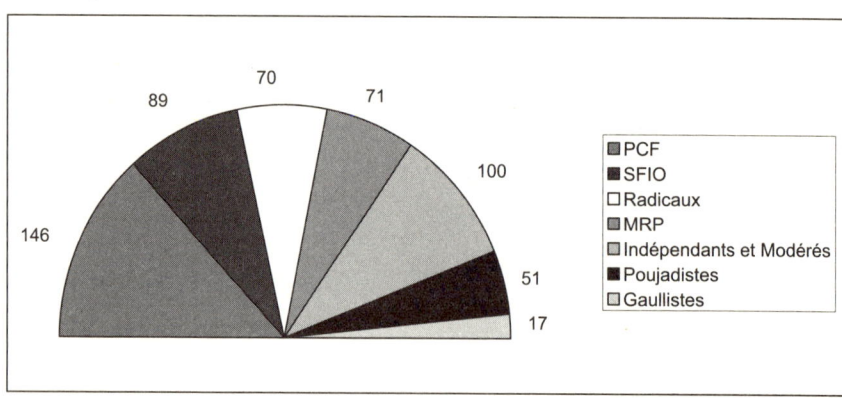

Fünfte Republik: Die *Assemblée nationale* vom 30. November 1958

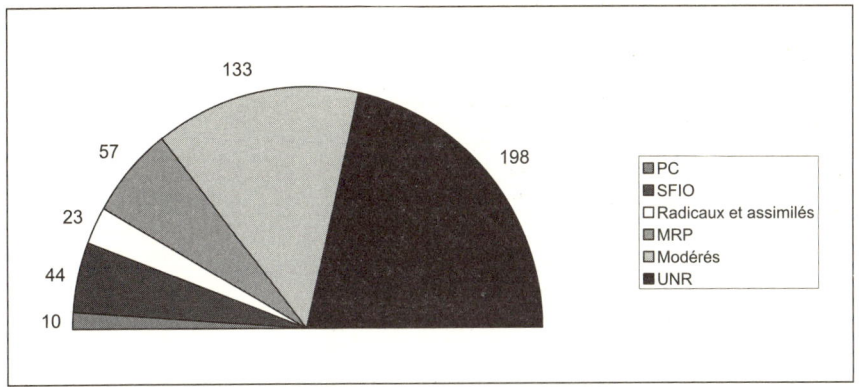

Fünfte Republik: Die *Assemblée nationale* vom 25. November 1962

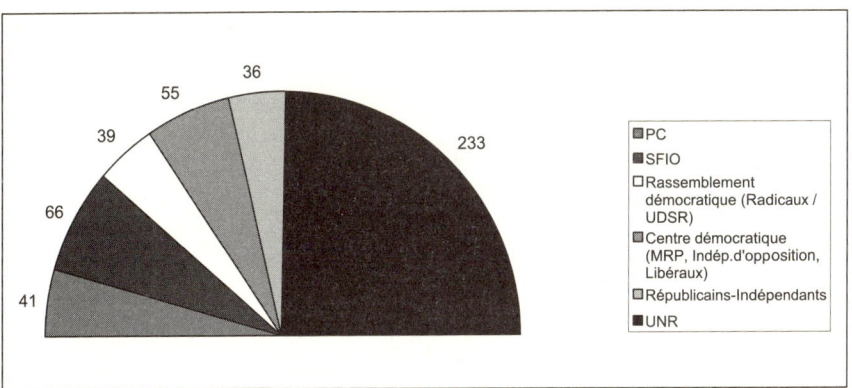

Fünfte Republik: Die *Assemblée nationale* vom 12. März 1967

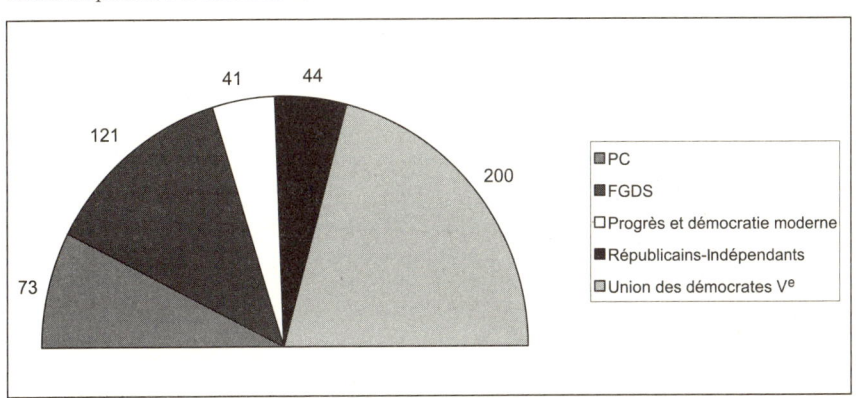

Fünfte Republik: Die *Assemblée nationale* vom 30. Juni 1968

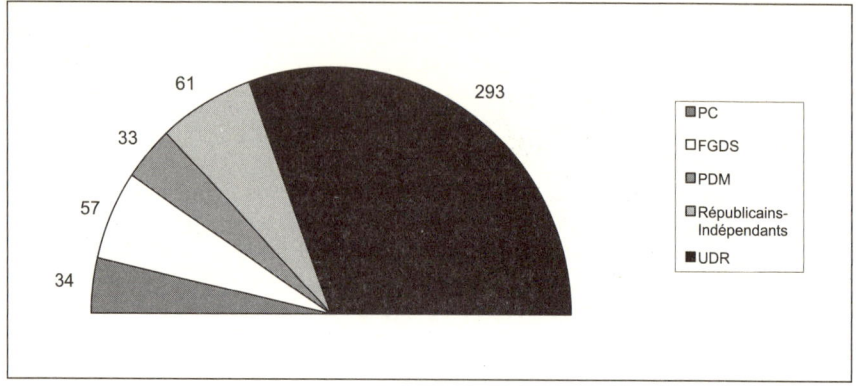

Fünfte Republik: Die *Assemblée nationale* vom 11. März 1973

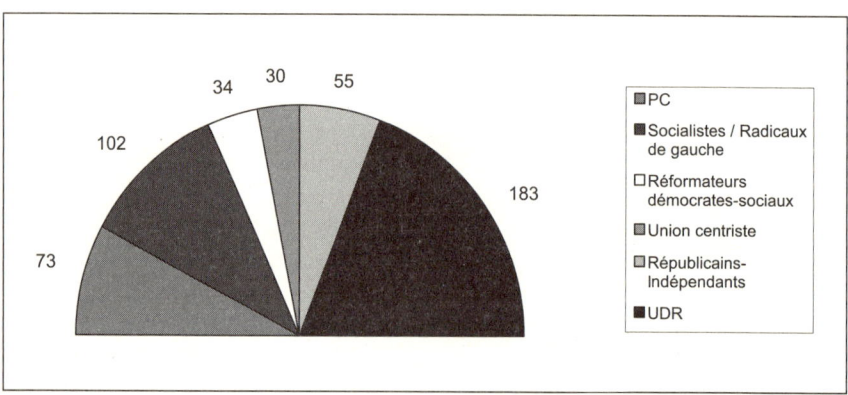

Fünfte Republik: Die *Assemblée nationale* vom 19. März 1978

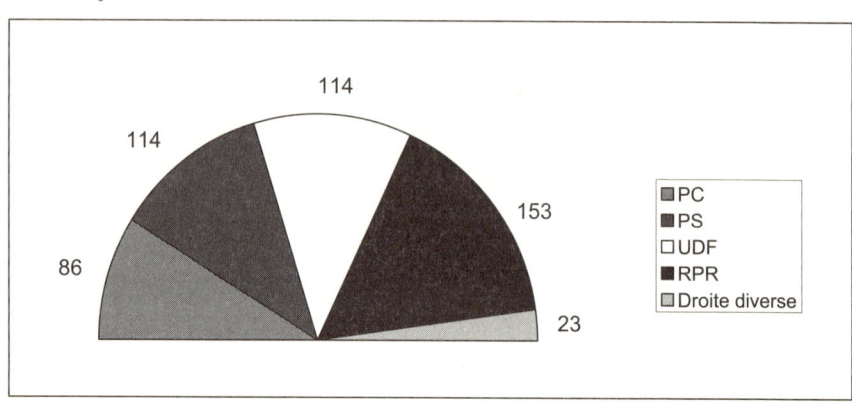

Fünfte Republik: Die *Assemblée nationale* vom 21. Juni 1981

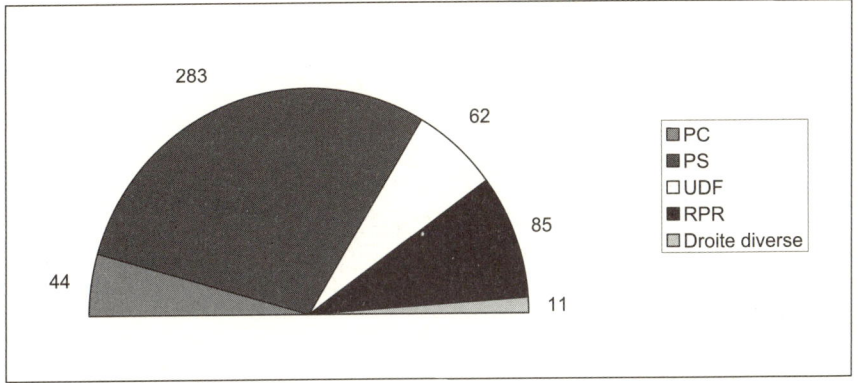

Fünfte Republik: Die *Assemblée nationale* vom 16. März 1986

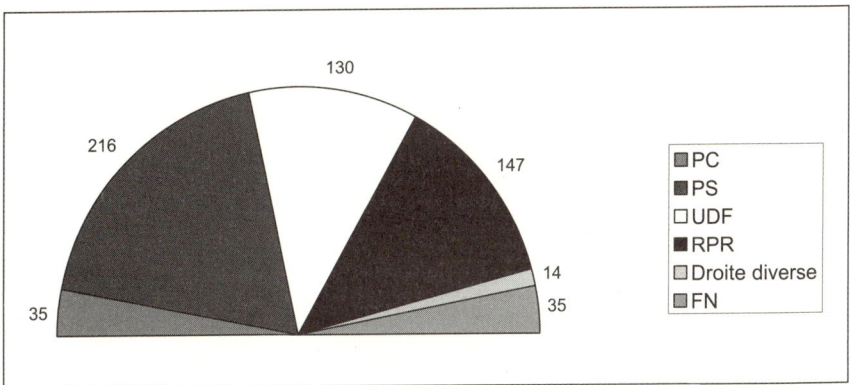

Fünfte Republik: Die *Assemblée nationale* vom 12. Juni 1988

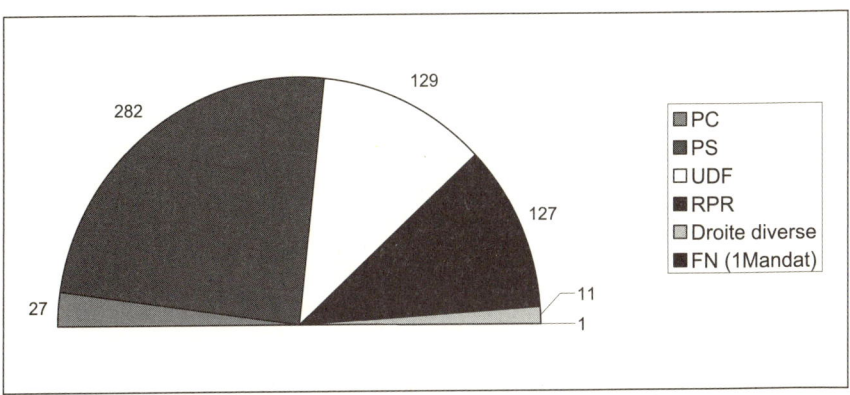

Fünfte Republik: Die *Assemblée nationale* vom 28. März 1993

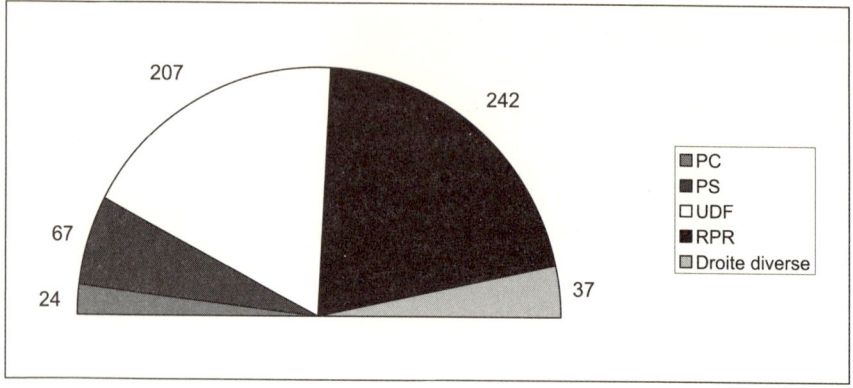

Fünfte Republik: Die *Assemblée nationale* vom 12. Juni 1997

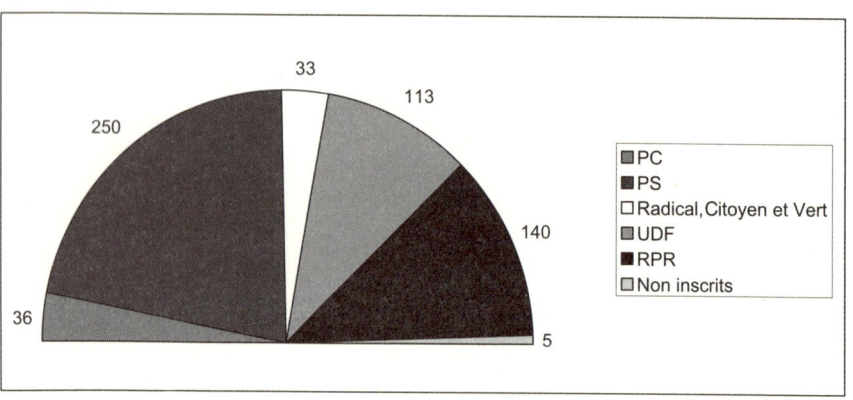

Fünfte Republik: Die *Assemblée nationale* vom 16. Juni 2002

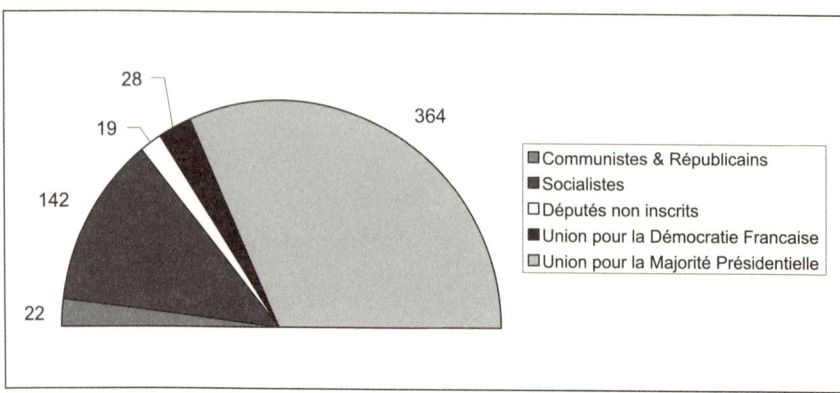

Kasse 2   Bonnummer 654057
Menge   Preis   Betrag

Wgr. 2/09001 Modernes Antiquariat
    1   4,90 EUR   4,90 EUR   2

    Gesamtbetrag   4,90 EUR
    bar   10,00 EUR
    zurück   5,10 EUR

MwSt.Satz   Netto   MwSt.   Brutto
2: 7,00%   4,58   0,32   4,90

Datum 26.05.2010 11:43

Verwendete Literatur

Alistair Cole/Peter Campbell, French Electoral Systems and Elections since 1789, Essex 1989, S. 48–71 [für die Jahre 1893–1936]

Jean-Pierre Rioux, La France de la Quatrième République. 2 Bände (Nouvelle Histoire de la France contemporaine 15/16), Paris 1980/1983 [für die Jahre 1945–1956]

Serge Berstein, La France de l'expansion. Band 1: La République gaullienne 1958–1969 (Nouvelle Histoire de la France contemporaine 17), Paris 1991 [für die Jahre 1958–1968]

Ders./Jean-Pierre Rioux, La France de l'expansion. Band 2: L'apogée Pompidou 1969–1974 (Nouvelle Histoire de la France contemporaine 18), Paris 1995 [für 1973]

Udo Kempf, Von De Gaulle bis Chirac. Das politische System Frankreichs, Opladen 1997, S. 220 [für die Jahre 1978–1993]

www.assemblée-nationale.fr [für die Jahre 1997 und 2002]

VI. Vom Kolonialreich zur France d'outre-mer

1. Chronologie

1533–1830	Aufbau und Verfall eines „Ersten Kolonialreiches" vom 17. bis ins beginnende 19. Jahrhundert
1830–1930	Aufbau eines zweiten Kolonialreiches, Höhepunkt im Ersten Weltkrieg
1930–1962	Zusammenbruch des *Empire colonial* bis 1960

Datum	Französisches Kolonialreich	Historischer Hintergrund
1432–1451	Jacques Cœur erschließt den Mittelmeerhandel	
1492		Christoph Kolombus entdeckt Amerika
1494		Vertrag von Tordesillas: globale Abgrenzung der Machtsphären zwischen Portugal und Spanien
1497/98		Vasco da Gama findet den Seeweg nach Indien
1519–1522		Fernao de Magelhães umsegelt als erster die Erde
1534	Jacques Cartier erreicht die Mündung des St.-Lorenz-Stroms und gründet 1535 Montreal	
1555	Gründung einer ersten französischen Niederlassung in Südamerika auf einer Insel vor Rio de Janeiro	
1604	Französische Kolonisten siedeln in Guyana	
1608	Samuel de Champlain gründet Quebec	
1624–1643	Beginn des Aufbaus eines französischen Kolonialreiches unter Richelieu	1610–1643 Ausbau des absolutistischen Staates unter Ludwig XIII.
1642	Erste französische Siedlungen auf Madagaskar	
1665–1683	Colbert gründet Monopolgesellschaften für den Außenhandel (West- und Ostindische Compagnie)	1643–1715 Höhepunkt und beginnender Verfall des Absolutismus unter Ludwig XIV.

Datum	Französisches Kolonialreich	Historischer Hintergrund
1668	Gründung von Handelsniederlassungen in Indien durch die Ostindische Compagnie	
1673	Von Quebec kommend erreichen erste Siedler den Michigansee und den Mississippi	
1682	Robert Cavalier de la Salle erreicht die Mündung des Mississippi und erklärt Louisiane für französisch	
1685	Einführung des „Code noir" in den Kolonien von Frankreich	
1697	Frieden von Rijswijk: Spanien verliert Haïti an Frankreich	1688–1697 Pfälzer Krieg
1701	Asiento-Vertrag zwischen Frankreich und Spanien „legalisiert" den frz. Sklavenhandel	
1713	Frieden von Utrecht: Frankreich verliert Gibraltar, Minorca, Neufundland, und Akadien (Neubraunschweig und Neuschottland) an England	1701–1713/14 Spanischer Erbfolgekrieg
1717	John Law gründet die ‚Compagnie des Indes'; Französische Siedler gründen Nouvelle Orléans	1715–1774 Krise des Absolutismus unter Ludwig XV.
1748	Friede von Aachen: Frankreich gibt die britischen Kolonialgebiete zurück	1740–1748 Österreichischer Erbfolgekrieg
1753	Gründung von Fort Duquesne (heute Pittsburgh)	
1754/55–1763	Kolonialkrieg in Nordamerika, Westindien, Westafrika und Indien: Frankreich wird von England aus Nordamerika verdrängt; England erobert Guadeloupe (1758); Niederlassungen in Indien gehen an England verloren (1761)	1756–1763 Siebenjähriger Krieg 1763 Frieden von Paris: Verzicht Frankreichs auf den größten Teil seines Kolonialimperiums
1766–1769	Erste französische Weltumsegelung unter Louis Antoine de Bougainville	
1768	Frankreich erwirbt Korsika von Genua	
1776–1783	Frankreich wird Verbündeter der 13 Kolonien im amerikanischen Unabhängigkeitskrieg gegen England	1774–1792 Ludwig XVI.
1790–1803	Revolution auf Haïti unter Toussaint l'Ouverture	1789–1795 Französische Revolution
4.2.1794	Aufhebung der Sklaverei in allen französischen Kolonien	

Datum	Französisches Kolonialreich	Historischer Hintergrund
19.5.1798	Flotte unter General Napoleon läuft nach Ägypten und Syrien aus; Vernichtung der Flotte in der Seeschlacht von Aboukir (1.8.1798)	
1.6.1804	Ausrufung der unabhängigen Republik Haïti	1804–1814 Kaiserreich Napoleons I.
1805	Frankreich verkauft Louisiana an die USA	Seeschlacht von Trafalgar (21.10.): Die Vernichtung der Flotte nimmt Napoleon die Möglichkeit zur aktiven Kolonialpolitik
1815	Wiener Kongreß besiegelt den Zusammenbruch des französischen Kolonialreichs; Frankreich verbleiben: in Indien: Pondichéry, Chandernagore, Karikal, Mahé, Yanaon; im Indischen Ozean: Ile de Bourbon; in der Karibik: Martinique, Guadeloupe, Haïti; in Südamerika: Guyana; in Nordamerika: St.-Pierre-et-Miquelon	1814–1830 Restauration der Bourbonen-Dynastie: Ludwig XVIII. und Karl X.
29.3.1815	Frankreich verbietet den Sklavenhandel	
1819	Wiederbesetzung von Madagaskar	
1825	Anerkennung der Unabhängigkeit Haïtis	
1828	Der *Code pénal* und die *Codes de procédure civile et criminelle* werden in den Kolonien eingeführt	
1830–1847	Frankreich besetzt Algerien (1830 Alger) – antikolonialer Widerstand unter Abd-el-Kader	1830–1848 Bürgerkönigtum des Louis-Philippe von Orléans
1833	Charte coloniale: Bürgerrechte für alle Farbigen	Abschaffung der Sklaverei in den britischen Kolonien
1837/38	Capitaine Broquant erkundet den Senegal und Guinea	
1841	Protektorat über Mayotte	
1842	Protektorat über die Iles Marquises	
1843	Tahiti wird französisch; Einrichtung von Forts an der Elfenbeinküste und in Gabun; Siedler lassen sich auf den Inseln St.-Paul und Amsterdam nieder	
1844	Frankreich verzichtet auf sein Protektorat über Wallis-et-Futuna, die Iles Gambier und die Iles Sous-le-Vent	

Datum	Französisches Kolonialreich	Historischer Hintergrund
27.4.1848	Vollständige und unverzügliche Abschaffung der Sklaverei in allen französischen Kolonien	1848–1852 Zweite Republik
1853	Neu-Kaledonien wird französische Kolonie	1852–1870 Zweites Kaiserreich unter Napoleon III.
1854	Beginn der Eroberung des Senegals – antikolonialer Widerstand unter El Hadj Omar; Beschluß eines Statuts für Guadeloupe, Martinique und Réunion; die anderen Kolonien werden per Dekret regiert (beibehalten von der 3. Republik)	
1857	Dakar wird französisch; Austausch von Albréda (Gambia) gegen Portendick (Mauretanien) mit Großbritannien	
1858–60	Französisch-britische Expedition gegen China	
1859–69	Bau des Suez-Kanals unter französischer Führung; Ägypten wird als Protektorat betrachtet	
1858–1884	Französische Kolonialkriege in Indochina	
1861–1867	Mexikanische Expedition Frankreichs	
1863	Vertrag von Huê: Abtretung von 3 Provinzen in Cochinchina an Frankreich; Protektorat über Kambodscha	
1864	Inbesitznahme der Iles de Loyauté (Neukaledonien)	
14.7.1865	Französische Staatsbürgerschaft für die moslemischen und jüdischen Einwohner Algeriens	
1866	Zollautonomie für die Kolonien	
1867	Vollständige Besetzung von Cochinchina	
1869	Eröffnung des Suez-Kanals durch die Kaiserin Eugénie	
1873	Einnahme von Hanoi	1870–1940 Dritte Republik
1875–82	De Brazza erforscht und besetzt Gebiete am Kongo, Gründung von Brazzaville (1880)	
1878	Revolte der Kanaken in Neukaledonien; Beginn der Eroberung des Sudan	
1880	Annexion von Tahiti	

Datum	Französisches Kolonialreich	Historischer Hintergrund
1881	Vertrag von Bardo: Protektorat über Tunesien; Erstes Gesetz über die Staatsbürgerschaft (Algerien); Dekrete über die Unterstellung der algerischen Verwaltung unter die Ministerien in Paris (1896 z.T. aufgehoben)	
1882	Protektorat über die Iles Gambier und Touamotou (Polynesien)	
1882–1886	Französische Truppen erobern Guinea	
1883	Protektoratsvertrag über Annam	
1884/85	Berliner Kongo-Konferenz: Aufteilung Afrikas in koloniale Einflußsphären	
1885	Protektoratsvertrag über das Königreich Mérina (Madagaskar)	
1886	Protektorat über die Komoren	
1887	Bildung einer „Indochinesischen Union" durch verwaltungsmäßigen Zusammenschluß von Kambodscha, Annam und Tongking, sowie später Laos (1895); Erneutes Protektorat über Wallis-et-Futuna	
1888	Djibouti wird französische Kolonie	
1889	Gesetz über die Naturalisation der auf französischem Boden geborenen Ausländer	
1891	Bericht von Jules Ferry im Rahmen einer Untersuchungskommission des Senats in Algerien	
1892	Inbesitznahme der Iles Glorieuses (bei Madagaskar); Annexion von St.-Paul und Amsterdam	
1893	Inbesitznahme der Iles Kerguelen; „Schutzverträge" mit Herrschern in der heutigen Elfenbeinküste – antikolonialer Widerstand unter Samori Toure	
1894	Einmarsch in Timbuktu; Französisches Protektorat über Dahomey	
1895	Madagaskar-Expedition und Annexion der Insel, 1896–1905: Gallieni Generalgouverneur	

Datum	Französisches Kolonialreich	Historischer Hintergrund
1898	Zusammenstoß englischer und französischer Truppen bei Faschoda (Sudan)	
1900	Algerien wird durch Gesetz zur juristischen Person	
1900–1904	Eroberung des Niger-Gebiets	
1902	Bildung des Generalgouvernements „Französisch-Westafrika" (*Afrique Occidentale Française*) mit Sitz in Dakar	
1903	Bildung der Verwaltungseinheit „Französisch-Ozeanien"; Resolution der Abgeordnetenkammer über die Laisierung der Schulen und Krankenhäuser in den Kolonien	9.12.1905 Gesetz über die Trennung von Staat und Kirche
1905/06	Erste Marokko-Krise: das Deutsche Reich versucht die engl.-frz. Abmachungen über Marokko zu revidieren; Konferenz von Algeciras (1906)	8.4.1904 *Entente cordiale* zwischen England und Frankreich unter Zurückstellung bisheriger kolonialer Gegensätze
1910	Bildung des Generalgouvernements „Französisch-Äquatorialafrika" (*Afrique Equatoriale Française*) mit Sitz in Brazzaville	
1911/12	Zweite Marokko-Krise: Deutschland erhält als Kompensation Teile von Französisch-Kongo (Vertrag vom 4.11.1911); Errichtung eines französischen Protektorats über Marokko (30. März 1912: Vertrag von Fès)	
1912	Inbesitznahme der Iles Crozet	
1914–18	1915/16: Revolte in West-Volta; 1916: Gesetz über die Bürgerrechte der Einwohner des Senegal; 1916/17: Revolten im Süden von Constantin	Erster Weltkrieg
28.6.1919	Friedensvertrag von Versailles: Frankreich erhält die ehemals deutschen Kolonien Togo und Kamerun als Völkerbundsmandate	
1925/26	Aufstände in Marokko und im Libanon	
1925–1927	Volksbefreiungskrieg gegen die französische Kolonialmacht in Syrien	
1931	Internationale Kolonialausstellung in Vincennes	

Datum	Französisches Kolonialreich	Historischer Hintergrund
1934	Endgültige „Befriedung" Marokkos und Mauretaniens	
1935	Dekrete über die Unterdrückung antifranzösischer Umtriebe in Algerien und den Kolonien	
1936	Verträge mit Syrien und dem Libanon über eine künftige Unabhängigkeit der beiden Mandatsgebiete	
1937/38	Aufstände in Marokko und Tunesien	
22.7.1940	Nach der Kapitulation fallen Marokko, Tunesien und Algerien unter die Verwaltung von Vichy-Frankreich	1939–1945 Zweiter Weltkrieg; Niederlage Frankreichs, Vichy-Régime
1940	„Trois Glorieuses": Französisch-Äquatorialafrika und Kamerun schließen sich *France libre* an; außerdem: Tschad, die Nouvelles-Hébrides, die französischen Besitzungen in Ozeanien und Indien sowie Neu-Kaledonien	
Ende 1941	Besetzung Indochinas durch japanische Truppen	9.12.1941 Kriegserklärung zwischen *France libre* und Japan
1942	Réunion schließt sich *France libre* an; Ermordung von Darlan in Algier	
10.2.1944	Antifranzösischer Volksaufstand in Marokko	
30.1.–8.2.1944	Französische Kolonialkonferenz in Brazzaville	
Mai 1945	Antikolonialer Aufstand in Ostalgerien	
22.8.1945	Dekret über die Teilnahme der Kolonialbevölkerung an den Wahlen zur Verfassunggebenden Versammlung	
2.9.1945	Vietnam erklärt sich zur unabhängigen Republik	
6.3.1946	Accord Leclerc-Hô Chi Minh: Unabhängigkeit Vietnams innerhalb der Union Française	1946–1958 Vierte Republik
19.3.1946	Einführung von Départements in den Kolonien	
11.4.1946	Gesetz über die Abschaffung der Zwangsarbeit in den Überseeterritorien	
25.4.1946	Gesetz über die Staatsbürgerschaft aller „ressortissants" der Überseeterritorien	
6.7.–1.8.1946	Mißerfolg der Konferenz von Fontainebleau: Wiederaufnahme der Kämpfe in Indochina	

Datum	Französisches Kolonialreich	Historischer Hintergrund
Sept. 1946	Tunesien verlangt seine Unabhängigkeit	
Okt. 1946	Bildung der Union Française	
19.12.1946	Beginn des „schmutzigen Krieges" in Vietnam	
1947	Niederschlagung eines Aufstandes in Madagaskar; Verabschiedung eines Algerien-Statuts	
1949	Anerkennung der Unabhängigkeit von Vietnam (8.3.), Laos (19.6.) und Kambodscha (8.11.) durch Frankreich	
1950	Der Sultan von Marokko verlangt Autonomie	
1951/52	Krise in Tunesien und Marokko; 1953 Absetzung und Exil des Sultans von Marokko	
1952	Einführung des französischen *Code du travail* in den Territoires d'outre-mer	
7.5.1954	Schlacht bei Diên Biên Phu: vernichtende Niederlage der französische Truppen – Ende des französischen Indochina	
25.7.1954	Genfer Indochina-Abkommen: Unabhängigkeit der Demokratischen Republik Vietnam, Kambodschas und von Laos; Ende des Indochina-Krieges	
Juli 1954	Rede von Karthago (P. Mendès France): Autonomie Tunesiens	
1.11.1954	Beginn des Algerienkrieges	
18.–24.4. 1955	Afro-asiatische Konferenz von Bandung	
1955	Verhandlungen mit dem exilierten Sultan von Marokko, Erklärung von La Celle Saint-Cloud: Unabhängigkeit Marokkos	
6.2.1956	Europäischer Aufstand gegen Guy Mollet in Alger	
2.3.1956	Frankreich erkennt die Unabhängigkeit Marokkos an	
20.3.1956	Tunesien wird unabhängig	
23.6.1956	„Loi cadre" gewährt den französischen Kolonien innere Autonomie	
24.3.1957	Assoziierung aller Überseeterritorien mit der EWG	Vertrag von Rom
13.5.1958	Putsch der Ultras in Algerien	

Datum	Französisches Kolonialreich	Historischer Hintergrund
		1.6.1958 Ende der Vierten Republik; de Gaulle wird Ministerpräsident
28.9.1958	Gründung der Communauté Française	28.9.1958 Referendum über die Präsidialverfassung der Fünften Republik
2.10.1958	Guinea wird unabhängig	
31.1.1959	Antarktisvertrag von Washington	
16.9.1959	Rede de Gaulles über die Selbstbestimmung Algeriens	
1960	„Afrikanisches Jahr": Unabhängigkeit der Staaten des ehemaligen *Afrique Occidentale Française, Afrique Equatoriale Française* und Madagaskars: Kamerun (1.1.1960), Togo (27.4.), Mali (20.6.), Senegal (20.6.), Madagaskar (26.6.), Dahomey (1.8.), Niger (3.8.), Obervolta (5.8.), Elfenbeinküste (7.8.), Tschad (11.8.), Zentralafrikanische Republik (13.8.), Kongo (15.8.), Gabun (17.8.), Mauretanien (28.11.)	
4.11.1960	Rede de Gaulles über die „Algérie algérienne"	
8.1.1961	Referendum über das Selbstbestimmungsrecht Algeriens	
21.–26.4. 1961	Putsch der Generäle in Algier	
18.3.1962	Abkommen von Evian zwischen Frankreich und der provisorischen Regierung Algeriens	
8.4.1962	Referendum über die Accords d'Évian	
3.7.1962	Frankreich erkennt die Unabhängigkeit Algeriens an	
6.7.1975	Die Komoren erklären ihre Unabhängigkeit von Frankreich	
26.6.1977	Ausrufung der unabhängigen Republik Djibouti	

2. Höhepunkt und Krise: Das französische Kolonialreich zwischen den beiden Weltkriegen

Tab.18: Ausdehnung und Bevölkerung

Territorium	Oberfläche (km²)	Bevölkerung (1921)	Bevölkerung (1938)	davon französische Staatsbürger (1938)
Algerien – Sahara	2 205 000	5 806 000	7 235 000	988 000
Tunesien	156 000	2 094 000	2 608 000	120 000
Marokko	398000	5 400 000	6 300 000	150 000
Syrien und Libanon	200 000		3 270 000	10 000
St.-Pierre-et-Miquelon	200	3 900	4 000	4 000
Guadeloupe	1 800	230 000	247 000	247 000
Martinique	1 000	244 400	304 000	304 000
Guyane	91 000	44 200	37 000	32 000
Afrique Occidentale Française (Senegal, Mauretanien, Sudan, Niger, Guinea, Elfenbeinküste, Dahomey)	4 701 000	12 238 200	14 944 000	90 000
Afrique Equatoriale Française (Gabun, Kongo, Tschad, Oubangui)	2 487 000	2 861 000	3 423 000	5 000
Mandatsgebiete:				
Togo	56 500	698 000	780 000	500
Kamerun	422 000	2 250 000	2389 000	2 200
Côte des Somalis	21 700	64 800	74 000	1 800
Madagaskar, Komoren	613 000	3 382 200	3 797 000	31 000
Réunion	2 500	172 000	208 000	208 000
Besitzungen in Indien	500	269 600	323 000	323 000
Indochina (Tonkin, Annam, Cochinchina, Laos, Kambodscha)	740 000	18 983 200	23 028 000	42 000
Kouang Tchéou Wan	842		205 000	
Konzessionen in China			500 000	
Neu-Kaledonien	20 000	47 500	53 000	18 000
Nouvelles-Hébrides	12 000		42 700	1 000
Ozeanien	3 000	32 000	43 000	42 000
TOTAL	12 132 000	54 821 000	69 600 000	2 540 000

Zahlen nach: Guy Pervillé, De l'Empire français à la décolonisation, Paris 1993, S. 57.

Abb. 13: Das französische Kolonialreich in der Zwischenkriegszeit

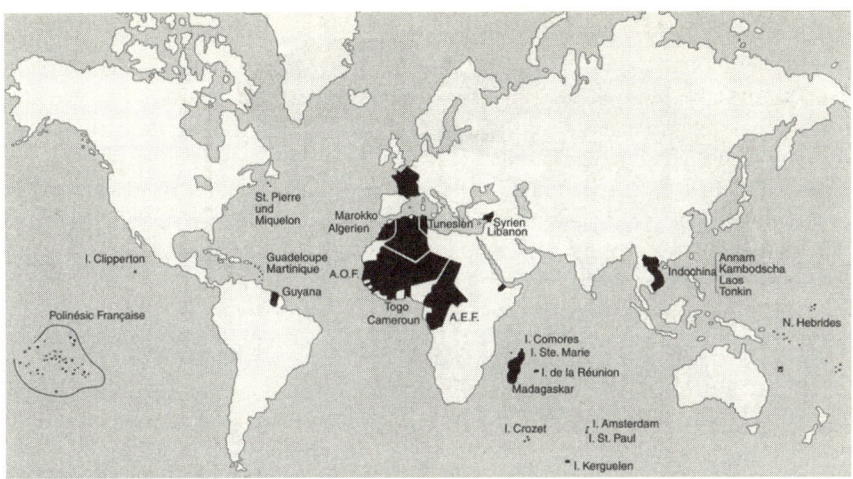

Entnommen aus: Wolfgang Schmale, Geschichte Frankreichs, Stuttgart 2000, S. 418
Quelle: Jacques Thobie et al., Histoire de la France coloniale, Bd. 2, Paris, Armand Colin
1991, S. 602.

3. Heutige Überseebesitzungen Frankreichs

3.1 Allgemeines

Das Französische Hoheitsgebiet in Übersee umfaßt ca. 11 Mio. km², wovon allerdings nur 110 000 km² tatsächlich bewohntes Land darstellen (ca. 20% des europäischen Staatsgebiets). Dort leben ca. 2 Mio. Einwohner, also 3% der französischen Bürger.

Départements d'outre-mer (D.O.M.): Sie sind integraler Bestandteil Frankreichs
und auch der Europäischen Union und werden wie die Départements numeriert:
97-1 bis 97-4. Die D.O.M. sind wie Festlands-Départements unterteilt in Arrondissements, Cantons und Kommunen; sie sind in der Nationalversammlung und im
Senat repräsentiert. Es gilt weitgehend die gleiche Gesetzgebung, sie besitzen dasselbe Steuer-, Gesundheits- und Sozialversicherungssystem wie die Metropole. Im
Dienstleistungsbereich sind die französischen Staatsunternehmen tätig (la Poste,
EDF, France Télécom etc.).

D.O.M. haben zugleich den Status von Regionen (Régions monodépartementales gemäß dem Gesetz vom 31. Dezember 1982).

Territoires d'outre-mer (T.O.M.): Französische Gesetze finden hier nur auf aus-
drückliche Regelung hin Anwendung. Jedes T.O.M. hat dadurch einen von den

anderen wie vom Mutterland verschiedenen politischen und gesetzlichen Status. Alle politischen Entscheidungen und die Verwaltung sind allein den territorialen Autoritäten (jeweils Parlament und Regierung) unterstellt, nicht den zuständigen Ministerien in Paris; ebenso sind hier die französischen öffentlichen Dienste nicht vertreten. So verfügt zum Beispiel Französisch-Polynesien über keine Arbeitslosenversicherung oder ein gesetzliches Mindesteinkommen; die Verwaltungsgliederung von Wallis-et-Futuna entspricht den 3 Stammeskönigtümern. Die Dorfchefs werden dort auf traditionelle Weise bestimmt. Der Status der Territoires kommt einer weitgehenden Autonomie vom Mutterland gleich, sie sind jedoch in der Nationalversammlung und im Senat vertreten. Die T.O.M. wie auch die Collectivités territoriales sind außerdem der Europäischen Union assoziiert. Ihr Status entwickelte sich in den letzten Jahren bedeutend fort:

– Nouvelle Calédonie: Nach den Accords Matignon von 1988 über eine institutionelle Reform und ein Volksbegehren über die Selbstbestimmung Neukaledoniens, das für 1998 vorgesehen war, aber nicht umgesetzt wurde, erlangte das T.O.M. weitgehende Autonomie und die Übertragung von Kompetenzen gemäß den Gesetzen vom 6. Juli 1998 und 16. Februar 1999 in Verbindung mit den Verträgen von Oudinot und Nouméa von 1998.
– Polynésie française: T.O.M. seit 1946 mit verschiedenen Autonomiestatuten von 1974, 1984, 1990 und 1996. Aufgrund eines vom französischen Kongreß noch nicht ratifizierten Verfassungsgesetzes von 2000 wird der neue Status eines „Pays d'Outre-Mer" (P.O.M.) mit weiter gehenden Autonomierechten angestrebt.
– Wallis et Futuna: T.O.M. seit 29. Juli 1961.

Collectivités territoriales: Sie sind in einem Status der Halbautonomie zwischen D.O.M. und T.O.M. angesiedelt.

Gesetzliches Zahlungsmittel in den D.O.M., Mayotte und St.-Pierre-et-Miquelon ist der Euro. In Französisch-Polynesien, Neu-Kaledonien und Wallis-et-Futuna gilt der Franc CFP (1000 Franc CFP = 8,38 €).

Angaben nach: Secrétariat de l'Outre-mer; www.insee.fr.

Abb. 14: Von Frankreich abhängige Territorien (1990)

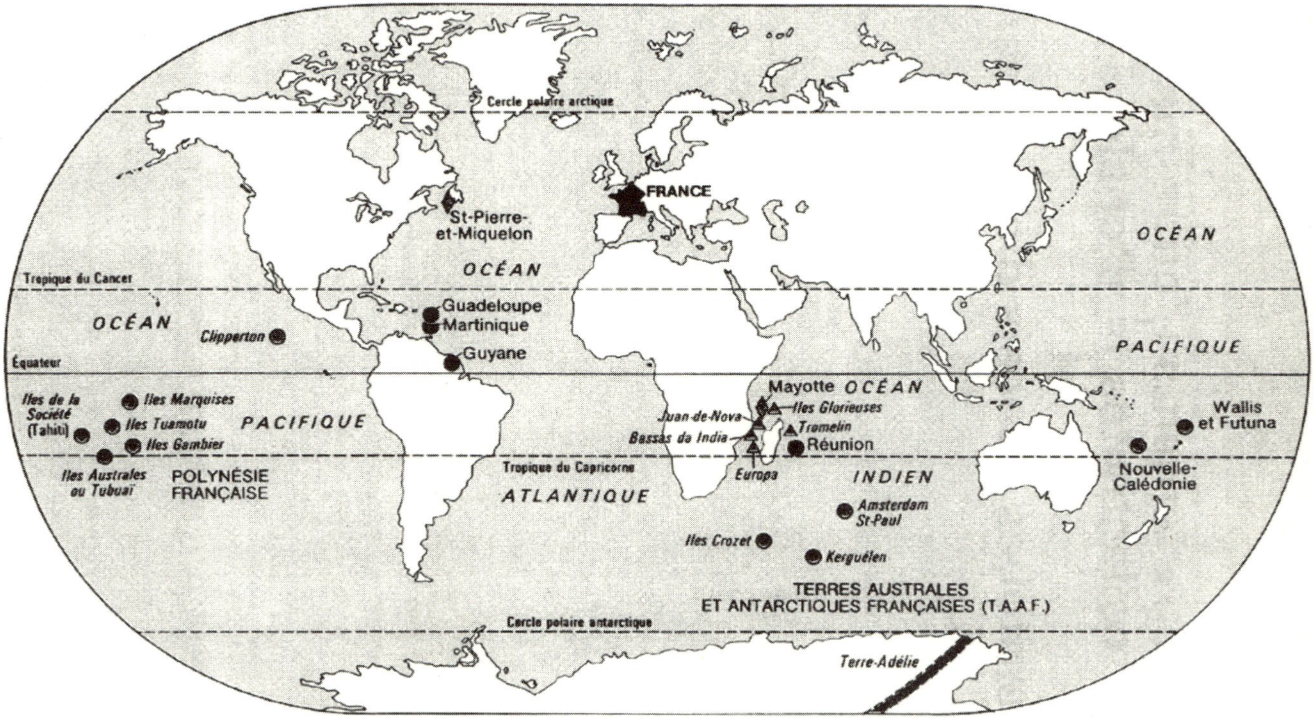

Entnommen aus: Dictionnaire national des communes de France. Édition entièrement refondue, mise à jour au 15 octobre 1991 et conforme au recensement de 1990, Paris 1992, S. 1246.

3.2 Verwaltung und Bevölkerung

Tab. 19: Administrative Struktur

D.O.M.

Guadeloupe (97-1)
Oberfläche: 1 703 km²
Hauptstadt: Basse-Terre
Größte Stadt: Les Abymes
Einwohner (1999): 421 632
4 Deputierte, 2 Senatoren

Martinique (97-2)
Oberfläche: 1 128 km²
Hauptstadt: Fort-de-France
Einwohner (1999): 381 467
4 Deputierte, 2 Senatoren

Guyane (97-3)
Oberfläche: 93 534 km²
Hauptstadt: Cayenne
Einwohner (1999): 157 274
2 Deputierte, 1 Senator

Réunion (97-4)
Oberfläche: 2 504 km²
Hauptstadt: St.-Denis
Einwohner (1999): 705 072
5 Deputierte, 3 Senatoren

T.O.M.

Polynésie française
Oberfläche: 4 000 km²
Hauptstadt: Papeete
Einwohner (1998): 224 300
2 Deputierte, 1 Senator

La Nouvelle Calédonie
Oberfläche: 19 058 km²
Hauptstadt: Nouméa
Einwohner (1998): 204 019
2 Deputierte, 1 Senator

Wallis-et-Futuna
Oberfläche: 255 km²
Hauptstadt: Mata Utu
Einwohner (1996): 14 166
1 Deputierter, 1 Senator

Terres australes et antarctiques françaises (TAAF)
Oberfläche: 440 000 km²
Verwaltungssitz auf Réunion
Einwohner: Personal mehrerer Forschungs-
stationen

Collectivités territoriales:

St.-Pierre-et-Miquelon
Oberfläche: 242 km²
Hauptstadt: Saint-Pierre
Einwohner (1999): 6 316
1 Deputierter, 1 Senator

Mayotte
Oberfläche: 374 km²
Hauptstadt: Dzaoudzi
Einwohner (1997): 131 320
1 Deputierter, 1 Senator

Iles Eparses
Bassas da India (1 km²), Europa (30 km²), Juan de Nova (5 km²), Glorieuses (7 km²) im Kanal von Mosambik, Tromelin (1 km²) im Indischen Ozean:
Unter der Kontrolle des Präfekten von Réunion, aber nicht Teil der Europäischen Union; neben Meteorologen vor allem vom französischen Militär genutzt, keine permanente Bevölkerung.

Clipperton im östlichen Pazifischen Ozean (6 km²):
Unter der Verwaltung des Hohen Kommissars der Republik in Französisch-Polynesien, unbewohnt.

Tab. 20: Demographische und ökonomische Basisdaten (1996–2000)

	Geburten-rate in ‰	Sterbe-rate in ‰	Wachstum seit 1990 p.a. in %	Bevölkerung unter 20 Jahren in %	Arbeits-losenquote in %	BIP in Mio. €	BIP pro Einw. in €
Métropole (2000)	13,2	9,1	0,38[1]	25,4	8,8[2]	1 344 417[1]	22 305[1]
Guadeloupe (1997)	17,4	5,6	1,02[1]	35,9[4]	34,2[1]	3 011[5]	7 275[5]
Martinique (1997)	14,4	6,0	0,66[1]	31[1]	32,8[1]	3 736[5]	9 802[5]
Guyane (1997)	26,8	3,6	4,1[1]	43,3	30[1]	1 255[5]	7 165[5]
Réunion (1997)	19,7	5,2	2,0[1]	36[1]	41,6[1]	5 376[5]	8 300[5]
Polynésie française (1998)	20,3	4,9	1,9[6]	43,1	13,2	3 540	15 658
Nouvelle Calédonie* (1996)	22,3	5,6	2,6[7]	40	18,6	2 760[8]	ca. 14 000[8]
Wallis-et-Futuna (1996)	–	–	0,6	49,9	–	–	–
St.-Pierre-et-Miquelon (1997)	14,0	8,6	0	26,9[1]	12,8[1]	–	–
Mayotte (1997)	40,6	ca. 6	5,7	56	41,2	–	–

(Gruppierung: D.O.M. = Guadeloupe, Martinique, Guyane, Réunion; T.O.M. = Polynésie française, Nouvelle Calédonie; Coll.terr. = Wallis-et-Futuna, St.-Pierre-et-Miquelon, Mayotte)

[1] Stand 1999; [2] Stand 2001; [3] Stand 1998; [4] Stand 1990; [5] Stand 1994; [6] Stand 1988; [7] Stand 1989; [8] Stand 1995

Zahlen nach: Secrétariat d'État à l'Outre-mer; INSEE, Stand 1994–98, bzw. Recensement de 1999; z.T. eigene Berechnungen.

VII. Wirtschaft

1. Einige Wirtschaftsdaten

Tab. 21: Bruttoinlandsprodukt (1815–1999)

Jahr	marktgängige Preise	konstante Preise	Jahr	marktgängige Preise	konstante Preise
Angaben in Millionen Franc			1844	13866	16660
		Preise von	1845	14013	15968
		1905–1913	1846	14925	15764
1815	7378	8473	1847	17352	17964
1816	8895	8798	1848	12992	17108
1817	10594	9410	1849	14087	17190
1818	9554	9410	1850	14279	17353
1819	8866	10265	1851	14154	17067
1820	8966	9980	1852	15986	18004
1821	9268	10794	1853	16286	16579
1822	9045	10387	1854	18396	17679
1823	10082	11080	1855	18488	17190
1824	9817	11283	1856	20011	17801
1825	10218	10794	1857	19947	19266
1826	10284	11161	1858	18474	20041
1827	10449	11120	1859	17815	18127
1828	10498	11405	1860	20684	19715
1829	11323	11731	1861	21260	19023
1830	11422	11650	1862	21934	21426
1831	11082	12098	1863	21746	22404
1832	11581	13035	1864	21740	22974
1833	11440	12790	1865	20910	22404
1834	11582	13035	1866	22727	23137
1835	12197	13483	1867	22536	21956
1836	12452	13524	1868	25040	24644
1837	11967	14012	1869	25335	25540
1838	12921	14827	1870	23959	23626
1839	12546	14705	1871	23682	22526
1840	13466	15683	1872	24955	24603
1841	14067	15845	1873	24220	22852
1842	13745	15479	1874	25993	25785
1843	13612	16171	1875	26237	26640

Jahr	marktgängige Preise	konstante Preise	Jahr	marktgängige Preise	konstante Preise
1876	24604	24281	1920	175371	41426
1877	25623	25785	1921	133729	39716
1878	24964	25439	1922	155636	46844
1879	22947	23870	1923	188961	49288
1880	25409	25988	1924	217288	55480
1881	26494	27007	1925	247945	55724
1882	27850	28269	1926	323766	57190
1883	27243	28351	1927	304506	55968
1884	26031	28025	1928	330369	59879
1885	25100	27536	1929	346426	63912
1886	25226	27984	1930	334083	62079
1887	25144	28188	1931	298785	58372
1888	25684	28473	1932	266224	54584
1889	27426	29165	1933	248740	58453
1890	28928	29858	1934	229990	57883
1891	29331	30550	1935	204412	56417
1892	28698	31324	1936	246318	58535
1893	28151	31854	1937	346764	61956
1894	28408	33035	1938	413952	61671
1895	27166	32343	1939		
1896	28758	33891	1940		
1897	30420	33443	1941		
1898	31900	35072	1942		
1899	32571	37068	1943		
1900	32806	36661	1944		
1901	30938	36090	1945		
1902	31880	35479	1946		
1903	33891	36253	1947		
1904	33071	36538	1948		

Angaben in Mrd. Neuen Franc von 1959

Preise von 1963

Jahr	marktgängige Preise	konstante Preise	Jahr	marktgängige Preise	konstante Preise
1905	33215	37149	1949	88,1	207
1906	35615	37842	1950	102	222
1907	38741	39471	1951	125	235
1908	37326	39268	1952	147	243
1909	40101	40897	1953	153	249
1910	40914	38412	1954	162	259
1911	45089	42160	1955	173	272
1912	49360	45663	1956	193	288
1913	49571	45378	1957	216	305
1914			1958	249	313

Angaben zeigen Brutto-Sozial-Produkt

Preise von 1970

Jahr	marktgängige Preise	konstante Preise	Jahr	marktgängige Preise	konstante Preise
1915					
1916					
1917					
1918			1959	267	425
1919			1960	297	455

Jahr	marktgängige Preise	konstante Preise	Jahr	marktgängige Preise	konstante Preise
1961	323	480	1981	3165	2841
1962	361	512	1982	3626	2914
1963	405	540	1983	4007	2934
1964	449	575	1984	4362	2972
1965	483	602	1985	4700	3028
1966	523	634	1986	5069	3098
1967	565	664	1987	5337	3158
1968	615	692	1988	7083	3567
1969	701	740	1989	6160	3458
1970	783	783	1990	6509	3545
1971	872	825	1991	6776	3573
1972	981	874	1992	7010	3621
1973	1114	920	**Angaben in Millionen Euro**		
1974	1278	950			*Preise von 1995*
1975	1452	952	1993	1101677	1138905
1976	1678	1001	1994	1143322	1162435
1977	1885	1052	1995	1181849	1181849
		Preise von 1980	1996	1212178	1194884
1978	2183	2677	1997	1251163	1217640
1979	2481	2763	1998	1301352	1255067
1980	2808	2808	1999	1344417	1291763

Zahlen nach: Mitchell, International Historical Statistics, S. 905–927 [für die Jahre 1815–1992]; INSEE, Annuaire statistique de la France, 2001, S. 409 [für die Jahre 1993–1999].

Tab. 22: Kohleförderung (1787–1999)

Jahr	Kohle (in Millionen t)	Jahr	Kohle (in Millionen t)	Jahr	Kohle (in Millionen t)
1787	0,215	1836	2,8	1852	4,9
1802	0,844	1837	3	1853	5,9
1811	0,774	1838	3,1	1854	6,8
1815	0,9	1839	3	1855	7,5
1820	1,1	1840	3	1856	7,9
1825	1,5	1841	3,4	1857	7,9
1826	–	1842	3,6	1858	7,4
1827	1,7	1843	3,7	1859	7,5
1828	1,8	1844	3,8	1860	8,3
1829	1,7	1845	4,2	1861	9,4
1830	1,9	1846	4,5	1862	10,3
1831	1,8	1847	5,2	1863	10,7
1832	2	1848	4	1864	11,2
1833	2,1	1849	4	1865	11,6
1834	2,5	1850	4,4	1866	12,3
1835	2,5	1851	4,5	1867	12,7

Jahr	Kohle (in Millionen t)		Jahr	Kohle (in Millionen t)		Jahr	Kohle (in Millionen t)
1868	13,3		1912	41,1		1956	57,4
1869	13,5		1913	40,8		1957	59,1
1870	13,3		1914	27,5		1958	60
1871	13,3	1871–1918	1915	19,5		1959	59,8
1872	15,8	ohne Elsaß –	1916	21,3		1960	58,2
1873	17,5	Lothringen	1917	28,9		1961	55,3
1874	16,9		1918	26,3		1962	55,2
1875	17		1919	22,4	ab 1918 wieder	1963	50,2
1876	17,1		1920	25,3	mit Elsaß –	1964	55,3
1877	16,8		1921	29	Lothringen	1965	54
1878	17		1922	31,9		1966	52,9
1879	17,1		1923	38,6		1967	50,6
1880	19,4		1924	45		1968	45,1
1881	19,8		1925	48,1		1969	43,5
1882	20,6		1926	52,5		1970	40,1
1883	21,3		1927	52,9		1971	35,8
1884	20		1928	52,4		1972	32,7
1885	19,5		1929	55		1973	28,4
1886	19,9		1930	55,1		1974	25,7
1887	21,3		1931	51		1975	25,6
1888	22,6		1932	47,3		1976	25,1
1889	24,3		1933	48		1977	24,4
1890	26,1		1934	48,7		1978	22,4
1891	26		1935	47,1		1979	21,1
1892	26,2		1936	46,2		1980	20,7
1893	25,7		1937	45,4		1981	21,5
1894	27,4		1938	47,6		1982	20
1895	28		1939	50,2		1983	19,6
1896	29,2		1940	41		1984	19
1897	30,8		1941	43,9	ohne	1985	17
1898	32,4		1942	43,8	Elsaß –	1986	16,5
1899	32,9		1943	42,4	Lothringen	1987	16,3
1900	33,4		1944	26,2		1988	12,9
1901	32,3		1945	35		1989	12,3
1902	30		1946	49,3		1990	10,5
1903	34,9		1947	47,3		1991	10,1
1904	34,2		1948	45,1		1992	9,5
1905	35,9		1949	53		1993	8,6
1906	34,2		1950	52,5		1994	9
1907	36,8		1951	55		1995	8,4
1908	37,4		1952	57,4		1996	8,1
1909	37,8		1953	54,5		1997	6,8
1910	38,4		1954	56,3		1998	5,6
1911	39,2		1955	57,4		1999	5,1

Zahlen nach: Mitchell, International Historical Statistics, S. 426–434 [für die Jahre 1815–1993]; INSEE, Annuaire statistique de la France, 1999, S. 596 [für 1994]; INSEE, Annuaire statistique de la France, 2001, S. 571 [für die Jahre 1995–1999].

Tab. 23: Rohstahlproduktion (1870–1999)

Jahr	Rohstahl (in Tsd. t)	Jahr	Rohstahl (in Tsd. t)	Jahr	Rohstahl (in Tsd. t)
1870	84	1914	2802	1958	14616
1871	80	1915	1111	1959	15219
1872	130	1916	1784	1960	17281
1873	156	1917	1991	1961	17570
1874	217	1918	1800	1962	17240
1875	239	1919	1293 → 2156	1963	17556
1876	231	1920	2706	1964	19780
1877	250	1921	3099	1965	19604
1878	282	1922	4538	1966	19585
1879	339	1923	5222	1967	19655
1880	389	1924	6670	1968	20410
1881	422	1925	7464	1969	22511
1882	458	1926	8617	1970	23773
1883	522	1927	8349	1971	22859
1884	503	1928	9479	1972	24054
1885	554	1929	9716	1973	25264
1886	428	1930	9444	1974	27023
1887	493	1931	7816	1975	21530
1888	592	1932	5638	1976	23221
1889	626	1933	6577	1977	22094
1890	683	1934	6155	1978	22841
1891	744	1935	6255	1979	23360
1892	825	1936	6686	1980	23176
1893	790	1937	7893	1981	21258
1894	818	1938	6137	1982	18402
1895	876	1939	7950	1983	17582
1896	1181	1940	4413	1984	19000
1897	1325	1941	4310	1985	19008
1898	1434	1942	4488	1986	17865
1899	1499	1943	5127	1987	17693
1900	1565	1944	3092	1988	19122
1901	1425	1945	1661	1989	16800
1902	1568	1946	4408	1990	19020
1903	1840	1947	5733	1991	18432
1904	2096	1948	7236	1992	18024
1905	1155	1949	9152	1993	17112
1906	2451	1950	8652	1994	18030
1907	2767	1951	9835	1995	18100
1908	2723	1952	10867	1996	17633
1909	3039	1953	9997	1997	19767
1910	3413	1954	10627	1998	20126
1911	3837	1955	12592	1999	20200
1912	4429	1956	13398		
1913	4687	1957	14096		

(1870–1895: nur Bessemerstahl) (1871–1918 ohne Elsaß – Lothringen)

Zahlen nach: Mitchell, International Historical Statistics, S. 466–471 [für die Jahre 1870–1993]; INSEE, Annuaire statistique de la France, 1999, S. 716 [für 1994]; INSEE, Annuaire statistique de la France, 2001, S. 723 [für die Jahre 1995–1999].

2.   Staatsfinanzen

Tab. 24: Staatsausgaben und -einnahmen (1815–1999)

Jahr	Ausgaben	Einnahmen	Jahr	Ausgaben	Einnahmen	Jahr	Ausgaben	Einnahmen
In Millionen Franc			1855	2309	1536	1896	3445	3436
1815	931	729	1856	2196	1638	1897	3524	3528
1816	1056	879	1857	1893	1683	1898	3528	3620
1817	1189	900	1858	1859	1747	1899	3589	3657
1818	1434	938	1859	2208	1728	1900	3747	3815
1819	896	895	1860	2084	1722	1901	3756	3576
1820	907	933	1861	2171	1780	1902	3699	3582
1821	908	928	1862	2213	1882	1903	3597	3668
1822	949	933	1863	2287	1959	1904	3639	3739
1823	1118	919	1864	2257	1923	1905	3707	3766
1824	986	960	1865	2147	1965	1906	3852	3837
1825	982	979	1866	2203	2018	1907	3880	3968
1826	977	983	1867	2170	1964	1908	4021	3966
1827	987	948	1868	1903	1818	1909	4186	4141
1828	1024	978	1869	1904	1865	1910	4322	4274
1829	1015	992	1870	3173	1662	1911	4548	4689
1830	1095	971	1871	3047	2014	1912	4743	4857
1831	1219	949	1872	2723	2497	1913	5067	5092
1832	1174	985	1873	2874	2680	1914	10065	4549
1833	1134	990	1874	2782	2518	1915	20925	4131
1834	1064	1008	1875	2936	2705	1916	28113	5259
1835	1047	1021	1876	3031	2778	1917	35320	6943
1836	1066	1053	1877	3027	2780	1918	41897	7621
1837	1079	1076	1878	3348	2853	1919	39970	13282
1838	1136	1111	1879	3322	2966	1920	39644	22502
1839	1179	1124	1880	3365	2957	1921	32845	23119
1840	1364	1160	1881	3616	2988	1922	45188	23888
1841	1425	1198	1882	3687	2980	1923	38293	26224
1842	1441	1256	1883	3715	3038	1924	42511	30568
1843	1445	1270	1884	3539	3032	1925	36275	33455
1844	1428	1298	1885	3467	3057	1926	41976	41902
1845	1489	1330	1886	3294	2940	1927	45869	45746
1846	1567	1352	1887	3261	2968	1928	44248	48177
1847	1630	1343	1888	3221	3108	1929	59335*	64268
1848	1771	1207	1889	3247	3108	1930	55712*	50794
1849	1646	1257	1890	3285	3229	1931	53428*	47944
1850	1473	1297	1891	3258	3364	1932	40666*	36038
1851	1461	1273	1892	3380	3370	1933	54945	43536
1852	1513	1336	1893	3451	3366	1934	49883	41070
1853	1548	1391	1894	3480	3458	1935	49868	39485
1854	1988	1418	1895	3434	3416	1936	55789	38676

Jahr	Ausgaben	Einnahmen	Jahr	Ausgaben	Einnahmen	Jahr	Ausgaben	Einnahmen
1937	72759	44224	1958	5490	5228	1979	532	553
1938	82345	54606	1959	5946	6014	1980	1027	647
1939	150116	63005	**In Milliarden Neuen Franc**			1981	757	748
In Milliarden Franc			1960	60	62	1982	859	806
1940	204	72	1961	66,5	67,8	1983	954	859
1941	121	80	1962	76,9	74,5	1984	1027	929
1942	133	97	1963	90,8	85,1	1985	1058	1014
1943	160	124	1964	90,6	94,7	1986	1114	1092
1944	259	130	1965	98,2	102	1987	1123	1162
1945	465	222	1966	106	108	1988	1154	1238
1946	521	434	1967	122	117	1989	1213	1321
1947	690	670	1968	134	126	1990	1282	1395
1948	992	1021	1969	148	157	1991	1336	1453
1949	1205	1441	1970	162	175	1992	1425	1484
1950	2357	2076	1971	175	188	1993	1502	1430
1951	2914	2515	1972	194	213	1994	1553	1277
1952	3656	2888	1973	220	242	1995	1597	1293
1953	3801	3103	1974	254	293	1996	1642	1345
1954	3702	3356	1975	320	316	1997	1655	1386
1955	3945	3450	1976	364	381	1998	1674	1422
1956	4648	3878	1977	404	421	1999	1727	1512
1957	5640	4985	1978	466	477			

(*) Die Zahlen für das Jahr 1929 beziehen sich auf den 15monatigen Zeitraum bis Ende März 1930; die Angaben für 1930 und 1931 gelten für 12 Monate, bezogen auf den Zeitraum zwischen Ende März des einen Jahres bis Ende März des Folgejahrs. Für 1932 sind Zahlen bezogen auf 9 Monate angegeben (Ende März bis Ende Dezember).

Zahlen nach: Mitchell, International Historical Statistics, S. 816–853 [für die Jahre 1815–1993]; INSEE, Annuaire statistique de la France, 2001, S. 972 [für die Jahre 1994–1999].

3. Arbeitswelt

Tab. 25: Lohnentwicklung in Gewerbe und Industrie (1800–1999)

Jahr	Lohn	Jahr	Lohn	Jahr	Lohn
(1900 = 100)		1807	40	1815	42
1800	34	1808	41	1816	42
1801	35	1809	42	1817	42
1802	35	1810	43	1818	42
1803	36	1811	43	1819	42
1804	37	1812	43	1820	41
1805	39	1813	43	1821	53
1806	39	1814	43	1822	53

Jahr	Lohn	Jahr	Lohn	Jahr	Lohn
1823	55	1870	72	1916	17 (nur Paris)
1824	56	1871	71	1917	
1825	57	1872	75	1918	
1826	57	1873	76	1919	
1827	55	1874	76	1920	
1828	51	1875	77	1921	59
1829	47	1876	78	1922	
1830	45	1877	79	1923	
1831	46	1878	81	1924	65
1832	48	1879	82	1925	70
1833	53	1880	88	1926	84
1834	53	1881	90	1927	85
1835	51	1882	92	1928	88
1836	51	1883	92	1929	100
1837	50	1884	92	1930	107
1838	50	1885	91	1931	107
1839	50	1886	91	1932	104
1840	49	1887	91	1933	103
1841	50	1888	91	1934	103
1842	50	1889	92	1935	100
1843	48	1890	93	1936	115
1844	51	1891	93	1937	146 (ohne Paris)
1845	49	1892	94	1938	167
1846	48	1893	95	**(1938 = 100)**	
1847	46	1894	96	1938	100
1848	48	1895	96	1939	102
1849	50	1896	97	1940	103
1850	50	1897	98	1941	118
1851	48	1898	98	1942	124
1852	48	1899	100	1943	133
1853	50	1900	100	1944	233
1854	54	1901	101	1945	380
1855	54	1902	100	**(1955 = 100)**	
1856	54	1903	100	1946	22
1857	56	1904	101	1947	30
1858	58	1905	101	1948	46
1859	59	1906	105	1949	52
1860	60	1907	107	1950	57
1861	62	1908	108	1951	72
1862	64	1909	109	1952	85
1863	64	1910	110	1953	88
1864	64	1911	113	1954	93
1865	64	1912	116	1955	100
1866	66	1913	117	1956	109
1867	68	**(1929 = 100)**		1957	118
1868	69	1914		1958	132
1869	71	1915		1959	141

Jahr	Lohn	Jahr	Lohn	Jahr	Lohn
1960	150	1973	72	1988	350
1961	161	1974	85	1989	362
1962	176	1975	100	1990	397
1963	192	1976	116	1991	396
1964	206	1977	130	1992	412
1965	219	1978	146	1993	422
1966	232	1979	163	**(1994 = 100)**	
1967	245	1980	189	1994	430 → 100
1968	272	1981	218	1995	103
1969	301	1982	248	1996	106
1970	331	1983	280	1997	109
(1975 = 100)		1984	297	1998	111
1970	51	1985	315	1999	113
1971	57	1986	328		
1972	63	1987	341		

Zahlen nach: Mitchell, International Historical Statistics, S. 186–193 [Für die Jahre bis 1820 sind die Tageslöhne im Kohlebergbau angegeben. Im Anschluß daran werden die Durchschnittslöhne allgemein und ab 1910 die durchschnittlichen Stundenlöhne aufgeführt]; Statistiques Rétrospectives de l'OCDE 1960–1997, Edition 1999, S. 96 [für die Jahre 1994–1997]; INSEE, Annuaire Statistique de la France, 2001, S. 182 [für die Jahre 1998 und 1999].

Tab. 26: Arbeitslosigkeit (1920–1999)

Jahr	Anzahl (in Tausend)	%	Jahr	Anzahl (in Tausend)	%
1920	13		1940	961	
1921	28		1941	395	
1922	13		1942	124	
1923	10		1943	42	
1924	10		1944	23	
1925	12		1945	68	
1926	11		1946	57	
1927	47		1947	46	
1928	16		1948	78	
1929	10		1949	131	
1930	13		1950	153	
1931	64		1951	120	
1932	301		1952	132	
1933	305		1953	180	
1934	368		1954	184	
1935	464		1955	160	
1936	470		1956	112	
1937	380		1957	81	
1938	402		1958	93	
1939	418		1959	141	

Jahr	Anzahl (in Tausend)	%	Jahr	Anzahl (in Tausend)	%
1960	130		1980	1.467	6,3
1961	111		1981	1.750	7,4
1962	123		1982	1.993	8,1
1963	140		1983	1.974	8,3
1964	114		1984	2.323	9,7
1965	142		1985	2.442	10,2
1966	148		1986	2.490	10,4
1967	196		1987	2.532	10,6
1968	254		1988	2.443	10,1
1969	223		1989	2.323	9,4
1970	262		1990	2.205	8,9
1971	338		1991	2.349	9,4
1972	383		1992	2.591	10,3
1973	394		1993	2.911	11,6
1974	498		1994	3.164	12,5
1975	840		1995	2.937	11,6
1976	991	4,4	1996	3.148	12,3
1977	1.122	4,9	1997	3.210	12,5
1978	1.201	5,2	1998	3.065	11,9
1979	1.361	5,9	1999	2.915	11,2

Zahlen nach: Mitchell, International Historical Statistics, S. 163–170; INSEE, Annuaire statistique de la France, 1996, S. 123f. [für 1994]; INSEE, Annuaire statistique de la France, 2001, S. 124, 126 [Daten ab 1995].

Tab. 27: Streiks (1830–1999)

Jahr	Anzahl der Streiks	streikende Beschäftigte (in Tsd.)	gestreikte Tage (in Tsd.)	Jahr	Anzahl der Streiks	streikende Beschäftigte (in Tsd.)	gestreikte Tage (in Tsd.)
1830	40			1844	53		
1831	49			1845	48		
1832	51			1846	53		
1833	90			1847	55		
1834	55			1848	94		
1835	32			1849	65		
1836	55			1850	45		
1837	51			1851	55		
1838	44			1852	86		
1839	64			1853	109		
1840	130			1854	68		
1841	68			1855	168		
1842	62			1856	73		
1843	49			1857	55		

Jahr	Anzahl der Streiks	streikende Beschäftigte (in Tsd.)	gestreikte Tage (in Tsd.)	Jahr	Anzahl der Streiks	streikende Beschäftigte (in Tsd.)	gestreikte Tage (in Tsd.)
1858	53			1902	512	213	4.675
1859	58			1903	567	123	2.442
1860	58			1904	1.026	271	3.935
1861	63			1905	830	178	2.747
1862	44			1906	1.309	438	9.439
1863	29			1907	1.275	198	3.562
1864	21			1908	1.073	99	1.752
1865	58	27.6		1909	1.025	167	3.560
1866	52	14		1910	1.502	281	4.830
1867	76	32.1		1911	1.471	231	4.096
1868	58	20.3		1912	1.116	268	2.318
1869	72	40.6		1913	1.073	220	2.224
1870	116	88.2		1914	672	162	2.187
1871	52	14.1		1915	98	9	55
1872	151	21.1		1916	314	41	236
1873	44	4.9		1917	696	294	1.482
1874	58	7.8		1918	499	176	980
1875	101	16.6		1919	2.026	1.151	15.478
1876	102	21.2		1920	1.832	1.317	23.112
1877	55	12.9		1921	475	402	7.027
1878	73	38.5		1922	665	290	3.935
1879	88	54.4		1923	1.068	331	4.172
1880	190	110.4		1924	1.083	275	3.863
1881	209	68		1925	931	249	2.046
1882	271	65.5		1926	1.660	349	4.072
1883	181	42		1927	396	111	1.046
1884	112	33.9		1928	816	204	6.377
1885	123	20.8		1929	1.213	240	2.765
1886	195	35.3		1930	1.093	582	7.209
1887	194	38.1		1931	286	48	950
1888	188	51.5		1932	362	72	1.244
1889	199	89.1		1933	343	87	1.199
1890	313	119	1.340	1934	385	101	2.393
1891	267	109	1.717	1935	376	109	1.182
1892	261	49	918	1936	16.907	2.423	
1893	634	170	3.175	1937	2.616	1.133	
1894	391	55	1.062	1938	1.220	324	
1895	405	46	617	1939			
1896	476	50	644	1940			
1897	356	69	781	1941			
1898	368	82	1.216	1942			
1899	739	177	3.551	1943			
1900	902	223	3.761	1944			
1901	523	111	1.862	1945			

Jahr	Anzahl der Streiks	streikende Beschäftigte (in Tsd.)	gestreikte Tage (in Tsd.)	Jahr	Anzahl der Streiks	streikende Beschäftigte (in Tsd.)	gestreikte Tage (in Tsd.)
1946	528	180	386	1970	2.942	1.080	1.742
1947	2.285	2.998	22.673	1971	4.318	3.234	4.388
1948	1.425	6.561	13.133	1972	3.464	2.721	3.755
1949	1.426	4.330	7.129	1973	3.731	2.246	3.915
1950	2.586	1.527	11.729	1974	3.381	1.564	3.380
1951	2.514	1.754	3.495	1975	3.888	1.827	3.869
1952	1.749	1.155	1.733	1976	4.348	2.023	5.011
1953	1.761	1.784	9.722	1977	3.281	1.920	3.666
1954	1.479	1.319	1.440	1978	3.195	705	2.200
1955	2.672	1.061	3.079	1979	3.121	967	3.172
1956	2.440	982	1.423	1980	2.118	501	1.523
1957	2.623	2.964	4.121	1981	2.405	329	1.442
1958	954	1.112	1.138	1982	3.113	398	2.250
1959	1.512	940	1.938	1983	2.837	38	1.321
1960	1.494	1.072	1.070	1984	2.537	42	1.317
1961	1.963	2.552	2.601	1985	1.901	23	727
1962	1.884	1.472	1.901	1986	1.391	22	568
1963	2.382	2.646	5.991	1987	1.391	19	511
1964	2.281	2.603	2.497	1988	2.260	27	1.094
1965	1.674	1.237	980	1989	1.743	20	800
1966	1.711	3.341	2.523	1990	1.529	18	528
1967	1.675	2.824	4.204	1991	1.318	19	497
1968				1992	1.330	16	359
1969	2.207	1.444	2.224	1993	1.351	20	511

	Lokal begrenzte Streiks			Überregionale Streiks	
Jahr	Anzahl der Streiks	streikende Beschäftigte (in Tsd.)	gestreikte Tage (in Tsd.)	streikende Beschäftigte (in Tsd.)	gestreikte Tage (in Tsd.)
1994	1.671	215	500,5	25,5	20,5
1995	2.066	521,8	783,8	1.141,4	1.336,8
1996	1.439	136,4	444,1	3,7	
1997	1.607	145,9	393,4	61,7	
1998	1.475	121,3	345,6	7,6	
1999	2.319	178,9	568,1	5,4	

Bis 1993 beziehen sich die Daten auf alle Arbeiter, ab 1993 auf alle wirtschaftlichen Tätigkeiten ohne Landwirtschaft und öffentliche Verwaltung.

Zahlen nach: Shorter/Tilly, Strikes in France 1830–1968, S. 360f. [Daten für die Jahre 1830–1889]; im Anschluß: Mitchell, International Historical Statistics, S. 173–183; INSEE, Annuaire statistique de la France, 1997, S. 157 [für die Jahre 1993–1995]; INSEE, Annuaire statistique de la France, 2001, S. 151 [für die Jahre ab 1995].

Abb. 15: Streikhäufigkeit (seit 1900)

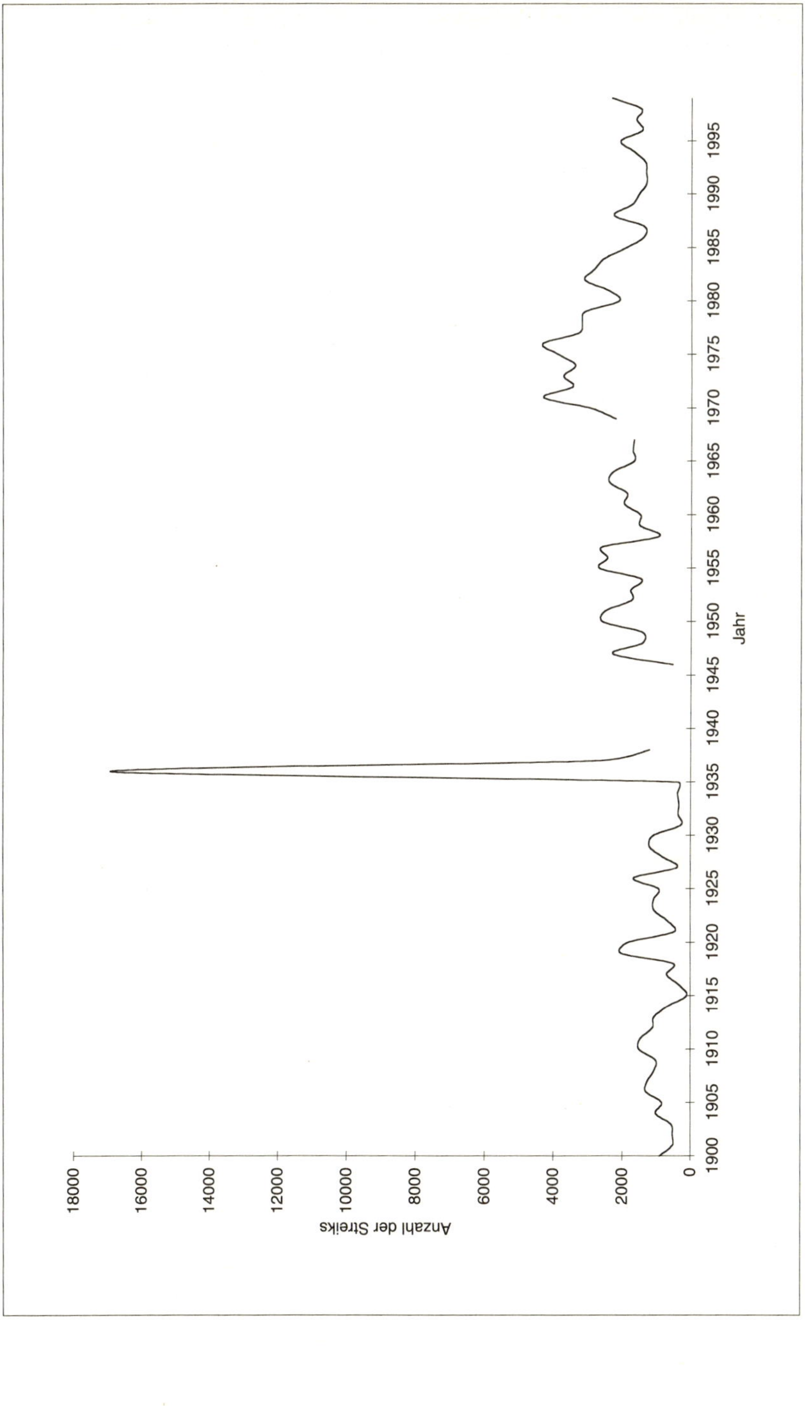

Anzahl der Streiks

Jahr

4.   Verkehr und Konsum

Tab. 28: Kfz-Zulassungen (1895–1998)

Jahr	Privat	Geschäftlich	Jahr	Privat	Geschäftlich	Jahr	Privat	Geschäftlich
1895	0,3		1930	1109	412	1965	9600	2181
1896	0,5		1931	1252	438	1966	10400	2302
1897	1,2		1932	1272	434	1967	11200	2412
1898	1,5		1933	1397	458	1968	11800	2407
1899	1,7		1934	1480	459	1969	12400	2560
1900	2,9		1935	1547	458	1970	12900	1745
1901	6,4		1936	1639	457	1971	13400	2921
1902	9,2		1937	1721	451	1972	13900	3092
1903	13		1938	1818	451	1973	14500	3330
1904	17,1		1939	1900	500	1974	15500	3565
1905	21,5		1940	1800	500	1975	15300	3725
1906	26,3		1941			1976	15900	1932
1907	31,3		1942			1977	16990	1976
1908	37,6		1943			1978	17720	2092
1909	44,8		1944	680	230	1979	18440	2219
1910	53,7		1945	975	600	1980	19130	2332
1911	64,2		1946	1700		1981	19750	2412
1912	76,8		1947	1750		1982	20300	2515
1913	91		1948	1850		1983	20600	2629
1914	108		1949	1950		1984	20800	2739
1915	102		1950	2150		1985	21090	2810
1916	101		1951	1700	740	1986	21500	2868
1917	98,5		1952	1800	876	1987	21970	3001
1918	94,9		1953	2020	1038	1988	22520	3087
1919	93,3		1954	2677	1125	1989	23010	3441
1920	157	79,4	1955	3113	1225	1990	23550	3567
1921	197	92,9	1956	3477	1278	1991	23810	3685
1922	243	121	1957	3972	1371	1992	24020	3677
1923	294	155	1958	4512	1464	1993	24385	3618
1924	374	201	1959	5018	1543	1994		30040
1925	476	245	1960	5546	1634	1995		30295
1926	541	267	1961	6158	1723	1996		30755
1927	643	307	1962	7010	1823	1997		31470
1928	758	332	1963	7953	1936	1998		32308
1929	930	336	1964	8800	2069			

Angaben in Tausend. Ab 1922 ist Elsaß-Lothringen mit eingeschlossen. In den Jahren 1975–1993 werden Fahrzeuge nicht aufgeführt, die 10 Jahre und älter sind sowie Busse und Traktoren.

Zahlen nach: Mitchell, International Historical Statistics, S. 735–743 [für die Jahre 1895–1993]; INSEE, Annuaire statistique de la France, 2001, S. 768 [für die Jahre 1994–1998].

Tab. 29: Luftverkehr (1920–1997)

Jahr	P-KM	T-KM	Jahr	P-KM	T-KM	Jahr	P-KM	T-KM
1920	0,6		1946	343	5,6	1972	17484	619
1921	4,1		1947	588	10	1973	19742	758
1922	3,5		1948	815	19	1974	21745	871
1923	4,2		1949	985	28	1975	23277	995
1924	5,4		1950	1118	33	1976	25192	1279
1925	6,3		1951	1263	37	1977	27285	1557
1926	6,6		1952	1460	49	1978	30215	1697
1927	7,9		1953	1652	40	1979	32783	1912
1928	9,9		1954	2711	67	1980	34130	1986
1929	12		1955	3138	75	1981	36718	2128
1930	15		1956	3616	79	1982	37846	2185
1931	18		1957	3833	82	1983	38599	2484
1932	22		1958	4144	85	1984	38687	2798
1933	30		1959	4505	94	1985	39559	2873
1934	30		1960	5229	108	1986	39470	3080
1935	38		1961	6112	138	1987	44398	3887
1936	43		1962	6116	136	1988	31982	3484
1937	60		1963	6005	142	1989	51533	3819
1938	73		1964	6697	153	1990	52912	3996
1939			1965	7511	190	1991	50198	3747
1940			1966	8987	227	1992	56701	9293
1941			1967	10152	270	1993	59455	9753
1942			1968	9678	325	1994	82139	10117
1943			1969	11716	443	1995	78803	10775
1944			1970	13587	475	1996	96738	10986
1945	123	1,2	1971	14014	488	1997	101435	12562

P-KM ist definiert als die Strecke in Millionen Kilometer, die mit Passagieren zurückgelegt wurde; T-KM ist die Strecke in Millionen Kilometer, über die Fracht (Tonnen) transportiert wurde. Ab 1992 gibt T-KM die gesamte transportierte Last an (Frachtgewicht + Personengewicht).

Zahlen nach: Mitchell, International Historical Statistics, S. 745 f. [für die Jahre 1920–1993]; INSEE, Annuaire statistique de la France, 2000, S. 809 [für die Jahre 1994–1997].

Tab. 30: Angemeldete Rundfunk-/Fernsehgeräte (1933–1999)

Jahr	Radio	TV	Jahr	Radio	TV	Jahr	Radio	TV
1933	1368		1938	4706		1943	5248	
1934	1756		1939	5220		1944	5117	
1935	2626		1940	5089		1945	5346	
1936	3219		1941	5098		1946	5668	
1937	4164		1942	5180		1947	5750	

Jahr	Radio	TV	Jahr	Radio	TV	Jahr	Radio	TV
1948	6104		1966	8390	7471	1984		17290
1949	6421		1967	6940	8316	1985		17655
1950	6889	4	1968	6306	9252	1986		16950
1951	7407	11	1969	5675	10121	1987		18168
1952	7923	24	1970	5027	10968	1988		18460
1953	8368	60	1971	4371	11655	1989		18808
1954	8853	125	1972	3841	12279	1990		19072
1955	9266	261	1973	3474	12955	1991		19492
1956	9715	442	1974	3181	13559	1992		19688
1957	10199	683	1975	2953	14078	1993		19834
1958	10646	989	1976	2660	14595	1994		19904
1959	10793	1368	1977	2366	14903	1995		20093
1960	10981	1902	1978		15219	1996		20289
1961	10411	2555	1979		15462	1997		20498
1962	10349	3427	1980		15823	1998		21158
1963	10151	4400	1981		15978	1999		21639
1964	9567	5414	1982		16497			
1965	8937	6489	1983		16959			

Alle Angaben in Tausend. Ab 1960 werden vermehrt Radioanmeldungen bei den TV-Anmeldungen miteingeschlossen.

Zahlen nach: Mitchell, International Historical Statistics, S. 776 [für die Jahre 1933–1973]; INSEE, Annuaire statistique de la France, 1982, S. 216 [für die Jahre 1974–1980]; INSEE, Annuaire statistique de la France, 1990, S. 227 [für die Jahre 1981–1990]; INSEE, Annuaire statistique de la France, 1996, S. 274 [für die Jahre 1991–1995]; INSEE, Annuaire statistique de la France, 2001, S. 279 [für die Jahre 1995–1999].

VIII. Glossar zur historisch-politischen Kultur Frankreichs

Académie française
: 1635 von Ludwig XIII. auf Vorschlag des Kardinals Richelieu errichtete Akademie, deren Hauptaufgabe die Pflege und Reinerhaltung der französischen Sprache ist. Ihre 40 Mitglieder werden auf Lebenszeit gewählt.

Accord Matignon
: Am 7. Juni 1936 geschlossenes Abkommen zwischen dem französischen Arbeitgeberverband C.N.P.F. und der Gewerkschaft C.G.T. Die am Amtssitz des französischen Président du Conseil (Hôtel Matignon) unterzeichnete Übereinkunft sah bedeutende soziale Errungenschaften vor wie kollektive Tarifverträge, bezahlten Urlaub und die 40-Stundenwoche.

Ancien Régime
: Bezeichnung für die Staatsform und die Gesellschaftsordnung des vorrevolutionären Frankreichs v.a. im 18. Jahrhundert.

Arrêté
: Erlaß nachgeordneter Verwaltungsbehörden.

Arrondissement
: Verwaltungsbezirk innerhalb der Départements sowie innerhalb der Stadt Paris (20 Arrondissements).

Assemblée nationale
: Erste Kammer des Parlaments.

Banque de France
: Die 1800 (1776 Banque d'Escompte) gegründete französische Notenbank.

Cadre (supérieur)
: Meist in der Privatwirtschaft beschäftigter (leitender) Angestellter.

Centre national de la recherche scientifique (C.N.R.S.)
: 1939 gegründete staatliche Institution zur Forschungsförderung.

Chambre des députés
: Bezeichnung für die erste Kammer des Parlaments in der Restaurationszeit, der Juli-Monarchie und während der Dritten Republik.

Cinquième République	Fünfte Französische Republik. Ihre auf Charles de Gaulle zurückgehende, noch heute gültige Verfassung wurde durch das Referendum vom September 1958 legitimiert.
Code civil	1804 unter Napoleon eingeführtes Bürgerliches Gesetzbuch (daher auch Code Napoléon).
Collège de France	1529 von Franz I. gegründete, außeruniversitäre Lehr- und Forschungseinrichtung mit geisteswissenschaftlichem Schwerpunkt.
Collaboration	Nach 1944 rein pejorative Bezeichnung für diejenigen französischen Personen und Kräfte, die während des Zweiten Weltkrieges mit dem NS-Regime politisch, wirtschaftlich und kulturell zusammenarbeiteten.
Confédération française démocratique du travail (C.F.D.T.)	1919/1964 gegründeter Dachverband christlicher Gewerkschaften mit eher laizistischer Tendenz.
Confédération française des travailleurs chrétiens (C.F.T.C.)	1919/1965 gegründeter Dachverband christlicher Gewerkschaften mit eher katholischer Tendenz.
Confédération générale du travail (C.G.T.)	Größter französischer Gewerkschaftsbund mit sozialistischer, teils auch kommunistischer Tendenz. 1895 gegründet.
Conseil national du patronat français (C.N.P.F.)	Aus verschiedenen Vorläuferorganisationen 1919 gegründeter Dachverband der französischen Arbeitgeber.
Conseil d'État	Staatsrat. Oberstes Verwaltungsgericht und Beratungsorgan der Regierung.
Conseil général	Durch allgemeine Wahlen gebildete Vertretungskörperschaft (Regionalparlament) der Départements.
Conseil municipal	Stadtrat, Gemeinderat.
Consulat	Regierungsform unter der Alleinherrschaft Napoleon Bonapartes (1799–1804).
Cour d'appel	27 in Frankreich existierende Berufungsgerichte.
Cour d'assises	Schwurgericht.
Cour de cassation	Oberster Gerichtshof.

Décolonisation	Prozeß der Entkolonisierung, d.h. des Unabhängigwerdens der französischen Kolonien nach 1945.
Département	Staatlicher Verwaltungsbezirk mit begrenzten Selbstverwaltungsaufgaben.
Député	Abgeordneter der ersten Kammer des französischen Parlaments (Chambre des Députés, Assemblée nationale).
Deuxième République	Zweite französische Republik, die von der Februarrevolution 1848 bis zum Staatsstreich Louis-Napoléon Bonapartes am 2. Dezember 1851 andauerte.
Directoire	Von 1795 bis 1799 während Regierungsform der „Thermidorianer" im Anschluß an den Sturz Robespierres.
D.O.M. – T.O.M.	Abkürzung für „Départements d'outre-mer" und „Territoires d'outre-mer". Französisches überseeisches Staatsgebiet.
Écoles normales	Lehr- und Ausbildungsanstalten für Vor- und Grundschullehrer („normaliens").
École normale supérieure	1794 gegründete Hochschule für höhere geistes- und naturwissenschaftliche Studien. Existiert heute in mehreren Zweigen in Paris, Cachan und Lyon, die alle zu den „Grandes Écoles" gehören.
École polytechnique	1794 gegründete Technische Hochschule. Gehört zu den angesehensten „Grandes Écoles".
E.N.A.	École nationale d'administration. 1945 gegründete Elitehochschule für den höheren Verwaltungsdienst.
Épuration	Bezeichnung für die zum Teil gewaltsame „Säuberung" der französischen Politik von belasteten Politikern des Vichy-Regimes und Kollaborateuren während des Zweiten Weltkrieges.
État Français	Gegen die republikanische Tradition gerichtete Selbstbezeichnung des Regimes, das unter seinem Staatschef Philippe Pétain von Juli 1940 bis August 1944 seinen Regierungssitz in dem südfranzösischen Badeort Vichy hatte und durch zunehmende Kollaboration mit dem nationalsozialistischen Deutschland in Mißkredit geriet.

États généraux	Generalstände. Ständeversammlung des vorrevolutionären Frankreich, bestehend aus Vertretern des Adels, des Klerus und des „Dritten Standes". Ihre Einberufung im Jahre 1789 mündete in die Revolution.
Force de frappe	Sammelbezeichnung für die seit 1959 aufgebaute französische Atomstreitmacht.
Force ouvrière (C.G.T. – F.O.)	Reformistisch orientierter, nach 1945 gegründeter Gewerkschaftsbund.
France libre	Bezeichnung für die Résistance außerhalb des französischen Mutterlandes, vor allem im Kolonialreich.
Francophonie	Sammelbegriff für die weltweite französische Sprachgemeinschaft.
Front populaire	Volksfront: 1934/35 als Gegengewicht zur politischen Rechten gebildetes Bündnis der Sozialisten, Kommunisten, Linksrepublikaner und Linkskatholiken. Nach dem Wahlsieg des Front Populaire von 1936 Bildung einer Regierung unter dem sozialistischen Président du Conseil Léon Blum.
Gallicanisme	Bezeichnung für das System der französischen Staatskirche.
Gaullisme	Politische Bewegung, die sich den Prinzipien Charles de Gaulles verpflichtet weiß.
Grandes Écoles	Sammelbezeichnung für die außeruniversitären französischen Elite-Hochschulen.
Harkis	Bezeichnung für die meist islamischen Franzosen algerischer Herkunft, die sich im algerischen Unabhängigkeitskrieg auf die Seite der französischen Kolonialmacht gestellt hatten und während und nach dem Krieg nach Frankreich übersiedelten.
Haute cour de justice	Gerichtshof zur Verhandlung über den Vorwurf des Hochverrats gegen den Staatspräsidenten und über straffällig werdende Regierungsmitglieder.
H.L.M.	Habitation à loyer modéré. Sozialwohnung.
I.N.S.E.E.	Institut national de la Statistique et des Études Économiques. Statistisches Amt.

Institut de France	Französische Akademie der Wissenschaften mit mehreren eigenständigen Abteilungen (z.B. Académie française).
Journal officiel	Offizieller Anzeiger des französischen Staates. Erfüllt in mehreren Abteilungen die Funktion des Gesetzblattes, der Veröffentlichung der Parlamentsdebatten sowie sonstiger amtlicher Drucksachen.
Laïcité	Auf die Französische Revolution, endgültig aber erst auf die Dritte Republik zurückgehendes System der Trennung zwischen Kirche und Staat.
Libération	Bezeichnung für die Befreiung Frankreichs von der deutschen Besatzung im Jahre 1944.
Maire	Vom Gemeinderat gewählter Bürgermeister.
Mutualité, Mutuelles	Sammelbezeichung für die auf Gegenseitigkeit beruhenden, berufsständischen Versicherungen.
Notables	Kollektivbezeichnung für die seit der Französischen Revolution entstehende neue Schicht von Honoratioren. Es handelte sich um eine soziographisch gemischte, Adelige und Bürgerliche gleichermaßen umfassende Elite.
Ordonnance	Verordnung der Regierung mit Gesetzeskraft (gemäß der Verfassung der Fünften Republik).
Parquet	Staatsanwaltschaft.
Planification	Bezeichnung für die Steuerung und den gezielten Eingriff des Staates in die Wirtschaft. Seit 1946 besteht das Commissariat général au plan als Planungsbehörde.
Préfet	Der Regierung direkt unterstellter, höchster Verwaltungsbeamter eines Départements.
Premier Empire	Bezeichnung für die Staatsform unter der Alleinherrschaft Napoleon Bonapartes als Kaiser der Franzosen 1804–1814/15.
Premier Ministre	Seit der Fünften Republik Bezeichnung für den Regierungschef.
Première République	Erste französische Republik. Sie wurde nach der Absetzung Ludwigs XVI. am 21. September 1792 ausgerufen

	und endete formaliter mit der Kaiserkrönung Napoleons 1804.
Président de la République	Präsident der Republik; französisches, in der Fünften Republik seit 1962 direkt gewähltes Staatsoberhaupt.
Président du Conseil	In der Dritten und Vierten Republik Bezeichnung für den Regierungschef.
Quatrième République	1946 begründete Vierte Französische Republik, die im Mai 1958 durch die von vielen begrüßte Rückkehr Charles de Gaulles in die Politik ihr Ende fand.
Référendum	In der Verfassung der Fünften Republik vorgesehener Volksentscheid, der auf Initiative des Staatspräsidenten durchgeführt werden kann.
Renseignements généraux	Dem Innenministerium unterstellter politischer Nachrichtendienst und Verfassungsschutz.
Résistance	Sammelbezeichnung für den französischen Widerstand gegen die deutsche Besatzung im Zweiten Weltkrieg und das Vichy-Regime.
Restauration	Bezeichnung für die Epoche der wiederhergestellten Herrschaft der Bourbonen-Monarchie zwischen dem Sturz Napoleons 1814/15 und der Juli-Revolution 1830.
Revolutionskalender	In der Französischen Revolution eingeführte neue Zeitrechnung, die den christlichen Kalender durch eine neue Zeitrechnung nach Dekaden ersetzte. Das Jahr I begann demzufolge am 22. September 1792.
Sansculottes	In der Französischen Revolution die zunehmend politisierte Bezeichnung für die Angehörigen des einfachen Volkes v.a. in Paris, die im Unterschied zum Adel keine Kniebundhosen („culottes") trugen.
Second Empire	Das Zweite Kaiserreich unter Louis-Napoléon Bonaparte, einem Neffen Napoleons, der sich 1852 zum Kaiser proklamieren ließ. Seine Herrschaft endete am 1. bzw. 4. September 1870 durch seine Gefangennahme bei der Schlacht von Sedan und die Ausrufung der Republik in Paris.
Sécurité sociale	Bezeichnung für das in heutiger Form 1945 eingerichtete französische Sozialversicherungssystem.

Sénat	In der Fünften Republik und zuvor bereits zeitweise Bezeichnung für die Zweite Kammer des französischen Parlaments.
Sorbonne	Pariser Universität, deren Name auf das 1257 von Robert de Sorbon gestiftete Collège zurückgeht. Seit der Universitätsreform von 1968 bilden die Universitäten Paris I–IV die Sorbonne.
Tiers état	Hinter Adel und Klerus im vorrevolutionären Frankreich der „Dritte Stand", der sich in der Französischen Revolution als Nation konstituierte. Zu den einflußreichsten Schriften der frühen Revolutionsperiode gehörte die programmatische Flugschrift des Abbé Sieyès: „Qu'est-ce que le tiers état?".
Tribunal de commerce	Handelsgericht.
Tribunal d'instance Tribunal de grande instance	Erstinstanzliche Gerichte seit 1958.
Tripartisme	1946/47 gebildete Koalition aus Kommunisten, Sozialisten und Christdemokraten.
Troisième force	Bezeichnung für den 1947 unternommenen Versuch der Christdemokraten, der Liberalen und gemäßigten Konservativen, eine „dritte Kraft" zwischen Kommunismus und Gaullismus zu etablieren.
Troisième République	Dritte Französische Republik. Am 4. September 1870 aus der Niederlage gegen Preußen-Deutschland geboren, erfuhr sie erst durch die Verfassungsgesetze von 1875 ihre Ausgestaltung. Sie endete nach der Niederlage gegen die Truppen NS-Deutschlands am 10. Juli 1940 durch die Übertragung aller Vollmachten an den Marschall Philippe Pétain.
Union sacrée	Französische Version des „Burgfriedens" im Ersten Weltkrieg, das heißt die Beilegung der innenpolitischen Auseinandersetzungen.
Vichy-Regime	Siehe unter „État Français".

IX. Dokumente zur französischen Verfassungsgeschichte

(Auszüge; jeweils im Original und in deutscher Übersetzung)

1. La Déclaration des Droits de l'Homme et du Citoyen (26 août 1789)[1]

Les représentants du peuple français, constitués en Assemblée nationale, considérant que l'ignorance, l'oubli ou le mépris des droits de l'homme sont les seules causes des malheurs publics et de la corruption des gouvernements, ont résolu d'exposer, dans une déclaration solennelle, les droits naturels, inaliénables et sacrés de l'homme, afin que cette déclaration, constamment présente à tous les membres du corps social, leur rappelle sans cesse leurs droits et leurs devoirs; afin que les actes du pouvoir législatif et ceux du pouvoir exécutif, pouvant être à chaque instant comparés avec le but de toute institution politique, en soient plus respectés; afin que les réclamations des citoyens, fondées désormais sur des principes simples et incontestables, tournent toujours au maintien de la Constitution et au bonheur de tous.

En conséquence, l'Assemblée nationale reconnaît et déclare, en présence et sous les auspices de l'Etre Suprême, les droits suivants de l'homme et du citoyen:

Article premier: Les hommes naissent et demeurent libres et égaux en droits. Les distinctions sociales ne peuvent être fondées que sur l'utilité commune.

Article 2: Le but de toute association politique est la conservation des droits naturels et imprescriptibles de l'homme. Ces droits sont la liberté, la propriété, la sûreté et la résistance à l'oppression.

Article 3: Le principe de toute souveraineté réside essentiellement dans la Nation. Nul corps, nul individu ne peut exercer d'autorité qui n'en émane expressément.

Article 4: La liberté consiste à pouvoir faire tout ce qui ne nuit pas à autrui: ainsi, l'exercice des droits naturels de chaque homme n'a de bornes que celles qui assurent aux autres membres de la société la jouissance de ces mêmes droits. Ces bornes ne peuvent être déterminées que par la loi.

---

[1] Aus: www.elysee.fr (Les textes fondateurs; 30.11.2002).

Die Erklärung der Menschen- und Bürgerrechte (26. August 1789) [deutsch]

Die Vertreter des französischen Volkes, die als Nationalversammlung konstituiert sind, haben in der Erwägung, daß die Unkenntnis, das Vergessen oder die Mißachtung der Menschenrechte die alleinigen Ursachen für die öffentlichen Mißstände und die Verderbtheit der Regierungen sind, beschlossen, in einer feierlichen Erklärung die natürlichen, unveräußerlichen und geheiligten Rechte des Menschen niederzulegen, damit diese Erklärung allen Mitgliedern der Gesellschaft stets gegenwärtig ist und sie unablässig an ihre Rechte und Pflichten erinnert werden; damit die Handlungen der gesetzgebenden wie der vollziehenden Gewalt jederzeit mit dem Zweck einer jeden politischen Einrichtung verglichen werden können und dadurch mehr geachtet werden; damit die Beschwerden der Bürger, von nun an auf einfache und unbestreitbare Grundsätze gegründet, jederzeit der Bewahrung der Verfassung und dem Wohle aller dienen.

Demzufolge anerkennt und verkündet die Nationalversammlung in Gegenwart und unter dem Schutze des allerhöchsten Wesens die folgenden Menschen- und Bürgerrechte:

Artikel 1 – Die Menschen werden frei und gleich an Rechten geboren und bleiben es. Gesellschaftliche Unterschiede dürfen nur im allgemeinen Nutzen begründet sein.

Artikel 2 – Der Zweck jeder politischen Vereinigung ist die Erhaltung der natürlichen und unantastbaren Menschenrechte. Diese sind das Recht auf Freiheit, das Recht auf Eigentum, das Recht auf Sicherheit und das Recht auf Widerstand gegen Unterdrückung.

Artikel 3 – Der Ursprung jeder Souveränität liegt ihrem Wesen nach beim Volke. Keine Körperschaft und kein einzelner kann eine Gewalt ausüben, die nicht ausdrücklich von ihm ausgeht.

Artikel 4 – Die Freiheit besteht darin, alles tun zu dürfen, was einem anderen nicht schadet: Die Ausübung der natürlichen Rechte eines jeden Menschen hat also nur die Grenzen, die den anderen Mitgliedern der Gesellschaft den Genuß eben dieser Rechte sichern. Diese Grenzen können nur durch das Gesetz bestimmt werden.

Artikel 5 – Das Gesetz darf nur solche Handlungen verbieten, die der Gesellschaft schaden. Alles, was durch das Gesetz nicht verboten ist, darf nicht verhindert werden, und niemand kann genötigt werden zu tun, was es nicht befiehlt.

Artikel 6 – Das Gesetz ist der Ausdruck des allgemeinen Willens. Alle Bürger haben das Recht, persönlich oder durch ihre Vertreter an seiner Gestaltung mitzuwirken. Es muß für alle gleich sein, mag es beschützen oder bestrafen. Da alle Bürger vor ihm gleich sind, sind sie alle gleichermaßen, ihren Fähigkeiten entsprechend und ohne einen anderen Unterschied als den ihrer Eigenschaften und Begabungen, zu allen öffentlichen Würden, Ämtern und Stellungen zugelassen.

Article 5: La loi n'a le droit de défendre que les actions nuisibles à la société. Tout ce qui n'est pas défendu par la loi ne peut être empêché, et nul ne peut être contraint à faire ce qu'elle n'ordonne pas.

Article 6: La loi est l'expression de la volonté générale. Tous les citoyens ont le droit de concourir personnellement ou par leurs représentants à sa formation. Elle doit être la même pour tous, soit qu'elle protège, soit qu'elle punisse. Tous les citoyens, étant égaux à ses yeux, sont également admissibles à toutes dignités, places et emplois publics, selon leur capacité et sans autre distinction que celle de leurs vertus et de leurs talents.

Article 7: Nul homme ne peut être accusé, arrêté ou détenu que dans les cas déterminés par la loi et selon les formes qu'elle a prescrites. Ceux qui sollicitent, expédient, exécutent ou font exécuter des ordres arbitraires doivent être punis; mais tout citoyen appelé ou saisi en vertu de la loi doit obéir à l'instant; il se rend coupable par la résistance.

Article 8: La loi ne doit établir que des peines strictement et évidemment nécessaires, et nul ne peut être puni qu'en vertu d'une loi établie et promulguée antérieurement au délit, et légalement appliquée.

Article 9: Tout homme étant présumé innocent jusqu'à ce qu'il ait été déclaré coupable, s'il est jugé indispensable de l'arrêter, toute rigueur qui ne serait pas nécessaire pour s'assurer de sa personne doit être sévèrement réprimée par la loi.

Article 10: Nul ne doit être inquiété pour ses opinions, même religieuses, pourvu que leur manifestation ne trouble pas l'ordre public établi par la loi.

Article 11: La libre communication des pensées et des opinions est un des droits les plus précieux de l'homme; tout citoyen peut donc parler, écrire, imprimer librement, sauf à répondre de l'abus de cette liberté dans les cas déterminés par la loi.

Article 12: La garantie des droits de l'homme et du citoyen nécessite une force publique; cette force est donc instituée pour l'avantage de tous, et non pour l'utilité particulière de ceux à qui elle est confiée.

Article 13: Pour l'entretien de la force publique, et pour les dépenses d'administration, une contribution commune est indispensable; elle doit être également répartie entre les citoyens, en raison de leurs facultés.

Article 14: Les citoyens ont le droit de constater, par eux-mêmes ou par leurs représentants, la nécessité de la contribution publique, de la consentir librement, d'en suivre l'emploi, et d'en déterminer la quotité, l'assiette, le recouvrement et la durée.

Article 15: La société a le droit de demander compte à tout agent public de son administration.

Article 16: Toute société dans laquelle la garantie des droits n'est pas assurée ni la séparation des pouvoirs déterminée, n'a point de Constitution.

Article 17: La propriété étant un droit inviolable et sacré, nul ne peut en être privé, si ce n'est lorsque la nécessité publique, légalement constatée, l'exige évidemment, et sous la condition d'une juste et préalable indemnité.

Artikel 7 – Niemand darf angeklagt, verhaftet oder gefangengehalten werden, es sei denn in den durch das Gesetz bestimmten Fällen und nur in den von ihm vorgeschriebenen Formen. Wer willkürliche Anordnungen verlangt, erläßt, ausführt oder ausführen läßt, muß bestraft werden; aber jeder Bürger, der kraft Gesetzes vorgeladen oder festgenommen wird, muß sofort gehorchen; durch Widerstand macht er sich strafbar.

Artikel 8 – Das Gesetz soll nur Strafen festsetzen, die unbedingt und offenbar notwendig sind, und niemand darf anders als aufgrund eines Gesetzes bestraft werden, das vor Begehung der Straftat beschlossen, verkündet und rechtmäßig angewandt wurde.

Artikel 9 – Da jeder solange als unschuldig anzusehen ist, bis er für schuldig befunden wurde, muß, sollte seine Verhaftung für unumgänglich gehalten werden, jede Härte, die nicht für die Sicherstellung seiner Person notwendig ist, vom Gesetz streng unterbunden werden.

Artikel 10 – Niemand soll wegen seiner Anschauungen, selbst religiöser Art, belangt werden, solange deren Äußerung nicht die durch das Gesetz begründete öffentliche Ordnung stört.

Artikel 11 – Die freie Äußerung von Meinungen und Gedanken ist eines der kostbarsten Menschenrechte; jeder Bürger kann also frei reden, schreiben und drucken, vorbehaltlich seiner Verantwortlichkeit für den Mißbrauch dieser Freiheit in den durch das Gesetz bestimmten Fällen.

Artikel 12 – Die Gewährleistung der Menschen- und Bürgerrechte erfordert eine öffentliche Gewalt; diese Gewalt ist also zum Vorteil aller eingesetzt und nicht zum besonderen Nutzen derer, denen sie anvertraut ist.

Artikel 13 – Für die Unterhaltung der öffentlichen Gewalt und für die Verwaltungsausgaben ist eine allgemeine Abgabe unerläßlich; sie muß auf alle Bürger, nach Maßgabe ihrer Möglichkeiten, gleichmäßig verteilt werden.

Artikel 14 – Alle Bürger haben das Recht, selbst oder durch ihre Vertreter die Notwendigkeit der öffentlichen Abgabe festzustellen, diese frei zu bewilligen, ihre Verwendung zu überwachen und ihre Höhe, Veranlagung, Eintreibung und Dauer zu bestimmen.

Artikel 15 – Die Gesellschaft hat das Recht, von jedem Staatsbeamten Rechenschaft über seine Amtsführung zu verlangen.

Artikel 16 – Eine Gesellschaft, in der die Gewährleistung der Rechte nicht gesichert und die Gewaltenteilung nicht festgelegt ist, hat keine Verfassung.

Artikel 17 – Da das Eigentum ein unverletzliches und geheiligtes Recht ist, kann es niemandem genommen werden, es sei denn, daß die gesetzlich festgestellte öffentliche Notwendigkeit dies eindeutig erfordert und vorher eine gerechte Entschädigung festgelegt wird.

2. Die Verfassung vom 3. September 1791[2]

[...]

Titre III. Des pouvoirs publics

Art. 1. La souveraineté est une, indivisible, inaliénable et imprescriptible; elle appartient à la Nation: aucune section du peuple ni aucun individu ne peut s'en attribuer l'exercice.

Art. 2. La Nation, de qui seule émanent tous les pouvoirs, ne peut les exercer que par délégation.

La Constitution française est représentative; les représentants sont le Corps législatif et le Roi.

Art. 3. Le Pouvoir législatif est délégué à une Assemblée nationale composée de représentants temporaires, librement élus par le peuple, pour être exercé par elle, avec la sanction du roi, de la manière qui sera déterminée ci-après.

Art. 4. Le gouvernement est monarchique; le pouvoir exécutif est délégué au roi, pour être exercé sous son autorité par des ministres et autres agents responsables, de la manière qui sera déterminée ci-après.

Art. 5. Le pouvoir judiciaire est délégué à des juges élus à temps par le peuple.

Chapitre I. De l'Assemblée nationale législative

Art. 1. L'Assemblée nationale, formant le Corps législatif, est permanente et n'est composée que d'une chambre.

Art. 2. Elle sera formée tous les deux ans par de nouvelles élections.

Chaque période de deux années formera une législature.

Art. 3. Les dispositions de l'article précédent n'auront pas lieu à l'égard du prochain Corps législatif, dont les pouvoirs cesseront le dernier jour d'avril 1793.

Art. 4. Le renouvellement du Corps législatif se fera de plein droit.

Art. 5. Le Corps législatif ne pourra être dissous par le roi.

Section I. Nombre des représentants. Bases de la représentation

Art. 1. Le nombre des représentants au Corps législatif est de 745, à raison des 83 départements, dont le royaume est composé, et indépendamment de ceux, qui pourraient être accordés aux colonies.

Art. 2. Les représentants seront distribués entre les 83 départements selon les trois proportions du territoire, de la population et de la contribution directe.

[...]

Section II. Assemblées primaires. Nomination des électeurs

Art. 1. Pour former l'Assemblée nationale législative, les citoyens actifs se ré-

---

[2] Aus: Günther Franz, Staatsverfassungen, München/Wien 1975, S. 302–371.

Die Verfassung vom 3. September 1791 [deutsch]

[...]
*Titel **III**. Von den öffentlichen Gewalten*

Art. l. Die Souveränität ist einheitlich, unteilbar, unveräußerlich und unverjährbar. Sie gehört der Nation. Kein Teil des Volkes und keine einzelne Person kann sich ihre Ausübung aneignen.

Art. 2. Die Nation, von der allein alle Gewalten ihren Ursprung haben, kann sie nur durch Übertragung ausüben.

Die französische Verfassung ist eine Repräsentativverfassung. Ihre Repräsentanten sind die gesetzgebende Körperschaft und der König.

Art. 3. Die gesetzgebende Gewalt ist einer Nationalversammlung übertragen, die aus Abgeordneten besteht, die durch das Volk frei und auf Zeit gewählt werden, um sie mit Billigung des Königs auf die Art auszuüben, die nachstehend bestimmt wird.

Art. 4. Die Regierung ist monarchisch. Die ausführende Gewalt ist dem König übertragen, um unter seiner Autorität durch die Minister und andere verantwortliche Beamte auf die Art ausgeübt zu werden, die nachstehend bestimmt wird.

Art. 5. Die richterliche Gewalt ist den durch das Volk auf Zeit gewählten Richtern übertragen.

Kapitel I. Von der gesetzgebenden Nationalversammlung

Art. l. Die Nationalversammlung, welche die gesetzgebende Körperschaft bildet, ist immerwährend und ist nur aus einer Kammer zusammengesetzt.

Art. 2. Sie wird alle zwei Jahre durch Neuwahlen gebildet.

Jeder Zeitraum von zwei Jahren bildet eine Legislaturperiode.

Art. 3. Die Anordnungen des vorstehenden Artikels finden auf die nächste gesetzgebende Körperschaft keine Anwendung. Ihre Befugnisse erlöschen am letzten Apriltag 1793.

Art. 4. Die Erneuerung der gesetzgebenden Körperschaft erfolgt rechtskräftig.

Art. 5. Die gesetzgebende Körperschaft kann durch den König nicht aufgelöst werden.

Abschnitt I. Zahl der Abgeordneten. Grundlagen der Abordnung

Art. l. Die Zahl der Abgeordneten der gesetzgebenden Körperschaft beträgt 745 nach Maßgabe der 83 Departements, aus denen sich das Königreich zusammensetzt, und ohne Rücksicht auf diejenigen, welche den Kolonien bewilligt werden dürfen.

Art. 2. Die Abgeordneten werden auf die 83 Departements nach den drei Verhältnissen des Gebietes, der Bevölkerung und der direkten Besteuerung verteilt.

[...]

uniront tous les deux ans en assemblées primaires dans les villes et dans les cantons.

Les assemblées primaires se formeront de plein droit le second dimanche de mars, si elles n'ont pas été convoquées plutôt par les fonctionnaires publics déterminés par la loi.

Art. 2. Pour être citoyen actif, il faut

Être né ou devenu Français;

Être âgé de 25 ans accomplis;

Être domicilié dans la ville ou dans le canton depuis le temps déterminé par la loi;

Payer dans un lieu quelconque du royaume une contribution directe au moins égale à la valeur de trois journées de travail et en représenter la quittance;

N'être pas dans un état de domesticité, c'est-à-dire de serviteur à gages;

Être inscrit dans la municipalité de son domicile au rôle des gardes nationales;

Avoir prêté le serment civique.

[...]

Art. 6. Les assemblées primaires nommeront des électeurs en proportion du nombre des citoyens actifs domiciliés dans la ville ou le canton.

Il sera nommé un électeur à raison de 100 citoyens actifs présents, ou non, à l'assemblée.

Il en sera nommé deux depuis 151 jusqu'à 250, et ainsi de suite.

Art. 7. Nul ne pourra être nommé électeur, s'il ne réunit aux conditions nécessaires pour être citoyen actif; savoir:

Dans les villes au-dessus de 6000 âmes, celle d'être propriétaire ou usufruitier d'un bien évalué sur les rôles de contribution à un revenu égal à la valeur locale de 200 journées de travail, ou d'être locataire d'une habitation évaluée sur les mêmes rôles à un revenu égal à la valeur de 150 journées de travail;

Dans les villes au-dessous de 6000 âmes, celle d'être propriétaire ou usufruitier d'un bien évalué sur les rôles de contribution à un revenu égal à la valeur locale de 150 journées de travail, ou d'être locataire d'une habitation évaluée sur les mêmes rôles à un revenu égal à la valeur de 100 journées de travail;

Et dans les campagnes, celle d'être propriétaire ou usufruitier d'un bien évalué sur les rôles de contribution à un revenu égal à la valeur locale de 150 journées de travail, ou d'être fermier ou métayer de biens évalués sur les mêmes rôles à la valeur de 400 journées de travail.

A l'égard de ceux, qui seront en même temps propriétaires ou usufruitiers d'une part, et locataires, fermiers ou métayers de l'autre, leurs facultés à ces divers titres seront cumulées jusqu'au taux nécessaire pour établir leur éligibilité.

Section III. Assemblées électorales. Nomination des représentants

Art. 1. Les électeurs nommés en chaque département se réuniront pour élire le nombre des représentants, dont la nomination sera attribuée à leur département, et un nombre de suppléants égal au tiers de celui des représentants.

Les assemblées électorales se formeront de plein droit le dernier dimanche de

Abschnitt II. Urversammlungen. Bestellung der Wahlmänner

Art. l. Um die gesetzgebende Nationalversammlung zu wählen, treten die aktiven Bürger alle zwei Jahre in den Städten und den Kantonen zu Urversammlungen zusammen.

Die Urversammlungen treten rechtmäßig am zweiten Märzsonntag zusammen, wenn sie nicht schon früher durch die vom Gesetz bestimmten öffentlichen Beamten einberufen worden sind.

Art. 2. Um aktiver Bürger zu sein, ist es notwendig: als Franzose geboren oder Franzose geworden zu sein, das 25. Lebensjahr vollendet zu haben, seinen Wohnsitz in der Stadt oder dem Kanton seit der durch das Gesetz festgelegten Zeit zu haben, in irgendeinem Orte des Königreiches eine direkte Steuer zu zahlen, die wenigstens dem Wert von drei Arbeitstagen gleichkommt und darüber eine Quittung vorzulegen, nicht dem Bedientenstand anzugehören, d.h. Lohndiener zu sein, im Rathaus seines Wohnsitzes in die Liste der Nationalgarde eingeschrieben zu sein, den Bürgereid geleistet zu haben.

[...]

Art. 6. Die Urversammlungen wählen die Wahlmänner im Verhältnis zur Zahl der aktiven in der Stadt oder im Kanton wohnenden Bürger. Es wird auf 100 Aktivbürger, ob in der Versammlung anwesend oder nicht, ein Wahlmann zur Versammlung gewählt. Auf 151 bis 250 sollen zwei gewählt werden und so fort.

Art. 7. Keiner soll zum Wahlmann gewählt werden können, der nicht mit den notwendigen Bedingungen für das aktive Bürgerrecht folgende verbindet:

In Städten über 6000 Einwohner die, Besitzer oder Nutznießer eines Grundstücks zu sein, das zur Steuerrolle mit einem Einkommen veranlagt ist, das dem örtlichen Wert von 200 Arbeitstagen gleichkommt, oder Mieter einer Wohnung zu sein, die zur gleichen Rolle mit einem Einkommen, das dem Wert von 150 Arbeitstagen gleichkommt, veranlagt ist.

In Städten unter 6000 Einwohner die, Besitzer oder Nutznießer eines Vermögens zu sein, das zur Steuerrolle mit einem Einkommen veranlagt ist, das dem örtlichen Wert von 150 Arbeitstagen gleichkommt, oder Mieter einer Wohnung zu sein, die zur gleichen Rolle mit einem Einkommen, das dem Wert von 100 Arbeitstagen gleichkommt, veranlagt ist.

Und auf dem Lande die, Besitzer oder Nutznießer eines Gutes zu sein, das zur Steuerrolle mit einem Einkommen veranlagt ist, das dem örtlichen Wert von 150 Arbeitstagen gleichkommt oder Pächter oder Meier von Gütern zu sein, die zur gleichen Rolle mit dem Wert von 400 Arbeitstagen veranlagt sind.

Bei denen, die gleichzeitig Eigentümer oder Nutznießer einerseits, Mieter, Pächter oder Meier anderseits sind, wird das Vermögen aus verschiedenen Titeln zusammengezählt bis zu dem für ihre Wählbarkeit notwendigen Steuersatz.

Abschnitt III. Wahlversammlung. Wahl der Abgeordneten

Art. l. Die in jedem Departement gewählten Wahlmänner treten zusammen, um die Anzahl der Abgeordneten, die ihrem Departement zugeteilt ist, und eine

mars, si elles n'ont pas été convoquées plutôt par les fonctionnaires publics déterminés par la loi.

Art. 2. Les représentants et les suppléants seront élus à la pluralité absolue des suffrages, et ne pourront être choisis que parmi les citoyens actifs du département.

Art. 3. Tous les citoyens actifs, quels que soient leur état, profession ou contribution, pourront être élus représentants de la nation.

Art. 4. Seront néanmoins obligés d'opter les ministres et les autres agents du pouvoir exécutif, révocables à volonté, les commissaires de la trésorerie nationale, les percepteurs et receveurs des contributions directes, les préposés à la perception et aux régies des contributions indirectes et des domaines nationaux, et ceux qui, sous quelque dénomination que ce soit, sont attachés à des emplois de la maison militaire et civile du roi.

Seront également tenus d'opter les administrateurs, sous-administrateurs, officiers municipaux et commandants des gardes nationales.

Art. 5. L'exercice des fonctions judiciaires sera incompatible avec celle de représentant de la nation pendant toute la durée de la législature.

Les juges seront remplacés par leurs suppléants, et le roi pourvoira par des brevets de commission au remplacement de ses commissaires auprès des tribunaux.

Art. 6. Les membres du corps législatif pourront être réélus à la législature suivante, et ne pourront l'être ensuite qu'après l'intervalle d'une législature.

Art. 7. Les représentants nommés dans les départements ne seront pas représentants d'un département particulier, mais de la nation entière, et il ne pourra leur être donné aucun mandat.

[...]

Section V. Réunion des représentants en Assemblée nationale législative

[...]

Art. 7. Les représentants de la nation sont inviolables: ils ne pourront être recherchés, accusés ni jugés en aucun temps pour ce, qu'ils auront dit, écrit ou fait dans l'exercice de leurs fonctions de représentants.

Art. 8. Ils pourront pour faits criminels être saisis en flagrant délit ou en vertu d'un mandat d'arrêt; mais il en sera donné avis sans délai au corps législatif; et la poursuite ne pourra être continuée qu'après que le corps législatif aura décidé, qu'il y a lieu à accusation.

Chapitre II. De la royauté, de la régence et des ministres

Section I. De la royauté et du roi

Art. 1. La royauté est indivisible et déléguée héréditairement à la race régnante de mâle en mâle, par ordre de primogéniture, à l'exclusion perpétuelle des femmes et de leur descendance.

(Rien n'est préjugé sur l'effet des renonciations dans la race actuellement régnante.)

Anzahl von Stellvertretern, die einem Drittel der Abgeordneten gleichkommt, zu wählen.

Die Wahlversammlungen vereinigen sich rechtskräftig am letzten Märzsonntag, wenn sie nicht schon früher durch die vom Gesetz bestimmten öffentlichen Beamten einberufen worden sind.

Art. 2. Die Abgeordneten und ihre Stellvertreter werden mit absoluter Stimmenmehrheit gewählt. Sie können nur unter den aktiven Bürgern des Departements gewählt werden.

Art. 3. Alle aktiven Bürger, gleich welchen Standes, Berufes oder welcher Steuerleistung können zu Abgeordneten der Nation gewählt werden.

Art. 4. Doch sollen verpflichtet sein sich zu entscheiden[3] die Minister und die anderen nach Belieben absetzbaren Beamten der vollziehenden Gewalt, die Kommissare des Staatsschatzes, die Einheber und Einnehmer der direkten Steuern, die Aufseher über die Erhebung und die Verwaltung der indirekten Steuern und der Nationalgüter und die, die unter irgendeinem Namen zum militärischen oder zivilen Haushalt des Königs gehören. Gleicherweise sind verpflichtet, sich zu entscheiden die Administratoren und Unteradministratoren, die Gemeindebeamten und die Kommandanten der Nationalgarden.

Art. 5. Die Ausübung des Richteramtes ist mit der Stellung eines Abgeordneten der Nation während der ganzen Dauer der Legislaturperiode unvereinbar.

Die Richter werden durch ihre Stellvertreter ersetzt, und der König wird durch Patente für Ersatz seiner Kommissare bei den Gerichtshöfen sorgen.

Art. 6. Die Mitglieder der gesetzgebenden Körperschaft können für die folgende Legislatur wiedergewählt werden, darauf aber nur nach einem Zeitraum von zwei Jahren.

Art. 7. Die in einem Departement gewählten Abgeordneten sollen nicht Abgeordnete eines besonderen Departements, sondern der ganzen Nation sein. Und es kann ihnen kein Auftrag gegeben werden.

[...]

Abschnitt V. Zusammentritt der Abgeordneten zur gesetzgebenden Nationalversammlung

[...]

Art. 7. Die Abgeordneten der Nation sind unverletzlich. Sie können zu keiner Zeit für das, was sie in Ausübung ihrer Aufgaben als Abgeordnete gesagt, geschrieben oder getan haben, verfolgt, angeklagt oder verurteilt werden.

Art. 8. Sie können im Falle eines Verbrechens auf frischer Tat oder auf Grund eines Haftbefehls ergriffen werden. Es muß aber sogleich der gesetzgebenden Körperschaft Nachricht gegeben werden, und die Untersuchung kann nur dann ihren Fortgang nehmen, wenn die gesetzgebende Körperschaft entschieden hat, daß der Anklage stattgegeben wird.

---

[3] Zwischen ihrem Amt und der Stellung als Abgeordneter.

Art. 2. La personne du roi est inviolable et sacrée; son seul titre est Roi des Français.

Art. 3. Il n'y a point en France d'autorité supérieure à celle de la loi; le roi ne règne que par elle, et ce n'est qu'au nom de la loi, qu'il peut exiger l'obéissance.

Art. 4. Le roi, à son avènement au trône, ou dès qu'il aura atteint sa majorité, prêtera à la nation en présence du corps législatif le serment d'être fidèle à la nation et à la loi, d'employer tout le pouvoir, qui lui est délégué, à maintenir la Constitution décrétée par l'Assemblée nationale constituante aux années 1789, 1790 et 1791 et à faire exécuter les lois.

[...]

Art. 8. Après l'abdication expresse ou légale le roi sera dans la classe des citoyens et pourra être accusé et jugé comme eux pour les actes postérieurs à son abdication.

Art. 9. Les biens particuliers, que le roi possède à son avènement au trône, sont réunis irrévocablement au domaine de la nation: il a la disposition de ceux, qu'il acquiert à titre singulier; s'il n'en a pas disposé, ils sont pareillement réunis à la fin du règne.

Art. 10. La nation pourvoit à la splendeur du trône par une liste civile, dont le corps législatif déterminera la somme à chaque changement de règne, pour toute la durée du règne.

Art. 11. Le roi nommera un administrateur de la liste civile, qui exercera les actions judiciaires du roi, et contre lequel toutes les actions à la charge du roi seront dirigées et les jugements prononcés. Les condamnations obtenues par les créanciers de la liste civile seront exécutoires contre l'administrateur personnellement et sur ses propres biens.

Art. 12. Le roi aura, indépendamment de la garde d'honneur, qui lui sera fournie par les citoyens gardes nationales du lieu de sa résidence, une garde payée sur les fonds de la liste civile; elle ne pourra excéder le nombre de 1200 hommes à pied et de 600 hommes à cheval.

Les grades et les règles d'avancement y seront les mêmes que dans les troupes de ligne; mais ceux, qui composeront la garde du roi, rouleront pour tous les grades exclusivement sur eux-mêmes et ne pourront en obtenir aucun dans l'armée de ligne.

Le roi ne pourra choisir les hommes de sa garde que parmi ceux, qui sont actuellement en activité de service dans les troupes de ligne, ou parmi les citoyens, qui ont fait depuis un an le service de gardes nationales, pourvu qu'ils soient résidants dans le royaume, et qu'ils aient précédemment prêté le serment civique.

La garde du roi ne pourra être commandée ni requise pour aucun autre service public.

Section II. De la régence

Art. 1. Le roi est mineur jusqu'à l'âge de 18 ans accomplis; et pendant sa minorité il y a un régent du royaume.

Kapitel II. Vom Königtum, der Regentschaft und den Ministern

Abschnitt I. Vom Königtum und dem König

Art. 1. Das Königtum ist unteilbar und dem regierenden Hause im Mannesstamm nach dem Rechte der Erstgeburt erblich übertragen unter dauerndem Ausschluß der Frauen und ihrer Nachkommenschaft.

(Über die Wirkung von Verzichtleistungen im gegenwärtig regierenden Hause ist nichts im voraus bestimmt.)

Art. 2. Die Person des Königs ist unverletzlich und heilig. Sein einziger Titel ist König der Franzosen.

Art. 3. Es gibt in Frankreich keine Autorität, die über dem Gesetze steht. Der König regiert nur durch dieses. Und nur im Namen des Gesetzes kann er Gehorsam verlangen.

Art. 4. Der König soll bei seiner Thronbesteigung, oder sobald er großjährig geworden ist, der Nation in Gegenwart der gesetzgebenden Körperschaft den Eid leisten, der Nation und dem Gesetze treu zu sein, alle ihm übertragene Macht zur Aufrechterhaltung der durch die verfassunggebende Nationalversammlung in den Jahren 1789, 1790 und 1791 beschlossenen Verfassung anzuwenden und die Gesetze ausführen zu lassen.

[...]

Art. 8. Nach der ausdrücklichen oder gesetzlichen Abdankung gehört der König zur Klasse der Bürger und kann für Handlungen nach seiner Abdankung wie sie angeklagt und verurteilt werden.

Art. 9. Der Privatbesitz, den der König bei seiner Thronbesteigung besitzt, wird unwiderruflich mit den Nationalgütern vereinigt. Er hat über die, die er unter einem besonderen Titel erwirbt, die Verfügung. Wenn er über sie nicht verfügt, werden sie bei Ende seiner Regierung gleichfalls einverleibt.

Art. 10. Die Nation sorgt für den Glanz des Thrones durch eine Zivilliste, deren Summe die gesetzgebende Körperschaft bei jedem Regierungswechsel für die ganze Dauer der Regierung festlegt.

Art. 11. Der König ernennt einen Verwalter der Zivilliste, der die gerichtliche Vertretung des Königs übernimmt und gegen den alle Klagen gegen den König gerichtet und alle Urteile verkündet werden. Durch die Gläubiger der Zivilliste erlangte Urteile werden gegen den Verwalter persönlich und auf seinen eigenen Gütern vollstreckt.

Art. 12. Der König hat unabhängig von der Ehrengarde, die ihm am Orte seiner Residenz durch die Bürger der Nationalgarde gestellt wird, eine aus den Mitteln der Zivilliste bezahlte Garde. Sie darf die Zahl von 1200 Mann zu Fuß und 600 zu Pferde nicht überschreiten. Die Dienstgrade und die Beförderungsregeln sind die gleichen wie bei den Linientruppen. Aber diejenigen, welche die Garde des Königs bilden, beschränken sich in ihren Dienstgraden ausschließlich auf diese und können keinen anderen in der Linientruppe erhalten. Der König kann die Männer seiner Garde nur unter denen wählen, die augenblicklich aktiv in den Linientruppen die-

Art. 2. La régence appartient au parent du roi le plus proche en degré, suivant l'ordre de l'hérédité au trône, et âgé de 25 ans accomplis, pourvu qu'il soit Français et regnicole, qu'il ne soit pas héritier présomptif d'une autre couronne et qu'il ait précédemment prêté le serment civique.

Les femmes sont exclues de la régence.

Art. 3. Si un roi mineur n'avait aucun parent réunissant les qualités ci-dessus exprimées, le régent du royaume sera élu ainsi qu'il va être dit aux articles suivants.

[…]

Section IV. Des ministres

Art. 1. Au roi seul appartiennent le choix et la révocation des ministres.

Art. 2. Les membres de l'Assemblée nationale actuelle et des législatures suivantes, les membres du tribunal de cassation, et ceux, qui serviront dans le haut-juré, ne pourront être promus au ministère, ni recevoir aucunes places, dons, pensions, traitements ou commission du pouvoir exécutif ou de ses agents pendant la durée de leurs fonctions ni pendant deux ans, après en avoir cessé l'exercice.

Il en sera de même de ceux, qui seront seulement inscrits sur la liste du haut-juré, pendant tout le temps, que durera leur inscription.

Art. 3. Nul ne peut entrer en exercice d'aucun emploi, soit dans les bureaux du ministère, soit dans ceux des régies ou administrations des revenus publics, ni en général d'aucun emploi à la nomination du pouvoir exécutif, sans prêter le serment civique ou sans justifier, qu'il l'a prêté.

Art. 4. Aucun ordre du roi ne pourra être exécuté, s'il n'est signé par lui et contresigné par le ministre ou l'ordonnateur du département.

Art. 5. Les ministres sont responsables de tous les délits par eux commis contre la sûreté nationale et la Constitution;

De tout attentat à la propriété et à la liberté individuelle;

De toute dissipation des deniers destinés aux dépenses de leur département.

Art. 6. En aucun cas, l'ordre du roi, verbal ou par écrit, ne peut soustraire un ministre à la responsabilité.

Art. 7. Les ministres sont tenus de présenter chaque année au corps législatif à l'ouverture de la session l'aperçu des dépenses à faire dans leur département, de rendre compte de l'emploi des sommes, qui y étaient destinées, et d'indiquer les abus, qui auraient pu s'introduire dans les différentes parties du gouvernement.

Art. 8. Aucun ministre en place ou hors de place ne peut être poursuivi en matière criminelle pour fait de son administration sans un décret du corps législatif.

Chapitre III. De l'exercice du pouvoir législatif

Section I. Pouvoirs et fonctions de l'Assemblée nationale législative

Art. 1. La Constitution délègue exclusivement au corps législatif les pouvoirs et fonctions ci-après:

nen oder unter den Bürgern, die ein Jahr in der Nationalgarde Dienst getan haben, vorausgesetzt, daß sie im Königreich wohnen und daß sie vorher den Bürgereid geleistet haben. Die Garde des Königs kann für keinen anderen öffentlichen Dienst befohlen oder verwendet werden.

Abschnitt II. Von der Regentschaft
Art. l. Der König ist bis zum vollendeten 18. Lebensjahre minderjährig. Während seiner Minderjährigkeit gibt es einen Regenten des Königtums.

Art. 2. Die Regentschaft steht dem nächsten Verwandten des Königs nach der Erbfolge am Throne zu, wenn er das 25. Lebensjahr vollendet hat, Franzose und Staatsangehöriger ist, nicht voraussichtlicher Erbe einer anderen Krone ist und zuvor den Bürgereid geleistet hat. Frauen sind von der Regentschaft ausgeschlossen.

Art. 3. Wenn ein minderjähriger König keinen Verwandten hat, der diese oben angeführten Eigenschaften vereinigt, wird der Regent des Königs gemäß den folgenden Artikeln gewählt werden.

[...]

Abschnitt IV. Von den Ministern
Art. l. Allein dem König stehen die Wahl und die Entlassung der Minister zu.

Art. 2. Die Mitglieder der gegenwärtigen Nationalversammlung und die der folgenden Legislaturperiode, die Mitglieder des Kassationshofes und die des Hochgeschworenengerichts können nicht in das Ministerium eintreten noch irgendwelche Stellungen, Geschenke, Pensionen, Gehälter oder Aufträge der vollziehenden Gewalt oder ihrer Beamten während der Dauer ihres Amtes und binnen zweier Jahre nach dessen Niederlegung erhalten. Dasselbe gilt von denen, die nur auf der Liste des Hochgeschworenengerichts eingeschrieben sind, während der ganzen Zeit ihrer Eintragung.

Art. 3. Keiner darf die Ausübung irgendeines Amtes in den Büros der Ministerien, in denen der Aufsicht oder der Verwaltung der öffentlichen Einkünfte noch überhaupt irgendeines Amtes auf Grund der Ernennung der vollziehenden Gewalt beginnen, ohne den Bürgereid zu leisten oder zu belegen, daß er ihn geleistet hat.

Art. 4. Kein königlicher Befehl kann ausgeführt werden, wenn er nicht durch ihn gezeichnet und durch den Minister oder den Vorgesetzten des Departements gegengezeichnet ist.

Art. 5. Die Minister sind verantwortlich für alle Verbrechen, die durch sie gegen die nationale Sicherheit und die Verfassung begangen werden, für jeden Angriff auf das Eigentum und die persönliche Freiheit, für jede Verschwendung der für die Ausgaben ihres Ressorts bestimmten Gelder.

Art. 6. In keinem Fall kann der mündliche oder schriftliche Befehl des Königs einen Minister von seiner Verantwortlichkeit entbinden.

Art. 7. Die Minister sind verpflichtet, jedes Jahr bei Eröffnung der Sitzungsperiode der gesetzgebenden Körperschaft eine Übersicht über die Ausgaben ihres Ressorts zu geben, Rechenschaft abzulegen über die Verwendung der dafür bestimmten

1. De proposer et décréter les lois; le roi peut seulement inviter le corps législatif à prendre un objet en considération;
2. De fixer les dépenses publiques;
3. D'établir les contributions publiques, d'en déterminer la nature, la quotité, la durée et le mode de perception;
4. De faire la répartition de la contribution directe entre les départements du royaume, de surveiller l'emploi de tous les revenus publics et de s'en faire rendre compte;
5. De décréter la création ou la suppression des offices publics;
6. De déterminer le titre, le poids, l'empreinte et la dénomination des monnaies;
7. De permettre ou de défendre l'introduction des troupes étrangères sur le territoire français et des forces navales étrangères dans les ports du royaume;
8. De statuer annuellement après la proposition du roi sur le nombre d'hommes et de vaisseaux, dont les armées de terre et de mer seront composées; sur la solde et le nombre d'individus de chaque grade; sur les règles d'admission et d'avancement, les formes de l'enrôlement et du dégagement, la formation des équipages de mer; sur l'admission des troupes ou des forces navales étrangères au service de France et sur le traitement des troupes en cas de licenciement;
9. De statuer sur l'administration et d'ordonner l'aliénation des domaines nationaux;
10. De poursuivre devant la haute-cour nationale la responsabilité des ministres et des agents principaux du pouvoir exécutif; D'accuser et de poursuivre devant la même cour, ceux qui seront prévenus d'attentat et de complot contre la sûreté générale de l'État ou contre la Constitution.
11. D'établir les lois, d'après lesquelles les marques d'honneur ou les décorations purement personnelles seront accordées à ceux, qui ont rendu des services à l'État;
12. Le corps législatif a seul le droit de décerner les honneurs publics à la mémoire des grands hommes.

Art. 2. La guerre ne peut être décidée que par un décret du corps législatif, rendu sur la proposition formelle et nécessaire du roi et sanctionné par lui.

Dans le cas d'hostilités imminentes ou commencées, d'un allié à soutenir, ou d'un droit à conserver par la force des armes, le roi en donnera sans aucun délai la notification au corps législatif et en fera connaître les motifs. Si le corps législatif est en vacances, le roi le convoquera aussitôt.

Si le corps législatif décide, que la guerre ne doive pas être faite, le roi prendra sur-le-champ des mesures, pour faire cesser ou prévenir toutes hostilités, les ministres demeurant responsables des délais.

Si le corps législatif trouve, que les hostilités commencées soient une agression coupable de la part des ministres ou de quelque autre agent du pouvoir exécutif, l'auteur de l'agression sera poursuivi criminellement.

Summen und die Mißbräuche anzuzeigen, die sich in die verschiedenen Zweige der Regierung einschleichen konnten.

Art. 8. Kein im Dienst oder außer Dienst befindlicher Minister kann in Kriminalfällen seiner Verwaltung ohne einen Beschluß der gesetzgebenden Körperschaft verfolgt werden.

Kapitel III. Von der Ausübung der gesetzgebenden Gewalt

Abschnitt I. Macht und Aufgaben der gesetzgebenden Nationalversammlung

Art. l. Die Verfassung überträgt ausschließlich der gesetzgebenden Körperschaft die folgenden Vollmachten und Aufgaben:

1. Gesetze vorzuschlagen und zu beschließen. Der König kann allein die gesetzgebende Körperschaft auffordern, eine Sache in Beratung zu nehmen;
2. die öffentlichen Ausgaben festzusetzen;
3. die öffentlichen Steuern anzusetzen, ihre Art, Höhe, Dauer und Erhebungsweise festzulegen;
4. die direkten Steuern unter die Departements des Königreiches zu verteilen, die Verwendung aller öffentlichen Einkünfte zu überwachen und sich davon Rechenschaft geben zu lassen;
5. die Errichtung oder Aufhebung der öffentlichen Ämter zu beschließen;
6. den Feingehalt, den Münzfuß, das Gepräge und die Benennung der Münzen zu bestimmen;
7. die Einführung fremder Truppen in französisches Gebiet oder fremder Seestreitkräfte in die Häfen des Königreiches zu erlauben oder zu verbieten;
8. jährlich nach dem Vorschlag des Königs die Zahl der Männer und der Schiffe festzulegen, aus denen die Streitkräfte zu Wasser und zu Lande zusammengesetzt sind, den Sold und die Zahl der Personen jeden Dienstgrades, die Grundsätze der Zulassung und der Beförderung, die Formen der Werbung und der Entlassung, die Bildung der Schiffsbesatzungen, die Zulassung von fremden Truppen oder Seestreitkräften zum Dienste Frankreichs und die Besoldung der Truppen im Falle der Entlassung;
9. über die Verwaltung zu entscheiden und die Veräußerung der Nationalgüter zu befehlen;
10. vor dem hohen Nationalgericht die Verantwortlichkeit der Minister und der vornehmsten Beamten der ausübenden Gewalt zu verfolgen; vor dem gleichen Gericht diejenigen zu verklagen und zu verfolgen, die eines Attentats oder einer Verschwörung gegen die allgemeine Sicherheit des Staates oder gegen die Verfassung verdächtig sind;
11. die Gesetze festzulegen, nach denen die rein persönlichen Ehrenzeichen und Auszeichnungen denen verliehen werden, die dem Staate Dienste geleistet haben;
12. die gesetzgebende Körperschaft hat allein das Recht, die öffentlichen Ehrungen zum Gedächtnis großer Männer zu beschließen.

Pendant tout le cours de la guerre le corps législatif peut requérir le roi de négocier la paix; et le roi est tenu de déférer à cette réquisition.

A l'instant, où la guerre cessera, le corps législatif fixera le délai, dans lequel les troupes, élevées au-dessus du pied de paix, seront congédiées, et l'armée réduite à son état ordinaire.

Art. 3. Il appartient au corps législatif de ratifier les traités de paix, d'alliance et de commerce; et aucun traité n'aura d'effet que par cette ratification.

[...]

Section III. De la sanction royale

Art. 1. Les décrets du corps législatif sont présentés au roi, qui peut leur refuser son consentement.

Art. 2. Dans le cas, où le roi refuse son consentement, ce refus n'est que suspensif.

Lorsque les deux législatures, qui suivront celle, qui aura présenté le décret, auront successivement représenté le même décret dans les mêmes termes, le roi sera censé avoir donné la sanction.

[...]

Section IV. Relations du corps législatif avec le roi

Art. 1. Lorsque le corps législatif est définitivement constitué, il envoie au roi une députation, pour l'en instruire. Le roi peut chaque année faire l'ouverture de la session et proposer les objets, qu'il croit devoir être pris en considération pendant le cours de cette session, sans néanmoins que cette formalité puisse être considérée comme nécessaire à l'activité du corps législatif.

[...]

Art. 5. Le roi convoquera le corps législatif dans l'intervalle de ses sessions toutes les fois, que l'intérêt de l'État lui paraîtra l'exiger, ainsi que dans les cas, qui auront été prévus et déterminés par le corps législatif avant de s'ajourner.

[...]

Art. 10. Les ministres du roi auront entrée dans l'assemblée nationale législative; ils y auront une place marquée.

Ils seront entendus, toutes les fois qu'ils le demanderont, sur les objets relatifs à leur administration, ou lorsqu'ils seront requis de donner des éclaircissements.

Ils seront également entendus sur les objets étrangers à leur administration, quand l'assemblée nationale leur accordera la parole.

Chapitre IV. De l'exercice du pouvoir exécutif

Art. 1. Le pouvoir exécutif suprême réside exclusivement dans la main du roi.

Le roi est le chef suprême de l'administration générale du royaume: le soin de veiller au maintien de l'ordre et de la tranquillité publique lui est confié.

Art. 2. Der Krieg kann nur durch ein Dekret der gesetzgebenden Körperschaft, das auf förmlichen und notwendigen Vorschlag des Königs erlassen und von ihm bestätigt wird, beschlossen werden. Im Falle drohender oder begonnener Feindseligkeiten, der Unterstützung eines Verbündeten oder der Wahrung eines Rechtes durch Waffengewalt wird der König ohne jede Verzögerung der gesetzgebenden Körperschaft davon Kenntnis und die Gründe bekannt geben. Wenn die gesetzgebende Körperschaft vertagt ist, wird der König sie alsbald zusammenrufen.

Wenn die gesetzgebende Körperschaft entscheidet, daß der Krieg nicht stattfinden darf, wird der König sogleich Maßnahmen ergreifen, um alle Feindseligkeiten zu beenden oder ihnen zuvorzukommen. Die Minister bleiben für den Verzug verantwortlich. Wenn die gesetzgebende Körperschaft der Ansicht ist, daß die begonnenen Feindseligkeiten ein schuldhafter Angriff irgendeines Ministers oder eines anderen Beamten der ausübenden Macht sind, wird der Urheber des Angriffs strafrechtlich verfolgt werden.

Während des ganzen Verlaufes des Krieges kann die gesetzgebende Körperschaft den König ersuchen, über den Frieden zu verhandeln; und der König ist gehalten, diesem Ersuchen nachzukommen.

Im Augenblick des Kriegsendes wird die gesetzgebende Körperschaft die Frist festsetzen, in der die über den Friedensstand hinaus ausgehobenen Truppen verabschiedet und die Armee auf ihren gewöhnlichen Stand zurückgeführt werden soll.

Art. 3. Es steht der gesetzgebenden Körperschaft zu, die Friedens-, Bündnis- und Handelsverträge zu ratifizieren. Jeder Vertrag tritt nur durch diese Ratifikation in Kraft. [...]

Abschnitt III. Von der königlichen Bestätigung

Art. 1. Die Beschlüsse der gesetzgebenden Körperschaft werden dem König vorgelegt, der ihnen seine Zustimmung verweigern kann.

Art. 2. Im Falle, daß der König seine Zustimmung verweigert, ist diese Verweigerung nur von aufschiebender Wirkung.

Wenn die beiden Legislaturperioden, die derjenigen folgen, die den Beschluß vorgelegt hat, nacheinander den gleichen Beschluß in der gleichen Fassung wieder vorlegen, so wird angenommen, daß der König seine Bestätigung erteilt hat.   [...]

Abschnitt IV. Beziehungen der gesetzgebenden Körperschaft zum Könige

Art. 1. Wenn die gesetzgebende Körperschaft endgültig gebildet ist, sendet sie dem König eine Abordnung, um ihn davon zu unterrichten. Der König kann jedes Jahr die Sitzungsperiode eröffnen und die Gegenstände vorschlagen, von denen er glaubt, daß sie während der Dauer dieser Sitzungsperiode in Beratung genommen werden müssen. Doch darf diese Förmlichkeit nicht als notwendig für die Tätigkeit der gesetzgebenden Körperschaft betrachtet werden.   [...]

Art. 5. Der König wird die gesetzgebende Körperschaft in der Zeit zwischen den Sitzungsperioden jedesmal zusammenrufen, wenn es ihm das Staatsinteresse zu erfordern scheint, sowie in den Fällen, die durch die gesetzgebende Körperschaft vor ihrer Vertagung vorgesehen und bestimmt sind.

Le roi est le chef suprême de l'armée de terre et de l'armée de mer.

Au roi est délégué le soin de veiller à la sûreté extérieure du royaume et d'en maintenir les droits et les possessions.

Art. 2. Le roi nomme les ambassadeurs et les autres agents des négociations politiques.

Il confère le commandement des armées et des flottes et les grades de maréchal de France et d'amiral.

Il nomme les deux tiers des contre-amiraux, la moitié des lieutenants-généraux, maréchaux de camp, capitaines de vaisseaux et colonels de la gendarmerie nationale.

Il nomme le tiers des colonels et des lieutenants-colonels et le sixième des lieutenants de vaisseaux.

Le tout en se conformant aux lois sur l'avancement.

Il nomme dans l'administration civile de la marine les ordonnateurs, les contrôleurs, les trésoriers des arsenaux, les chefs des travaux, sous-chefs des bâtiments civils, la moitié des chefs d'administration et des sous-chefs de construction.

Il nomme les commissaires auprès des tribunaux.

Il nomme les préposés en chef aux régies des contributions indirectes et à l'administration des domaines nationaux.

Il surveille la fabrication des monnaies et nomme les officiers chargés d'exercer cette surveillance dans la commission générale et dans les hôtels des monnaies.

L'effigie du roi est empreinte sur toutes les monnaies du royaume.

Art. 3. Le roi fait délivrer les lettres-patentes, brevets et commissions aux fonctionnaires publics ou autres, qui doivent en recevoir.

Art. 4. Le roi fait dresser la liste des pensions et gratifications, pour être présentée au corps législatif à chacune de ses sessions et être décrétée, s'il y a lieu.

[...]

[...]

Art. 10. Die königlichen Minister haben Zutritt zur gesetzgebenden Nationalversammlung. Sie haben dort einen bestimmten Platz.

Sie sollen jedesmal über Gegenstände ihrer Verwaltung gehört werden, wenn sie es fordern, oder wenn sie ersucht werden, Aufklärungen zu geben.

Sie sollen ebenso über Gegenstände gehört werden, die ihrer Verwaltung fremd sind, wenn die Nationalversammlung ihnen das Wort erteilt.

Kapitel IV. Von der Ausübung der vollziehenden Gewalt

Art. l. Die oberste vollziehende Gewalt ruht ausschließlich in der Hand des Königs.

Der König ist der oberste Chef der allgemeinen Verwaltung des Königreiches. Die Sorge, über die Aufrechterhaltung der öffentlichen Ordnung und Ruhe zu wachen, ist ihm anvertraut.

Der König ist der oberste Chef der Streitkräfte zu Wasser und zu Lande.

Dem König ist die Sorge übertragen, über die äußere Sicherheit des Königreiches zu wachen und dessen Rechte und Besitzungen zu erhalten.

Art. 2. Der König ernennt die Botschafter und die anderen diplomatischen Geschäftsträger.

Er verleiht das Kommando über Armee und Flotte und die Würden eines Marschalls von Frankreich und eines Admirals.

Er ernennt zwei Drittel der Konteradmirale, die Hälfte der Generalleutnante, Generalmajore, Kapitäne von Kriegsschiffen und Obersten der Nationalgarde.

Er ernennt ein Drittel der Obersten und Oberstleutnante und ein Sechstel der Kapitänleutnante.

Und das alles in Übereinstimmung mit den Gesetzen über die Beförderung.

Er ernennt in der Zivilverwaltung der Marine die Vorsteher, Kontrolleure und Schatzmeister der Arsenale, die Leiter der Arbeiten, die Unterleiter der Zivilbauten, die Hälfte der Verwaltungsleiter und der Unterbauleiter.

Er ernennt die Kommissare bei den Tribunalen.

Er ernennt die Chefs bei der Verwaltung der indirekten Abgaben und der Verwaltung der Nationalgüter.

Er überwacht die Prägung der Münzen und ernennt die Beamten, die mit dieser Überwachung in der allgemeinen Kommission und in den Münzhäusern beauftragt sind.

Das Bild des Königs ist allen Münzen des Königreiches eingeprägt.

Art. 3. Der König läßt die Patente, Diplome und Bestallungen für die öffentlichen Beamten und andere, die sie erhalten müssen, ausstellen.

Art. 4. Der König läßt die Liste der Pensionen und Belohnungen aufstellen, die der gesetzgebenden Körperschaft in jeder Sitzungsperiode vorzulegen und von ihr gegebenenfalls zu beschließen ist.

[...]

3.   La Marseillaise (1792)[4]

1er couplet

Allons, enfants de la Patrie,
Le jour de gloire est arrivé!
Contre nous de la tyrannie
L'étendard sanglant est levé! (bis)
Entendez-vous, dans les campagnes,
Mugir ces féroces soldats?
Ils viennent jusque dans nos bras,
Egorger vos fils, vos compagnes!

Aux armes citoyens!
Formez vos bataillons!
Marchons, marchons,
Qu'un sang impur
Abreuve nos sillons!

2

Que veut cette horde d'esclaves,
De traîtres, de rois conjurés?
Pour qui ces ignobles entraves,
Ces fers dès longtemps préparés? (bis)
Français, pour nous, ah! quel outrage!
Quels transports il doit exciter!
C'est nous qu'on ose méditer
De rendre à l'antique esclavage!

3

Quoi, des cohortes étrangères
Feraient la loi dans nos foyers!
Quoi, ces phalanges mercenaires
Terrasseraient nos fiers guerriers! (bis)
Grand Dieu! par des mains enchaînées,
Nos fronts sous le joug se ploieraient!
De vils despotes deviendraient,
Les maîtres de nos destinées!

---

4   Nach: Frantisek Gel, Internationale und Marseillaise, Prag 1954, S. 324–330.

Die Marseillaise (1792) [deutsch]

1. Strophe

Vorwärts, Kinder des Vaterlandes,
Der Tag des Ruhms ist gekommen!
Gegen uns der Tyrannei
Blutige Fahne man erhoben hat! (zweimal)
Hört Ihr, in den Feldern,
Ihre wilden Soldaten schreien?
Sie kommen bis in unsre Arme,
Zu erwürgen eure Söhne, eure Gefährtinnen!

Zu den Waffen Bürger!
Formiert eure Bataillone!
Marschieren wir! (zweimal)
Auf daß das unreine Blut
Unsre Fluren tränke!

2

Was will diese Sklavenhorde,
Von Verrätern, von verschwornen Königen?
Für wen diese schmählichen Fesseln,
Diese schon längst vorbereiteten Eisenketten? (zweimal)
Franzosen, für uns, ach, welche Schmach!
Welch eine Empörung ruft das hervor!
Daß sie daran zu denken wagen,
Uns in die alte Sklaverei zurückzuführen!

3

Wie, diese fremden Kohorten
Wollen uns in unsren Heimen Gesetze geben!
Was, diese Söldnerphalanxe
Wollen unsre stolzen Krieger niederschlagen! (zweimal)
Großmächtiger Gott! Sie möchten unsre Hände gefesselt,
Unsre Stirnen im Joch wissen!
Diese niederträchtigen Despoten möchten
Herrn unsrer Geschicke sein!

4

Tremblez, tyrans, et vous perfides,
L'opprobre de tous les partis;
Tremblez, vos projets parricides
Vont enfin recevoir leurs prix! (bis)
Tout est soldat pour vous combattre:
S'ils tombent, nos jeunes héros,
La terre en produit de nouveaux,
Contre vous tout prêts à se battre!

5

Français, en guerriers magnanimes
Portez ou retenez vos coups!
Epargnez ces tristes victimes
A regret s'armant contre nous. (bis)
Mais ces despotes sanguinaires,
Mais ces complices de Bouillé,
Tous ces tigres qui, sans pitié,
Déchirent le sein de leur mère!

6

Amour sacré de la Patrie,
Conduis, soutiens nos bras vengeurs!
Liberté, liberté chérie,
Combats avec tes défenseurs. (bis)
Sous nos drapeaux que la victoire
Accoure à tes mâles accents
Que tes ennemis expirants,
Voient ton triomphe et notre gloire!

7

Nous entrerons dans la carrière
Quand nos aînés n'y seront plus.
Nous y trouverons leur poussière
Et l'exemple de leurs vertus. (bis)
Bien moins jaloux de leur survivre
Que de partager leur cercueil,
Nous aurons le sublime orgueil
De les venger ou de les suivre!

4

Zittert, Tyrannen, und ihr Wortbrüchigen,
Der Abschaum aller Parteien;
Zittert, eure brudermörderischen Projekte
Werden schließlich ihren Lohn erhalten! (zweimal)
Alle sind Soldaten euch zu bekämpfen,
Und wenn Sie fallen, unsre jungen Helden,
Die Erde wird neue hervorbringen
Alle bereit, gegen euch sich zu schlagen!

5

Franzosen, großmütige Krieger,
Teilt eure Streiche aus oder haltet sie auf!
Spart die traurigen Opfer,
die sich nur widerspenstig haben gegen uns bewaffnen lassen. (zweimal)
Aber die blutrünstigen Despoten,
Aber die Komplizen des Bouillé [verschont nicht],
Alle die Tiger, die ohne Erbarmen
Ihrer Mutter Brust zerfleischen!

6

Geheiligte Liebe zum Vaterlande,
Leite, stärke unsern rächenden Arm!
Freiheit, geliebte Freiheit,
Kämpfe mit deinen Verteidigern. (zweimal)
Damit der Sieg zu unsern Fahnen eile,
Beflügelt durch deinen mannhaften Gesang,
Auf daß deine verröchelnden Feinde
Deinen Triumph und unseren Ruhm schauen!

7

Wir treten ein in die Reihen der Kämpfenden,
Wenn unsre Vorgänger nicht mehr sind.
Am Schlachtfeld finden wir ihre Asche
Und das Beispiel ihrer Tugenden. (zweimal)
Weniger danach eifernd sie zu überleben
Als das Grab mit ihnen zu teilen,
Unser höchster Stolz ist:
Sie zu rächen oder ihnen zu folgen.

4. Die Verfassung der Ersten Französischen Republik (1793)[5]

[…]
De la souveraineté du peuple
Art. 7. Le peuple souverain est l'universalité des citoyens français.
Art. 8. Il nomme immédiatement ses députés.
Art. 9. Il délègue à des électeurs le choix des administrateurs, des arbitres publics, des juges criminels et de cassation.
Art. 10. Il délibère sur les lois.

Des assemblées primaires
Art. 11. Les assemblées primaires se composent des citoyens domiciliés depuis 6 mois dans chaque canton.
[…]

De la représentation nationale
Art. 21. La population est la seule base de la représentation nationale.
Art. 22. Il y a un député en raison de 40.000 individus.
[…]
Art. 24. La nomination se fait à la majorité absolue des suffrages.
[…]
Art. 26. Si le premier recensement ne donne point de majorité absolue, il est procédé à un second appel, et on vote entre les deux citoyens, qui ont réuni le plus de voix.
[…]
Art. 28. Tout Français, exerçant les droits de citoyen, est éligible dans l'étendue de la République.
Art. 29. Chaque député appartient à la nation entière.
[…]

Des assemblées électorales
Art. 37. Les citoyens, réunis en assemblées primaires, nomment un électeur à raison de 200 citoyens présents ou non; deux depuis 301 jusqu'à 400; trois depuis 501 jusqu'à 600.
[…]

Du corps législatif
Art. 39. Le corps législatif est un, indivisible et permanent.
Art. 40. Sa session est d'un an.
[…]

---

[5] Aus: Franz, Staatsverfassungen, S. 372–397.

Die Verfassung der Ersten Französischen Republik (1793) [deutsch]

[...]

Von der Volkssouveränität
Art. 7. Das souveräne Volk ist die Gesamtheit der französischen Bürger.
Art. 8. Es wählt unmittelbar seine Abgeordneten.
Art. 9. Es überträgt den Wahlmännern die Wahl der Präfekten, der Schieds-
richter, der Strafrichter und der Richter der Kassationshöfe.
Art. 10. Es beschließt über die Gesetze.

Von den Urversammlungen
Art. 11. Die Urversammlungen bestehen aus den Bürgern, die seit 6 Monaten
in einem Kanton wohnen.
[...]

Von der Nationalrepräsentation
Art. 21. Die Bevölkerungszahl ist die einzige Grundlage der Nationalrepräsen-
tation.
Art. 22. Auf 40000 Personen entfällt ein Abgeordneter.
[...]
Art. 24. Die Wahl erfolgt mit absoluter Stimmenmehrheit.
[...]
Art. 26. Wenn die erste Zählung keine absolute Mehrheit ergibt, erfolgt ein
zweiter Wahlgang, in dem über die beiden Bürger, die die meisten Stimmen auf
sich vereinigt hatten, abgestimmt wird.
[...]
Art. 28. Jeder Franzose, der die Bürgerrechte ausübt, ist im ganzen Bereich der
Republik wählbar.
Art. 29. Jeder Abgeordnete gehört der gesamten Nation an.
[...]

Von den Wahlversammlungen
Art. 37. Die zu Urversammlungen vereinten Bürger wählen auf 200 Bürger,
ob anwesend oder nicht, einen Wahlmann; zwei auf 301 bis 400; drei auf 501 bis
600.
[...]

Von der gesetzgebenden Körperschaft
Art. 39. Die gesetzgebende Körperschaft ist einheitlich, unteilbar und immer-
während.
Art. 40. Ihre Sitzungsperiode dauert ein Jahr.
[...]

Des fonctions du corps législatif

Art. 53. Le corps législatif propose des lois et rend des décrets.

Art. 54. Sont compris sous le nom général de „loi" les actes du corps législatif concernant:

La législation civile et criminelle;

L'administration générale des revenus et des dépenses ordinaires de la république;

Les domaines nationaux;

Le titre, le poids, l'empreinte et la dénomination des monnaies;

La nature, le montant et la perception des contributions;

La déclaration de guerre;

Toute nouvelle distribution générale du territoire français;

L'instruction publique;

Les honneurs publics à la mémoire des grands hommes.

Art. 55. Sont désignés sous le nom particulier de „décret" les actes du corps législatif concernant:

L'établissement annuel des forces de terre et de mer;

La permission ou la défense du passage des troupes étrangères sur le territoire français;

L'introduction des forces navales étrangères dans les ports de la République;

Les mesures de sûreté et de tranquillité générales;

La distribution annuelle et momentanée des secours et travaux publics;

Les ordres pour la fabrication des monnaies de toute espèce;

Les dépenses imprévues et extraordinaires;

Les mesures locales et particulières à une administration, à une commune, à un genre de travaux publics;

La défense du territoire;

La ratification des traités;

La nomination et la destitution des commandants en chef des armées;

La poursuite de la responsabilité des membres du conseil, des fonctionnaires publics;

L'accusation des prévenus de complots contre la sûreté générale de la République;

Tout changement dans la distribution partielle du territoire français;

Les récompenses nationales.

[…]

Du conseil exécutif

Art. 62. Il y a un conseil exécutif composé de 24 membres.

Art. 63. L'assemblée électorale de chaque département nomme un candidat. Le corps législatif choisit sur la liste générale les membres du conseil.

Art. 64. Il est renouvelé par moitié à chaque législature dans les derniers mois de sa session.

Die Aufgaben der gesetzgebenden Körperschaft

Art. 53. Die gesetzgebende Körperschaft schlägt Gesetze vor und erläßt Dekrete.

Art. 54. Unter dem allgemeinen Ausdruck „Gesetz" werden die Verfügungen der gesetzgebenden Körperschaft verstanden, die betreffen:

die Zivil- und Strafgesetzgebung;

die allgemeine Verwaltung der gewöhnlichen Einnahmen und Ausgaben des Staates;

die Nationalgüter;

den Feingehalt, den Münzfuß, das Gepräge und die Benennung der Münzen;

die Art, die Höhe und die Erhebung der Steuern;

die Kriegserklärung;

jede neue allgemeine Einteilung des französischen Gebietes;

den öffentlichen Unterricht;

die öffentlichen Ehrungen zum Gedächtnis großer Männer.

Art. 55. Mit dem besonderen Namen „Dekret" werden die Verfügungen der gesetzgebenden Körperschaft bezeichnet, die betreffen:

die jährliche Feststellung der Streitkräfte zu Wasser und zu Lande;

die Genehmigung oder das Verbot des Durchmarsches fremder Truppen durch französisches Gebiet;

die Einfahrt fremder Seestreitkräfte in die Häfen der Republik;

Maßnahmen der allgemeinen Sicherheit und Ruhe;

die jährliche und augenblickliche Verteilung der Unterstützungen und öffentlichen Arbeiten;

die Anordnungen für die Herstellung von Geld jeder Art;

unvorhergesehene und außerordentliche Ausgaben;

örtliche oder besondere Maßnahmen für eine Verwaltung, eine Gemeinde oder eine Art öffentlicher Arbeiten;

die Landesverteidigung;

die Ratifikation der Verträge;

die Ernennung und Abberufung der Oberbefehlshaber der Armeen;

die Verfolgung der Verantwortlichkeit der Mitglieder des Rates und der öffentlichen Beamten;

die Anklage gegen Personen, die der Verschwörung gegen die allgemeine Sicherheit der Republik beschuldigt werden;

jede teilweise Änderung der Einteilung des französischen Gebietes;

die Nationalbelohnungen.

[...]

Vom Vollzugsrat

Art. 62. Der Vollzugsrat besteht aus 24 Mitgliedern.

Art. 63. Die Wahlversammlung jedes Départements wählt einen Kandidaten. Die gesetzgebende Körperschaft wählt aus der allgemeinen Liste die Mitglieder des Rates.

Art. 65. Le conseil est chargé de la direction et de la surveillance de l'administration générale; il ne peut agir qu'en exécution des lois et des décrets du corps législatif.

Art. 66. Il nomme hors de son sein les agents en chef de l'administration générale de la République.

Art. 67. Le corps législatif détermine le nombre et les fonctions de ces agents.

Art. 68. Ces agents ne forment point un conseil; ils sont séparés sans rapports immédiats entre eux, ils n'exercent aucune autorité personnelle.

Art. 69. Le conseil nomme hors de son sein les agents extérieurs de la République.

Art. 70. Il négocie les traités.

Art. 71. Les membres du conseil en cas de prévarication sont accusés par le corps législatif.

Art. 72. Le conseil est responsable de l'inexécution des lois et des décrets et des abus, qu'il ne dénonce pas.

Art. 73. Il révoque et remplace les agents à sa nomination.

Art. 74. Il est tenu de les dénoncer, s'il y a lieu, devant les autorités judiciaires.

Des relations du conseil exécutif avec le corps législatif

Art. 75. Le conseil exécutif réside auprès du corps législatif; il a l'entrée et une place séparée dans le lieu de ses séances.

Art. 76. Il est entendu toutes les fois, qu'il a un compte à rendre.

Art. 77. Le corps législatif l'appelle dans son sein en tout ou en partie, lorsqu'il le juge convenable.

[…]

Des forces de la République

Art. 107. La force générale de la République est composée du peuple entier.

Art. 108. La République entretient à sa solde même en temps de paix une force armée de terre et de mer.

Art. 109. Tous les Français sont soldats; ils sont tous exercés au maniement des armes.

Art. 110. Il n'y a point de généralissime.

Art. 111. La différence des grades, leurs marques distinctives et la subordination ne subsistent que relativement au service et pendant sa durée.

[…]

Art. 64. Er wird zur Hälfte in jeder Legislaturperiode in den letzten Monaten der Tagung erneuert.

Art. 65. Der Rat ist mit der Leitung und Überwachung der allgemeinen Verwaltung beauftragt. Er kann nur die Gesetze und Dekrete der gesetzgebenden Körperschaft ausführen.

Art. 66. Er ernennt, jedoch nicht aus seiner Mitte, die leitenden Beamten der allgemeinen Verwaltung der Republik.

Art. 67. Die gesetzgebende Körperschaft bestimmt die Zahl und die Aufgaben dieser Beamten.

Art. 68. Diese Beamten bilden kein Kollegium; sie sind getrennt, ohne unmittelbare Beziehung untereinander; sie üben keine persönliche Gewalt aus.

Art. 69. Der Rat ernennt, aber nicht aus seiner Mitte, die Beamten des auswärtigen Dienstes der Republik.

Art. 70. Er verhandelt über Verträge.

Art. 71. Die Mitglieder des Rates werden im Falle einer Pflichtverletzung durch die gesetzgebende Körperschaft angeklagt.

Art. 72. Der Rat ist für die Nichtausführung der Gesetze und Dekrete und für Mißbräuche, die er nicht anzeigt, verantwortlich.

Art. 73. Er ruft die Beamten nach seinem Willen ab und ersetzt sie.

Art. 74. Er ist verpflichtet, sie gegebenenfalls den Justizbehörden anzuzeigen.

Die Beziehungen des Vollzugsrates zur gesetzgebenden Körperschaft

Art. 75. Der Vollzugsrat hat seinen Sitz bei der gesetzgebenden Körperschaft; er hat Zutritt und einen besonderen Platz am Sitzungsort.

Art. 76. Er wird jedesmal angehört, wenn er Rechenschaft zu geben hat.

Art. 77. Die gesetzgebende Körperschaft beruft ihn ganz oder zum Teil in ihre Mitte, wenn sie es für zweckmäßig hält.

[...]

Von den Streitkräften der Republik

Art. 107. Die allgemeine Streitmacht der Republik besteht aus dem ganzen Volke.

Art. 108. Die Republik unterhält selbst in Friedenszeiten eine besoldete Land- und Seestreitmacht.

Art. 109. Alle Franzosen sind Soldaten. Alle werden im Gebrauch der Waffen geübt.

Art. 110. Es gibt keinen Generalissimus.

Art. 111. Der Unterschied der Dienstgrade, ihre unterscheidenden militärischen Abzeichen und die Unterordnung besteht nur im Dienste und während seiner Dauer.

[...]

5. Die Direktorialverfassung des Jahres III (1795)[6]

[...]

TITRE III. Assemblées primaires

ART. 17. – Les Assemblées primaires se composent des citoyens domiciliés dans le même canton. – Le domicile requis pour voter dans ces Assemblées, s'acquiert par la seule résidence pendant une année, et il ne se perd que par un an d'absence.

[...]

ART. 26. – Les Assemblées primaires se réunissent: 1° Pour accepter ou rejeter les changements à l'acte constitutionnel, proposés par les Assemblées de révision; 2° Pour faire les élections qui leur appartiennent suivant l'acte constitutionnel.

ART. 27. – Elles s'assemblent de plein droit le premier germinal de chaque année, et procèdent, selon qu'il y a lieu, à la nomination: 1° Des membres de l'Assemblée électorale; 2° Du juge de paix et de ses assesseurs; 3° Du président de l'administration du canton, ou des officiers municipaux dans les communes au-dessus de cinq mille habitants.

[...]

ART. 31. – Toutes les élections se font au scrutin secret.

[...]

TITRE IV. Assemblées électorales

ART. 33. – Chaque Assemblée primaire nomme un électeur à raison de deux cents citoyens, présents ou absents, ayant droit de voter dans ladite Assemblée. Jusqu'au nombre de trois cents citoyens inclusivement, il n'est nommé qu'un électeur. – Il en est nommé deux depuis trois cent un jusqu'à cinq cents; – Trois depuis cinq cent un jusqu'à sept cents; – Quatre depuis sept cent un jusqu'à neuf cents.

ART. 34. – Les membres des Assemblées électorales sont nommés chaque année, et ne peuvent être réélus qu'après un intervalle de deux ans.

ART. 35. – Nul ne pourra être nommé électeur, s'il n'a vingt-cinq ans accomplis, et s'il ne réunit aux qualités nécessaires pour exercer les droits de citoyen français, l'une des conditions suivantes, savoir: – Dans les communes au-dessus de six mille habitants, celle d'être propriétaire ou usufruitier d'un bien évalué à un revenu égal à la valeur locale de deux cents journées de travail, ou d'être locataire, soit d'une habitation évaluée à un revenu égal à la valeur de cent cinquante journées de travail, soit d'un bien rural évalué à deux cents journées de travail; Dans les communes au-dessous de six mille habitants, celle d'être propriétaire ou usufruitier d'un bien évalué à un revenu égal à la valeur locale de cent cinquante journées de travail, ou d'être locataire, soit d'une habitation évaluée à un revenu

---

6 Aus: Jean-Baptiste Duvergier, Collection complète des lois, décrets, ordonnances, règlements et avis du Conseil d'Etat, Band 8, Paris 1825, S. 277–301.

Die Direktorialverfassung des Jahres III (1795) [deutsch][7]

[...]

DRITTER TITEL. Urversammlungen

ART.17. Die Urversammlungen bestehen aus den in einem Kanton wohnhaften Bürgern.

Die zum Stimmen in diesen Versammlungen erforderliche Wohnhaftigkeit wird durch den bloßen Aufenthalt während eines Jahres erworben, und nur durch ein Jahr Abwesenheit verloren.

[...]

26. Die Urversammlungen treten zusammen:

1. um die durch die Revisionsversammlungen vorgeschlagenen Veränderungen in der Verfassungsurkunde anzunehmen oder zu verwerfen;

2. um die Wahlen vorzunehmen, die nach der Verfassung ihnen zugehören.

27. Sie versammeln sich von Rechts wegen den 1. Germinal jedes Jahres und schreiten, je nachdem der Fall dazu eintritt, zur Ernennung

1. der Glieder der Wahlversammlung,

2. des Friedensrichters und seiner Beisitzer,

3. des Präsidenten der Municipalverwaltung des Kantons, oder der Municipalbeamten in den Gemeinden über 5000 Einwohner.

[...]

31. Alle Wahlen geschehen durch geheime Stimmenabgabe.

[...]

VIERTER TITEL. Wahlversammlungen

33. Jede Urversammlung ernennt, je auf 200, gegenwärtige oder abwesende Bürger, die in solcher Versammlung das Stimmrecht haben, einen Wähler.

Bis auf 300 Bürger einschließlich wird nur ein Wähler ernannt; von 301 bis auf 500 werden zwei ernannt; drei von 501 bis auf 700; vier von 701 bis auf 900.

34. Die Glieder der Wahlversammlungen werden alljährlich ernannt und können nicht wieder erwählt werden, als nach einer Zwischenzeit von zwei Jahren.

35. Niemand kann zum Wähler ernannt werden, wenn er nicht volle 25 Jahre alt ist, und wenn er nicht mit den zur Ausübung der Rechte eines französischen Bürgers erforderlichen Eigenschaften eine der folgenden Bedingungen vereinigt, nämlich: in den Gemeinden über 6000 Einwohner – daß er Eigentümer oder Nutznießer eines Gutes, das zu einem Ertrag angeschlagen ist, das an Wert 100 Taglöhnen gleichkommt, oder eines Feldstückes sei, das 100 Taglöhnen gleichkommt; in den Gemeinden unter 6000 Einwohnern – daß er Eigentümer oder Nutznießer eines Gutes sei, welches zu einem Ertrage angeschlagen ist, der so viel

---

[7] Aus: Walter Grab, Die Französische Revolution. Eine Dokumentation, München 1973, S. 237–278.

égal à la valeur de cent journées de travail, soit d'un bien rural évalué à cent jour-nées de travail; – Et dans les campagnes, celle d'être propriétaire ou usufruitier d'un bien évalué à un revenu égal à la valeur locale de cent cinquante journées de travail, ou d'être fermier ou métayer de biens évalués à la valeur de deux cents journées de travail. – A l'égard de ceux qui seront en même temps propriétaires ou usufruitiers d'une part, et locataires, fermiers ou métayers de l'autre, leurs fa-cultés à ces divers titres seront cumulées jusqu'au taux nécessaire pour établir leur éligibilité.

[…]

ART. 41. – Les Assemblées électorales élisent, selon qu'il y a lieu: 1° Les mem-bres du Corps législatif, savoir: les membres du Conseil des Anciens, ensuite les membres du Conseil des Cinq-Cents; 2° Les membres du Tribunal de cassation; 3° Les hauts-jurés; 4° Les administrateurs de département; 5° Les président, accusa-teur public et greffier du tribunal criminel; 6° Les juges des tribunaux civils. […]

TITRE V. Pouvoir législatif
Dispositions générales
ART. 44. – Le Corps législatif est composé d'un Conseil des Anciens et d'un Conseil des Cinq-Cents.

[…]

ART. 46. – Il ne peut exercer par lui-même, ni par des délégués, le Pouvoir exécutif, ni le Pouvoir judiciaire.

ART. 47. – Il y a incompatibilité entre la qualité de membre du Corps législatif et l'exercice d'une autre fonction publique, excepté celle d'archiviste de la Répu-blique.

[…]

ART. 53. – L'un et l'autre Conseil est renouvelé tous les ans par tiers.

ART. 54. – Les membres sortant après trois années peuvent être immédiate-ment réélus pour les trois années suivantes, après quoi il faudra un intervalle de deux ans pour qu'ils puissent être élus de nouveau.

[…]

ART. 60. – En aucun cas, les deux Conseils ne peuvent se réunir dans une mê-me salle.

[…]

ART. 66. – Sur la demande de cent de ses membres, chaque Conseil peut se former en comité général et secret, mais seulement pour discuter, et non pour dé-libérer.

[…]

Conseil des Cinq-Cents
ART. 73. – Le Conseil des Cinq-Cents est invariablement fixé à ce nombre.

ART. 74. – Pour être élu membre du Conseil des Cinq-Cents, il faut être âgé de trente ans accomplis, et avoir été domicilié sur le territoire de la République pen-

ausmacht, als der Lokalwert von 150 Tagen Arbeitslohn, oder Pächter einer Wohnung, die auf ein Einkommen angeschlagen ist, das an Wert 100 Taglöhnen gleichkommt, oder eines Feldstückes, das 100 Taglöhnen gleichkommt;

und auf dem Lande – daß er Eigentümer oder Nutznießer eines Gutes sei, das zu einem Ertrag angeschlagen ist, der dem Lokalwerte von 150 Tagen Arbeitslohn gleichkommt, oder Pächter oder Meier von Gütern sei, die auf ein Einkommen angeschlagen sind, das an Wert 200 Taglöhnen gleichkommt. – Was diejenigen betrifft, die zugleich einesteils Eigentümer oder Nutznießer und andernteils Mietsmänner, Pächter oder Meier sind, so werden ihre Güter unter diesen verschiedenen Eigenschaften bis auf den Betrag zusammengeschlagen, der erfordert wird, ihre Wählbarkeit zu begründen.

[...]

41. Die Wahlversammlungen wählen, je nachdem der Fall eintritt:

1. die Glieder des gesetzgebenden Körpers, nämlich: die Glieder des Rats der Alten, sodann die Glieder des Rats der Fünfhundert;

2. die Glieder des Kassationsgerichts;

3. die Hochgeschworenen;

4. die Departementsverwalter;

5. die Präsidenten, öffentlichen Ankläger und Schreiber des peinlichen Gerichts;

6. die Richter der bürgerlichen Gerichte.

[...]

FÜNFTER TITEL. Gesetzgebende Gewalt

Allgemeine Verordnungen

44. Der gesetzgebende Körper ist aus einem *Rat der Alten* und einem *Rat der Fünfhundert* zusammengesetzt.

[...]

46. Er kann weder durch sich selbst noch durch Abgeordnete die vollziehende Gewalt noch die richterliche Gewalt ausüben.

47. Die Eigenschaft eines Mitglieds des gesetzgebenden Körpers ist mit der Ausübung eines anderen öffentlichen Amtes, außer dem eines Archivars der Republik, unverträglich.

[...]

53. Beide Räte werden alljährlich zu einem Drittel erneuert.

54. Die nach drei Jahren abgehenden Mitglieder können unmittelbar wieder für die 3 folgenden Jahre erwählt werden, worauf eine Zwischenzeit von 2 Jahren nötig ist, auf daß sie aufs neue gewählt werden können.

[...]

60. In keinem Falle können beide Räte in dem nämlichen Saale sich versammeln.

[...]

66. Auf das Begehren von hundert seiner Mitglieder kann jeder Rat sich zu ei-

dant les dix années qui auront immédiatement précédé l'élection. – La condition de l'âge de trente ans ne sera point exigible avant l'an septième de la République; jusqu'à cette époque, l'âge de vingt-cinq ans accomplis sera suffisant.

[...]

ART. 76. – La proposition des lois appartient exclusivement au Conseil des Cinq-Cents.

[...]

ART. 79. – Les propositions adoptées par le Conseil des Cinq-Cents s'appellent résolutions.

[...]

Conseil des Anciens

ART. 82. – Le Conseil des Anciens est composé de deux cent cinquante membres.

ART. 83. – Nul ne peut être élu membre du Conseil des Anciens: S'il n'est âgé de quarante ans accomplis; Si, de plus, il n'est pas marié ou veuf; – Et s'il n'a pas été domicilié sur le territoire de la République pendant les quinze années qui auront immédiatement précédé l'élection.

[...]

ART. 86. – Il appartient exclusivement au Conseil des Anciens d'approuver ou de rejeter les résolutions du Conseil des Cinq-Cents.

[...]

ART. 92. – Les résolutions du Conseil des Cinq-Cents, adoptées par le Conseil des Anciens, s'appellent lois.

[...]

ART. 101. – Le Conseil des Anciens envoie dans le jour les lois qu'il a adoptées, tant au Conseil des Cinq-Cents qu'au Directoire exécutif.

ART. 102. – Le Conseil des Anciens peut changer la résidence du Corps législatif; il indique, en ce cas, un nouveau lieu et l'époque à laquelle les deux Conseils sont tenus de s'y rendre. – Le décret du Conseil des Anciens sur cet objet est irrévocable.

ART. 103. – Le jour même de ce décret, ni l'un ni l'autre des Conseils ne peuvent plus délibérer dans la commune où ils ont résidé jusqu'alors. – Les membres qui y continueraient leurs fonctions, se rendraient coupables d'attentat contre la sûreté de la République.

[...]

ART. 109. – Excepté dans le cas de l'article 102, aucune proposition de loi ne peut prendre naissance dans le Conseil des Anciens

[...]

TITRE VI. Pouvoir exécutif

ART. 132. – Le Pouvoir exécutif est délégué à un Directoire de cinq membres, nommé par le Corps législatif, faisant alors les fonctions d'Assemblée électorale, au nom de la Nation.

nem allgemeinen und geheimen Ausschuß bilden, aber bloß, um zu überlegen, und nicht, um zu verhandeln. [...]

Rat der Fünfhundert

73. Der Rat der Fünfhundert ist unveränderlich auf diese Zahl festgesetzt.

74. Um als Mitglied der Rats der Fünfhundert gewählt zu werden, muß man volle 30 Jahre alt sein und das Gebiet der Republik während 10 Jahren unmittelbar vor der Wahl bewohnt haben.

Die Bedingung des Alters von 30 Jahren wird nicht vor dem siebenten Jahre der Republik erfordert; bis zu diesem Zeitpunkte ist das Alter von vollen 25 Jahren hinreichend.

[...]

76. Der Vorschlag der Gesetze gehört ausschließlich dem Rate der Fünfhundert zu.

[...]

79. Die von dem Rate der Fünfhundert angenommenen Vorschläge heißen Beschlüsse (résolutions).

[...]

Rat der Alten

82. Der Rat der Alten besteht aus 250 Mitgliedern.

83. Niemand kann zum Mitgliede des Rats der Alten gewählt werden, wenn er nicht volle 40 Jahre alt, wenn er nicht überdies verheiratet oder Witwer ist, und wenn er nicht das Gebiet der Republik während der unmittelbar vor seiner Erwählung verflossenen 15 Jahre bewohnt hat.

[...]

86. Dem Rate der Alten gehört es ausschließlich zu, die Beschlüsse des Rats der Fünfhundert zu genehmigen oder zu verwerfen.

[...]

92.. Die Beschlüsse des Rats der Fünfhundert, durch den Rat der Alten angenommen, heißen Gesetze.

[...]

101. Der Rat der Alten schickt die Gesetze, die er angenommen hat, noch am nämlichen Tage sowohl an den Rat der Fünfhundert als an das Vollziehungsdirektorium.

102. Der Rat der Alten kann den Aufenthaltsort des gesetzgebenden Körpers ändern; er bestimmt in diesem Falle einen neuen Ort und den Zeitpunkt, auf welchen die beiden Räte sich dahin zu begeben haben.

Das Dekret des Rats der Alten über diesen Gegenstand ist unwiderruflich.

103. Noch am nämlichen Tage dieses Dekrets kann keiner der Räte mehr in dem Orte, wo sie bisher ihren Sitz hatten, verhandeln.

Die Mitglieder, welche ihre Geschäfte darin fortsetzten, würden sich eines Eingriffs in die Sicherheit der Republik schuldig machen.

ART. 133. – Le Conseil des Cinq-Cents forme, au scrutin secret, une liste décuple du nombre des membres du Directoire qui sont à nommer, et la présente au Conseil des Anciens, qui choisit aussi au scrutin secret, dans cette liste.

ART. 134. – Les membres du Directoire doivent être âgés de quarante ans au moins.

ART. 135. – Ils ne peuvent être pris que parmi les citoyens qui ont été membres du Corps législatif, ou ministres. – La disposition du présent article ne sera observée qu'à commencer de l'an neuvième de la République.

ART. 136. – A compter du premier jour de l'an V de la République, les membres du Corps législatif ne pourront être élus membres du Directoire ni ministres, soit pendant la durée de leurs fonctions législatives, soit pendant la première année après l'expiration de ces mêmes fonctions.

ART. 137. – Le Directoire est partiellement renouvelé par l'élection d'un nouveau membre, chaque année. – Le sort décidera, pendant les quatre premières années, de la sortie successive de ceux qui auront été nommés la première fois.

ART. 138. – Aucun des membres sortants ne peut être réélu qu'après un intervalle de cinq ans.

ART. 139. – L'ascendant et le descendant en ligne directe, les frères, l'oncle et le neveu, les cousins au premier degré, et les alliés à ces divers degrés, ne peuvent être en même temps membres du Directoire, ni s'y succéder, qu'après un intervalle de cinq ans.

[...]

ART. 141. – Chaque membre du Directoire le préside à son tour durant trois mois seulement.

– Le président a la signature et la garde du sceau.

– Les lois et les actes du Corps législatif sont adressés au Directoire, en la personne de son président.

[...]

ART. 144. – Le Directoire pourvoit, d'après les lois, à la sûreté extérieure ou intérieure de la République. Il peut faire des proclamations conformes aux lois et pour leur exécution. – Il dispose de la force armée, sans qu'en aucun cas, le Directoire collectivement, ni aucun de ses membres, puisse la commander, ni pendant le temps de ses fonctions, ni pendant les deux années qui suivent immédiatement l'expiration de ces mêmes fonctions.

ART. 145. – Si le Directoire est informé qu'il se trame quelque conspiration contre la sûreté extérieure ou intérieure de l'Etat, il peut décerner des mandats d'amener et des mandats d'arrêt contre ceux qui en sont présumés les auteurs ou les complices; il peut les interroger; mais il est obligé, sous les peines portées contre le crime de détention arbitraire, de les renvoyer par-devant l'officier de police, dans le délai de deux jours, pour procéder suivant les lois.

ART. 146. – Le Directoire nomme les généraux en chef; il ne peut les choisir parmi les parents ou alliés de ses membres, dans les degrés exprimés par l'article 139.

[...]

109. Ausgenommen in den Fällen des 102. Artikels kann kein Gesetzvorschlag seine Entstehung im Rate der Alten erhalten.

[...]

SECHSTER TITEL. Vollziehende Gewalt

132. Die vollziehende Gewalt ist einem Direktorium von fünf Gliedern übertragen, welche durch den gesetzgebenden Körper ernannt werden, der alsdann, im Namen der Nation, die Stelle einer Wahlversammlung vertritt.

133. Der Rat der Fünfhundert bildet durch geheimes Stimmensammeln eine Liste von zehnmal soviel Individuen, als Mitglieder des Direktoriums zu ernennen sind, und legt sie dem Rate der Alten vor, der gleichfalls durch geheimes Stimmensammeln nach dieser Liste auswählt.

134. Die Mitglieder des Direktoriums müssen wenigstens 40 Jahre alt sein.

135. Sie können nur aus den Bürgern genommen werden, welche Mitglieder des gesetzgebenden Körpers oder Minister waren. Die Verordnung des gegenwärtigen Artikels wird erst vom 9. Jahre der Republik an beobachtet.

136. Vom ersten Tage des 5. Jahres der Republik an können die Glieder des gesetzgebenden Körpers weder während der Dauer ihres Berufs als Gesetzgeber, noch während des 1. Jahres nach Endigung dieses Berufs, zu Mitgliedern des Direktoriums oder Ministern ernannt werden.

137. Das Direktorium wird teilweise erneuert, durch die Wahl eines neuen Mitgliedes, jedes Jahr. Während der 4 ersten Jahre entscheidet das Los über den nach und nach folgenden Abtritt derer, die zum erstenmal ernannt waren.

138. Keines der austretenden Glieder kann eher, als nach einer Zwischenzeit von 5 Jahren, wieder gewählt werden.

139. Blutsverwandten in auf- und absteigender gerader Linie, Brüder, Oheim und Neffe, Vettern im ersten Grade, und Verschwägerte in diesen verschiedenen Graden, können nicht zu gleicher Zeit Mitglieder des Direktoriums sein, noch darin aufeinanderfolgen, außer nach einer Zwischenzeit von 5 Jahren.

[...]

141. Jedes Mitglied des Direktoriums präsidiert demselben, seiner Reihe nach, nur drei Monate hindurch. Der Präsident hat die Unterschrift und die Bewahrung des Siegels. Die Gesetze und die Akten des gesetzgebenden Körpers werden an das Direktorium, in der Person seines Präsidenten, gerichtet.

[...]

144. Das Direktorium sorgt, nach den Gesetzen, für die äußere und innere Sicherheit der Republik. Es kann Proklamationen, gemäß den Gesetzen und zu deren Vollzuge ergehen lassen.

Es verfügt über die bewaffnete Macht, ohne daß in irgendeinem Falle das gesamte Direktorium oder eines seiner Mitglieder, weder während der Zeit seines Amtes, noch in den 2 unmittelbar darauf folgenden Jahren, sie kommandieren könnte.

ART. 147. – Il surveille et assure l'exécution des lois dans les administrations et tribunaux, par des commissaires à sa nomination.

ART. 148. – Il nomme hors de son sein les ministres, et les révoque lorsqu'il le juge convenable. Il ne peut les choisir au-dessous de l'âge de trente ans, ni parmi les parents ou alliés de ses membres, aux degrés énoncés dans l'article 139.

ART. 149. – Les ministres correspondent immédiatement avec les autorités qui leur sont subordonnées.

ART. 150. – Le Corps législatif détermine les attributions et le nombre des ministres. – Ce nombre est de six au moins et de huit au plus.

ART. 151. – Les ministres ne forment point un Conseil.

ART. 152. – Les ministres sont respectivement responsables, tant de l'inexécution des lois, que de l'inexécution des arrêtés du Directoire.

ART. 153. – Le Directoire nomme le receveur des impositions directes de chaque département.

ART. 154. – Il nomme les préposés en chef aux régies des contributions indirectes et à l'administration des domaines nationaux.

ART. 155. – Tous les fonctionnaires publics dans les colonies françaises, excepté les départements des îles de France et de la Réunion, seront nommés par le Directoire jusqu'à la paix.

ART. 156. – Le Corps législatif peut autoriser le Directoire à envoyer dans toutes les colonies françaises, suivant l'exigence des cas, un ou plusieurs agents particuliers nommés par lui pour un temps limité. – Les agents particuliers exerceront les mêmes fonctions que le Directoire, et lui seront subordonnés.

ART. 157. – Aucun membre du Directoire ne peut sortir du territoire de la République, que deux ans après la cessation de ses fonctions.

ART. 158. – Il est tenu, pendant cet intervalle, de justifier au Corps législatif de sa résidence. – L'article 112 et les suivants, jusqu'à l'article 123 inclusivement, relatifs à la garantie du Corps législatif, sont communs aux membres du Directoire.

ART. 159. – Dans le cas où plus de deux membres du Directoire seraient mis en jugement, le Corps législatif pourvoira dans les formes ordinaires, à leur remplacement provisoire durant le jugement.

[…]

ART. 162. – Le Directoire est tenu, chaque année, de présenter, par écrit, à l'un et à l'autre Conseil, l'aperçu des dépenses, la situation des finances, l'état des pensions existantes, ainsi que le projet de celles qu'il croit convenable d'établir. – Il doit indiquer les abus qui sont à sa connaissance.

ART. 163. – Le Directoire peut, en tout temps, inviter, par écrit, le Conseil des Cinq-Cents à prendre un objet en considération; il peut lui proposer des mesures, mais non des projets rédigés en forme de loi.

ART. 164. – Aucun membre du Directoire ne peut s'absenter plus de cinq jours, ni s'éloigner au-delà de quatre myriamètres (huit lieues moyennes), du lieu de la résidence du Directoire, sans l'autorisation du Corps législatif.

[…]

145. Wenn das Direktorium benachrichtigt ist, daß eine Verschwörung gegen die äußere oder innere Sicherheit des Staates im Werke ist, so kann es Vorführungs- und Verhaftsbefehle gegen die, welche als Urheber oder Teilhaber derselben verdächtig sind, ergehen lassen; es kann sie verhören, aber es ist, unter den auf das Verbrechen willkürlicher Verhaftung gesetzten Strafen verpflichtet, sie innerhalb 2 Tagen vor den Polizeibeamten zu schicken, um den Gesetzen gemäß zu verfahren.

146. Das Direktorium ernennt die Generäle en Chef der Heere, doch darf es sie nicht unter den Blutsfreunden oder Verschwägerten seiner Mitglieder, in den durch den Art. 139 ausgedrückten Graden, erwählen.

147. Es beobachtet und sichert die Vollziehung der Gesetze bei den Verwaltungen und Gerichten durch Kommissare von seiner Ernennung.

148. Es ernennt, außer seiner Mitte, die Minister, und ersetzt sie, wenn es solches für gut findet.

Es kann sie nicht unter dem Alter von 30 Jahren, noch unter den Blutsfreunden oder Verschwägerten seiner Mitglieder, in den im Art. 139 ausgedrückten Graden, wählen.

149. Die Minister korrespondieren unmittelbar mit den Gewalten, die ihnen untergeordnet sind.

150. Der gesetzgebende Körper bestimmt die Verrichtungen und die Zahl der Minister.

Diese Zahl ist 6 wenigstens, und 8 höchstens.

151. Die Minister bilden keinen Rat.

152. Die Minister sind, jeder, für sich, sowohl wegen Nichtvollziehung der Gesetze, als wegen Nichtvollziehung der Verfügungen des Direktoriums, verantwortlich.

153. Das Direktorium ernennt den Einnehmer der direkten Auflagen in jedem Departement.

154. Es ernennt die Obervorsteher bei den nicht direkten Steuerverwaltungen, und bei der Verwaltung der Nationaldomänen.

155. Alle öffentliche Beamte in den französischen Kolonien, ausgenommen die Departemente Isle de France und de la Reunion, werden, bis zum Frieden, durch das Direktorium ernannt.

156. Der gesetzgebende Körper kann das Direktorium bevollmächtigen, in allen französischen Kolonien, nach Erfordernis der Umstände, einen oder mehrere besondere Agenten, die es auf eine genau bestimmte Zeit ernennt, zu schicken.

Die besondern Agenten üben die nämlichen Verrichtungen aus, wie das Direktorium, und sind demselben untergeordnet.

157. Kein Mitglied des Direktoriums kann sich eher außerhalb des Gebiets der Republik begeben, als nach 2 Jahren nach dem Ende seiner Amtsverrichtungen.

158. Es ist während dieser Zwischenzeit gehalten, dem gesetzgebenden Körper Beweise seines Aufenthalts vorzulegen.

Der Art. 112 und die folgenden, bis zum Art. 123 einschließlich, welche die Si-

ART. 171. – Le Directoire réside dans la même commune que le Corps législatif.

[…]

TITRE VIII. Pouvoir judiciaire

[…]

Haute Cour de justice

ART. 265. Il y a une Haute Cour de justice pour juger les accusations admises par le Corps législatif, soit contre ses propres membres, soit contre ceux du Directoire exécutif.

ART. 266. – La Haute Cour de justice est composée de cinq juges et de deux accusateurs nationaux tirés du Tribunal de cassation, et de hauts jurés nommés par les assemblées électorales des départements.

ART. 267. – La Haute Cour de justice ne se forme qu'en vertu d'une proclamation du Corps législatif, rédigée et publiée par le Conseil des Cinq-Cents.

[…]

cherstellung des gesetzgebenden Körpers betreffen, gehen auch auf die Mitglieder des Direktoriums.

159. In dem Falle, daß mehr als 2 Mitgliedern des Direktoriums der Prozeß gemacht wird, wird der gesetzgebende Körper, in den gewöhnlichen Formen, die einstweilige Wiederbesetzung ihrer Stellen während des Prozesses vornehmen.

[...]

162. Das Direktorium ist gehalten, alle Jahre schriftlich bei den Räten die Übersicht der Ausgaben, den Zustand der Finanzen, das Verzeichnis der wirklichen Pensionen, sowie den Entwurf jener, die es noch zu schöpfen für dienlich erachtet, vorzulegen.

Es hat die Mißbräuche anzuzeigen, die zu seiner Kenntnis gelangt sind.

163. Das Direktorium kann zu allen Zeiten den Rat der Fünfhundert schriftlich ersuchen, einen Gegenstand in Überlegung zu ziehen; es kann ihm Maßregeln vorschlagen, aber keine in Form von Gesetzen verfaßte Entwürfe vorlegen.

164. Kein Mitglied des Direktoriums kann über 5 Tage abwesend sein, noch sich über 4 Myriameter (8 mittlere Meilen) von dem Aufenthaltsorte des Direktoriums entfernen, ohne daß es von dem gesetzgebenden Körper dazu berechtigt wäre.

[...]

171. Das Direktorium hat seinen Sitz in der nämlichen Gemeinde, wie der gesetzgebende Körper.

[...]

ACHTER TITEL. Gerichtliche Gewalt

[...]

Hoher Justizhof

265. Es besteht ein hoher Justizhof, um über die durch den gesetzgebenden Körper angenommenen Anklagen, sowohl gegen seine eigenen Mitglieder, als gegen die des Vollziehungsdirektoriums zu erkennen.

266. Der hohe Justizhof besteht aus 5 Richtern und 2 Nationalanklägern, welche aus dem Kassationsgerichte genommen werden, und aus Hochgeschworenen, welche die Wahlversammlungen der Departemente ernennen.

267. Der hohe Justizhof wird nur kraft eines Aufrufs des gesetzgebenden Körpers, den der Rat der Fünfhundert verfaßt und bekannt macht, errichtet.

[...]

6. Die Konsulatsverfassung des Jahres VIII (1799)[8]

[...]
    TITRE II. Du Sénat conservateur
    ART. 15. – Le Sénat conservateur est composé de quatre-vingts membres, inamovibles et à vie, âgés de quarante ans au moins. – Pour la formation du Sénat, il sera d'abord nommé soixante membres: ce nombre sera porté à soixante-deux dans le cours de l'an VIII[9], à soixante-quatre en l'an IX[10], et s'élèvera ainsi graduellement à quatre-vingts par l'addition de deux membres en chacune des dix premières années.
    ART. 16. – La nomination à une place de sénateur se fait par le Sénat, qui choisit entre trois candidats présentés, le premier par le Corps législatif; le second, par le Tribunat; et le troisième par le Premier consul. – Il ne choisit qu'entre deux candidats, si l'un d'eux est proposé par deux des trois autorités présentantes: il est tenu d'admettre celui qui serait proposé à la fois par les trois autorités.
    ART. 17. – Le Premier consul sortant de place, soit par l'expiration de ses fonctions, soit par démission, devient sénateur de plein droit et nécessairement. – Les deux autres consuls, durant le mois qui suit l'expiration de leurs fonctions, peuvent prendre place dans le Sénat, et ne sont pas obligés d'user de ce droit. – Ils ne l'ont point quand ils quittent leurs fonctions consulaires par démission.
    ART. 18. – Un sénateur est à jamais inéligible à toute autre fonction publique.
    ART. 19. – Toutes les listes faites dans les départements en vertu de l'article 9, sont adressées au Sénat: elles composent la liste nationale.
    ART. 20. – Il élit dans cette liste les législateurs, les tribuns, les consuls, les juges de cassation, et les commissaires à la comptabilité.
    ART. 21. – Il maintient ou annule tous les actes qui lui sont déférés comme inconstitutionnels par le Tribunat ou par le gouvernement: les listes d'éligibles sont comprises parmi ces actes.
    [...]

    TITRE III. Du pouvoir législatif
    ART. 25. – Il ne sera promulgué de lois nouvelles que lorsque le projet en aura été proposé par le gouvernement, communiqué au Tribunat et décrété par le Corps législatif.
    [...]
    ART. 27. – Le Tribunat est composé de cent membres âgés de vingt-cinq ans au moins; ils sont renouvelés par cinquième tous les ans, et indéfiniment rééligibles tant qu'ils demeurent sur la liste nationale.

---

[8] Aus: Michael Erbe (Hrsg.), Vom Konsulat zum Empire libéral. Ausgewählte Texte zur französischen Verfassungsgeschichte 1799–1870, Darmstadt 1985, S. 14–39.
[9] 1799/1800.
[10] 1800/1801.

Die Konsulatsverfassung des Jahres VIII (1799) [deutsch]

[...]
ZWEITER TITEL. Vom Verfassungserhaltenden Senat

ART. 15. Der Verfassungserhaltende Senat besteht aus achtzig Mitgliedern, die unabsetzbar sind und auf Lebenszeit ernannt werden; sie müssen mindestens vierzig Jahre alt sein. – Zur Bildung des Senats werden zuerst sechzig Mitglieder ernannt; ihre Zahl wird während des Jahres VIII auf zweiundsechzig, während des Jahres IX auf vierundsechzig erhöht, und so wächst sie stufenweise jeweils um zwei während der zehn ersten Jahre, bis sie achtzig erreicht hat.

16. Die Erhebung auf die Stelle eines Senators erfolgt durch den Senat, der unter drei Wählbaren wählt, von denen der erste von der Gesetzgebenden Körperschaft, der zweite vom Tribunat, der dritte vom Ersten Konsul vorgeschlagen wird. – Er wählt nur unter zwei Vorgeschlagenen, wenn einer von zweien der drei vorgeschlagenen Gewalten benannt wird. Er ist gehalten, denjenigen, der von allen drei Gewalten zugleich vorgeschlagen wird, anzunehmen.

17. Wenn der Erste Konsul seine Stelle aufgibt, sei es, weil seine Amtszeit vorbei ist, sei es, weil er zurücktritt, wird er mit vollem Recht und automatisch Senator. – Die beiden andern Konsuln können im ersten Monat nach Ablauf ihrer Amtszeit Senatoren werden, jedoch sind sie nicht verpflichtet, dieses Recht wahrzunehmen. Sie haben keinen Anspruch darauf, wenn sie von ihrem konsularischen Amt freiwillig abtreten.

18. Ein Senator darf niemals in andere öffentliche Stellen gewählt werden.

19. Sämtliche gem. Art. 9 in den Départements zusammengestellten Listen sind dem Senat zuzuschicken; sie bilden die Nationalliste.

20. Der Senat wählt aus dieser Liste die Mitglieder der Gesetzgebenden Körperschaft, die Tribunen, die Konsuln, Kassationsrichter und die Rechnungskommissare.

21. Er bestätigt oder annulliert sämtliche Akte, die ihm vom Tribunat oder von der Regierung als verfassungswidrig angezeigt werden; dies betrifft auch die Listen der Wählbaren.

[...]

DRITTER TITEL. Von der Gesetzgebenden Gewalt

25. Es sollen neue Gesetze nur dann verkündet werden, wenn der Vorschlag dazu von der Regierung gemacht, dem Tribunat mitgeteilt und von der Gesetzgebenden Körperschaft dekretiert wird.

[...]

27. Das Tribunat besteht aus hundert Mitgliedern, die wenigstens fünfundzwanzig Jahre alt sein müssen. Ein Fünftel wird jedes Jahr neu gewählt; solange jemand auf der Nationalliste steht, ist er unbeschränkt wiederwählbar.

28. Das Tribunat beratschlagt über die Vorschläge zu Gesetzen; es stimmt über deren Annahme oder Verwerfung ab. – Es entsendet aus seiner Mitte drei Sprecher, welche die Beweggründe für die Wünsche des Tribunats hinsichtlich der Ge-

ART. 28. – Le Tribunat discute les projets de loi; il en vote l'adoption ou le rejet. – Il envoie trois orateurs pris dans son sein, par lesquels les motifs du vœu qu'il a exprimé sur chacun de ces projets sont exposés et défendus devant le Corps législatif. – Il défère au Sénat, pour cause d'inconstitutionnalité seulement, les listes d'éligibles, les actes du Corps législatif et ceux du gouvernement.

ART. 29. – Il exprime son vœu sur les lois faites et à faire, sur les abus à corriger, sur les améliorations à entreprendre dans toutes les parties de l'administration publique, mais jamais sur les affaires civiles ou criminelles portées devant les tribunaux. – Les vœux qu'il manifeste en vertu du présent article, n'ont aucune suite nécessaire, et n'obligent aucune autorité constituée à une délibération.

ART. 30. – Quand le Tribunat s'ajourne, il peut nommer une commission de dix à quinze de ses membres, chargée de le convoquer si elle le juge convenable.

ART. 31. – Le Corps législatif est composé de trois cents membres, âgés de trente ans au moins; ils sont renouvelés par cinquième tous les ans. – Il doit toujours s'y trouver un citoyen au moins de chaque département de la République.

[…]

ART. 34. – Le Corps législatif fait la loi en statuant par scrutin secret, et sans aucune discussion de la part de ses membres, sur les projets de loi débattus devant lui par les orateurs du Tribunat et du gouvernement.

[…]

TITRE IV. Du gouvernement

ART. 39. – Le gouvernement est confié à trois consuls nommés pour dix ans, et indéfiniment rééligibles. – Chacun d'eux est élu individuellement, avec la qualité distincte ou de premier, ou de second, ou de troisième consul. – La Constitution nomme Premier consul le citoyen Bonaparte, ex-consul provisoire; second consul, le citoyen Cambacérès, ex-ministre de la Justice; et troisième consul, le citoyen Lebrun, ex-membre de la commission du Conseil des Anciens. – Pour cette fois, le troisième consul n'est nommé que pour cinq ans.

ART. 40. – Le Premier consul a des fonctions et des attributions particulières, dans lesquelles il est momentanément suppléé, quand il y a lieu, par un de ses collègues.

ART. 41. – Le Premier consul promulgue les lois; il nomme et révoque à volonté les membres du Conseil d'Etat, les ministres, les ambassadeurs et autres agents extérieurs en chef, les officiers de l'armée de terre et de mer, les membres des administrations locales et les commissaires du gouvernement près les tribunaux. Il nomme tous les juges criminels et civils autres que les juges de paix et les juges de cassation, sans pouvoir les révoquer.

ART. 42. – Dans les autres actes du gouvernement, le second et le troisième consuls ont voix consultative: ils signent le registre de ces actes pour constater leur présence; et s'ils le veulent, ils y consignent leurs opinions; après quoi, la décision du Premier consul suffit.

[…]

setzesvorschläge der Gesetzgebenden Körperschaft auseinandersetzen und sie vor ihr verteidigen. – Zur Überprüfung von Verfassungswidrigkeiten bringt es dem Senat die Listen der Wählbaren, die Verhandlungen der Gesetzgebenden Körperschaft und die Handlungen der Regierung zur Kenntnis.

29. Es legt seine Wünsche hinsichtlich erlassener oder noch zu erlassender Gesetze, abzustellender Mißbräuche, Verbesserungen in allen Bereichen der Staatsverwaltung dar. Dies erstreckt sich nicht auf Zivil- und Kriminalfälle, die bei den Gerichtshöfen anhängig sind. – Seine aufgrund dieses Artikels unterbreiteten Wünsche haben keine notwendige Folge und verpflichten keine öffentliche Gewalt zur Beratschlagung.

30. Wenn das Tribunat sich vertagt, kann es einen Ausschuß von zehn oder fünfzehn seiner Mitglieder benennen, der den Auftrag hat, es nötigenfalls zusammenzurufen.

31. Die Gesetzgebende Körperschaft besteht aus 300 Mitgliedern, die wenigstens dreißig Jahre alt sein müssen. Ein Fünftel von ihnen wird jedes Jahr erneuert. – Es muß ihm stets wenigstens ein Bürger aus jedem Département der Republik angehören.

[...]

34. Die Gesetzgebende Körperschaft verabschiedet das Gesetz, indem sie durch geheime Stimmenabgabe ohne die geringste eigene Verhandlung ihrer Mitglieder über die Gesetzesvorschläge entscheidet, welche von den Sprechern des Tribunats und der Regierung vor ihr erörtert werden.

[...]

VIERTER TITEL. Von der Regierung

39. Die Regierung wird drei Konsuln, die auf zehn Jahre ernannt werden und unbeschränkt wiederwählbar sind, anvertraut. – Jeder von ihnen wird einzeln als Erster, Zweiter oder Dritter Konsul gewählt. – Die Verfassung ernennt zum Ersten Konsul den Bürger Bonaparte, zuvor provisorischer Konsul; zum Zweiten Konsul den Bürger Cambacérès, vormals Justizminister; und zum Dritten Konsul den Bürger Lebrun, zuvor Mitglied der Kommission des Rats der Alten. – Für dieses Mal wird der Dritte Konsul nur auf fünf Jahre ernannt.

40. Der Erste Konsul hat besondere Amtsverrichtungen und Befugnisse, bei denen er nötigenfalls augenblicklich durch einen seiner Amtsgenossen ersetzt werden kann.

41. Der Erste Konsul verkündet die Gesetze; er ernennt und entläßt nach seinem Gutdünken die Mitglieder des Staatsrats, die Minister, die Botschafter und anderen hohen auswärtigen Beamten, die Offiziere der Land- und Seestreitkräfte, die Mitglieder der Gemeindeverwaltungen und die Regierungskommissare bei den Gerichtshöfen. Er ernennt alle Kriminal- und Zivilrichter, ausgenommen die Friedens- und Kassationsrichter, ohne jedoch sie absetzen zu können.

42. Bei den übrigen Regierungshandlungen haben der Zweite und Dritte Konsul beratende Stimmen; sie unterzeichnen die Protokolle über diese Handlungen, um

ART. 44. – Le gouvernement propose les lois, et fait les règlements nécessaires pour assurer leur exécution.

ART. 45. – Le gouvernement dirige les recettes et les dépenses de l'Etat, conformément à la loi annuelle qui détermine le montant des unes et des autres; il surveille la fabrication des monnaies, dont la loi seule ordonne l'émission, fixe le titre, le poids et le type.

ART. 46. – Si le gouvernement est informé qu'il se trame quelque conspiration contre l'Etat, il peut décerner des mandats d'amener et des mandats d'arrêt contre les personnes qui en sont présumées les auteurs ou les complices; mais si, dans un délai de dix jours après leur arrestation, elles ne sont mises en liberté ou en justice réglée, il y a, de la part du ministre signataire du mandat, crime de détention arbitraire.

ART. 47. – Le gouvernement pourvoit à la sûreté intérieure et à la défense extérieure de l'Etat; il distribue les forces de terre et de mer, et en règle la direction.

ART. 48. – La garde nationale en activité est soumise aux règlements d'administration publique; la garde nationale sédentaire n'est soumise qu'à la loi.

ART. 49. – Le gouvernement entretient des relations politiques au-dehors, conduit les négociations, fait les stipulations préliminaires, signe, fait signer et conclut tous les traités de paix, d'alliance, de trêve, de neutralité, de commerce, et autres conventions.

ART. 50 – Les déclarations de guerre et les traités de paix, d'alliance et de commerce, sont proposés, discutés, décrétés et promulgués comme des lois. – Seulement, les discussions et délibérations sur ces objets, tant dans le Tribunat que dans le Corps législatif, se font en comité secret quand le gouvernement le demande.

ART. 51. – Les articles secrets d'un traité ne peuvent être destructifs des articles patents.

ART. 52. – Sous la direction des consuls, un Conseil d'Etat est chargé de rédiger les projets de lois et les règlements d'administration publique, et de résoudre les difficultés qui s'élèvent en matière administrative.

ART. 53. – C'est parmi les membres du Conseil d'Etat que sont toujours pris les orateurs chargés de porter la parole au nom du gouvernement devant le Corps législatif – Ces orateurs ne sont jamais envoyés au nombre de plus de trois pour la défense d'un même projet de loi.

ART. 54. – Les ministres procurent l'exécution des lois et des règlements d'administration publique.

ART. 55. – Aucun acte du gouvernement ne peut avoir d'effet s'il n'est signé par un ministre.

ART. 56. – L'un des ministres est spécialement chargé de l'administration du Trésor public: il assure les recettes, ordonne les mouvements de fonds et les paiements autorisés par la loi. Il ne peut rien faire payer qu'en vertu: 1° D'une loi, et jusqu'à la concurrence des fonds qu'elle a déterminés pour un genre de dépenses; 2° D'un arrêté du gouvernement; 3° D'un mandat signé par un ministre. [...]

ihre Gegenwart festzustellen, und können, wenn sie wollen, ihre (abweichende) Meinung darin eintragen; die Entscheidung des Ersten Konsuls ist ausschlaggebend. [...]

44. Die Regierung schlägt die Gesetze vor und erläßt die nötigen Verordnungen, um ihre Vollziehung zu sichern.

45. Die Regierung leitet die Einnahmen und Ausgaben des Staats nach der Vorschrift des Gesetzes, das jährlich den entsprechenden Betrag festsetzt; sie wacht über die Prägung der Münzen, die allein nach einem Gesetz, das Nennwert, Gewicht und Stempel bestimmt, in Umlauf gebracht werden können.

46. Wenn die Regierung unterrichtet ist, daß eine Verschwörung gegen den Staat angezettelt wird, kann sie Vorführungs- und Haftbefehle gegen die Personen, die im Verdacht stehen, Urheber oder Mitschuldige zu sein, erlassen. Wenn die Betroffenen aber im Verlauf von zehn Tagen nach ihrer Verhaftung nicht in Freiheit gesetzt oder einem ordentlichen Gericht übergeben sind, so ist der Minister, der den Haftbefehl unterzeichnet hat, des Verbrechens willkürlicher Einkerkerung schuldig.

47. Die Regierung sorgt für die innere Sicherheit und äußere Verteidigung des Staats; sie verteilt die Land- und Seestreitkräfte und bestimmt ihre Leitung.

48. Die diensttuende Nationalgarde ist den Verordnungen der öffentlichen Verwaltung unterworfen, die Nationalgarde außer Dienst nur dem Gesetz.

49. Die Regierung führt die Außenpolitik, leitet Unterhandlungen, schließt Präliminarabkommen, unterzeichnet, läßt unterzeichnen und schließt alle Friedens-, Bündnis-, Waffenstillstands-, Neutralitäts-, Handels- sowie andere Verträge.

50. Kriegserklärungen, Friedensschlüsse, Allianz- und Handelsverträge werden ebenso wie Gesetze vorgeschlagen, verhandelt, verabschiedet und verkündet.

51. Die geheimen Artikel eines Vertrags dürfen den öffentlichen nicht entgegenstehen.

52. Ein Staatsrat beschäftigt sich unter der Leitung der Konsuln mit der Abfassung der Vorschläge zu Gesetzen und Verordnungen der öffentlichen Verwaltung sowie mit der Lösung der Schwierigkeiten, die sich im Bereich der Verwaltung ergeben.

53. Aus den Mitgliedern des Staatsrats werden stets die Sprecher bestimmt, die im Namen der Regierung vor der Gesetzgebenden Körperschaft das Wort führen. – Es werden nie mehr als drei solcher Sprecher zur Verteidigung eines und desselben Gesetzesvorschlags entsandt.

54. Die Minister besorgen den Vollzug der Gesetze und die Leitung der öffentlichen Verwaltung.

55. Ein Akt der Regierung ist nur dann wirksam, wenn er von einem Minister unterzeichnet ist.

56. Ein Minister ist ausschließlich mit der Verwaltung des öffentlichen Schatzes beauftragt: Er sichert die Einnahmen, bestimmt über den Umlauf der Staatspapiere und ordnet die durch Gesetz genehmigten Zahlungen an. Er darf Auszahlungen lediglich zulassen: 1. aufgrund eines Gesetzes und soweit die Summe ausreicht, die es zu dieser Art von Ausgabe bestimmt hat; – 2. aufgrund eines Regierungsbeschlusses; – 3. aufgrund eines von einem Minister unterzeichneten Zahlungsbefehls.   [...]

7. Die Charte constitutionnelle (1814)[11]

[...]

Formes du gouvernement du roi

ART. 13. – La personne du roi est inviolable et sacrée. Ses ministres sont responsables. Au roi seul appartient la puissance exécutive.

ART. 14. – Le roi est le chef suprême de l'Etat, il commande les forces de terre et de mer, déclare la guerre, fait les traités de paix, d'alliance et de commerce, nomme à tous les emplois d'administration publique, et fait les règlements et ordonnances nécessaires pour l'exécution des lois et la sûreté de l'Etat.

ART. 15. – La puissance législative s'exerce collectivement par le roi, la Chambre des pairs, et la Chambre des députés des départements.

ART. 16. – Le roi propose la loi.

ART. 17 – La proposition de la loi est portée, au gré du roi, à la Chambre des pairs ou à celle des députés, excepté la loi de l'impôt, qui doit être adressée d'abord à la Chambre des députés.

ART. 18. – Toute la loi doit être discutée et votée librement par la majorité de chacune des deux chambres.

ART. 19. – Les chambres ont la faculté de supplier le roi de proposer une loi sur quelque objet que ce soit, et d'indiquer ce qu'il leur paraît convenable que la loi contienne.

[...]

ART. 22. – Le roi seul sanctionne et promulgue les lois.

[...]

De la Chambre des pairs

ART. 24. – La Chambre des pairs est une portion essentielle de la puissance législative.

ART. 25. – Elle est convoquée par le roi en même temps que la Chambre des députés des départements. La session de l'une commence et finit en même temps que celle de l'autre.

[...]

ART. 27. – La nomination des pairs de France appartient au roi. Leur nombre est illimité; il peut en varier les dignités, les nommer à vie ou les rendre héréditaires, selon sa volonté.

ART. 28. – Les pairs ont entrée dans la Chambre à vingt-cinq ans, et voix délibérative à trente ans seulement.

ART. 29. – La Chambre des pairs est présidée par le chancelier de France, et, en son absence, par un pair nommé par le roi.

[...]

---

[11] Aus: Erbe (Hrsg.), Vom Konsulat zum Empire libéral, S. 146–165.

Die Charte constitutionnelle (1814) [deutsch]

[...]
Formen der königlichen Regierung

Art. 13. – Die Person des Königs ist unverletzlich und heilig. Seine Minister sind verantwortlich. Beim König allein liegt die exekutive Gewalt.

Art. 14. – Der König ist das Staatsoberhaupt, er befehligt die Streitkräfte zu Lande und zu Wasser, erklärt den Krieg, schließt Friedens-, Bündnis- und Handelsverträge, ernennt (die Amtsträger) für sämtliche Stellen der öffentlichen Verwaltung und erläßt die für die Durchführung der Gesetze sowie für die Staatssicherheit erforderlichen Regelungen und Ordonnanzen.

Art. 15. – Die gesetzgebende Gewalt wird gemeinsam vom König, der Pairskammer und der Départements-Deputiertenkammer ausgeübt.

Art. 16. – Der König schlägt die Gesetze vor.

Art. 17. – Je nach Gutdünken des Königs wird der Gesetzesvorschlag der Pairs- oder der Deputiertenkammer übermittelt, ausgenommen das Steuergesetz, das zuerst der Deputiertenkammer zugeleitet werden muß.

Art. 18. – Jedes Gesetz muß frei erörtert und von der Mehrheit beider Kammern verabschiedet werden.

Art. 19. – Die Kammern haben die Möglichkeit, den König zu bitten, daß er ein Gesetz, gleichgültig über welchen Gegenstand, vorschlage, und anzugeben, welcher Inhalt ihnen als angemessen erscheint.
[...]
Art. 22. – Der König allein genehmigt und verkündet die Gesetze.
[...]

Von der Pairskammer

Art. 24. – Die Pairskammer ist ein wesentlicher Teil der gesetzgebenden Gewalt.

Art. 25. – Sie wird vom König zugleich mit der Départements-Deputiertenkammer einberufen. Beider Sitzungsperiode beginnt zum gleichen Zeitpunkt.
[...]
Art. 27. – Die Ernennung zu Pairs von Frankreich steht dem König zu. Ihre Anzahl ist unbeschränkt; der König kann nach Gutdünken ihre Würden verändern, sie auf Lebenszeit ernennen oder ihnen einen erblichen Sitz zuweisen.

Art. 28. – Die Pairs haben erst vom fünfundzwanzigsten Lebensjahr an Zutritt zur Kammer und erst ab dreißig Jahren Stimmrecht.

Art. 29. – In der Pairskammer führt der Kanzler von Frankreich und bei dessen Abwesenheit ein vom König ernannter Pair den Vorsitz.
[...]

Von der Départements-Deputiertenkammer

Art. 35. – Die Deputiertenkammer soll sich aus von Wahlkollegien gewählten Abgeordneten zusammensetzen, deren Organisation Gesetze festlegen werden.

De la Chambre des députés des départements

ART. 35. – La Chambre des députés sera composée des députés élus par les collèges électoraux dont l'organisation sera déterminée par des lois.

ART. 36. – Chaque département aura le même nombre de députés qu'il a eu jusqu'à présent.

ART. 37. – Les députés seront élus pour cinq ans, et de manière que la Chambre soit renouvelée chaque année par cinquième.

ART. 38. – Aucun député ne peut être admis dans la Chambre, s'il n'est âgé de quarante ans, et s'il ne paie une contribution directe de mille francs.

ART. 39. – Si néanmoins il ne se trouvait pas dans le département cinquante personnes de l'âge indiqué, payant au moins mille francs de contributions directes, leur nombre sera complété par les plus imposés au-dessous de mille francs, et ceux-ci pourront être élus concurremment avec les premiers.

ART. 40. – Les électeurs qui concourent à la nomination des députés, ne peuvent avoir droit de suffrage s'ils ne paient une contribution directe de trois cents francs, et s'ils ont moins de trente ans.

[...]

ART. 43. – Le président de la Chambre des députés est nommé par le roi, sur une liste de cinq membres présentée par la Chambre.

ART. 44. – Les séances de la Chambre sont publiques; mais la demande de cinq membres suffit pour qu'elle se forme en comité secret.

[...]

ART. 47. – La Chambre des députés reçoit toutes les propositions d'impôts; ce n'est qu'après que ces propositions ont été admises, qu'elles peuvent être portées à la Chambre des pairs.

ART. 48. – Aucun impôt ne peut être établi ni perçu, s'il n'a été consenti par les deux Chambres et sanctionné par le roi.

ART. 49. – L'impôt foncier n'est consenti que pour un an. Les impositions indirectes peuvent l'être pour plusieurs années.

ART. 50. – Le roi convoque chaque année les deux Chambres; il les proroge, et peut dissoudre celle des députés des départements; mais, dans ce cas, il doit en convoquer une nouvelle dans le délai de trois mois.

[...]

Des ministres

ART. 54. – Les ministres peuvent être membres de la Chambre des pairs ou de la Chambre des députés. Ils ont en outre leur entrée dans l'une ou l'autre Chambre, et doivent être entendus quand ils le demandent.

ART. 55. – La Chambre des députés a le droit d'accuser les ministres, et de les traduire devant la Chambre des pairs qui seule a celui de les juger.

ART. 56. Ils ne peuvent être accusés que pour fait de trahison ou de concussion. Des lois particulières spécifieront cette nature de délits, et en détermineront la poursuite.

[...]

Art. 36. – Jedes Département soll dieselbe Anzahl von Abgeordneten entsenden, wie es sie auch bisher gewählt hat.

Art. 37. – Die Abgeordneten werden auf fünf Jahre und in der Weise gewählt, daß sich die Deputiertenkammer jedes Jahr zu einem Fünftel erneuert.

Art. 38. – Niemand kann als Abgeordneter der Kammer zugelassen werden, der nicht mindestens vierzig Jahre alt ist und eine direkte Steuer von tausend Francs (im Jahr) entrichtet.

Art. 39. – Wenn sich dennoch in einem Département nicht fünfzig Personen dieses Alters finden, die mindestens tausend Francs direkter Steuer zahlen, so soll ihre Anzahl durch die Reichsten unterhalb dieser Grenze ergänzt werden, und diese dürfen dann gemeinsam mit den Erstgenannten gewählt werden.

Art. 40. – Die Wähler, die zur Nominierung der Abgeordneten zusammenkommen, besitzen nur dann Stimmrecht, wenn sie mindestens eine direkte Steuer von dreihundert Francs (im Jahr) entrichten und dreißig Jahre alt sind.

[...]

Art. 43. – Der Präsident der Deputiertenkammer wird vom König aufgrund einer Liste mit fünf Namen ernannt, welche die Kammer vorlegt.

Art. 44. – Die Sitzungen der Kammer sind öffentlich, jedoch reicht der Antrag von fünf Mitgliedern aus, um geheim tagen zu können.

[...]

Art. 47. – An die Kammer gehen sämtliche Steuervorschläge; erst wenn diese von ihr gebilligt worden sind, dürfen sie der Pairskammer zugeleitet werden.

Art. 48. – Keine Steuer darf eingeführt und eingetrieben werden, wenn ihr nicht beide Kammern zugestimmt haben und der König sie genehmigt hat.

Art. 49. – Die Grundsteuer wird nur für ein Jahr gebilligt, die indirekten Steuern können für mehrere Jahre gebilligt werden.

Art. 50. – Der König beruft die beiden Kammern alljährlich ein; er vertagt die Départements-Deputiertenkammer und kann sie auflösen, muß aber in diesem Fall innerhalb von drei Monaten eine neugewählte einberufen.

[...]

Von den Ministern

Art. 54. – Die Minister können Mitglieder der Pairs- oder der Deputiertenkammer sein. Sie haben außerdem zu beiden Kammern Zutritt und müssen auf Verlangen gehört werden.

Art. 55. – Die Deputiertenkammer hat das Recht, die Minister anzuklagen und vor die Pairskammer zu bringen, die allein das Recht besitzt, über sie zu richten.

Art. 56. – Die Minister dürfen nur wegen Verrat oder Veruntreuung angeklagt werden. Die Art dieser Vergehen wird von besonderen Gesetzen näher festgelegt, die auch über die Verfolgung bestimmen sollen.

[...]

8. Die Verfassung der Zweiten Französischen Republik (1848)[12]

[...]
CHAPITRE IV. Du pouvoir législatif
ART. 20. – Le peuple français délègue le pouvoir législatif à une Assemblée unique.
ART. 21. – Le nombre total des représentants du peuple sera de sept cent cinquante, y compris les représentants de l'Algérie et des colonies françaises.
[...]
ART. 23. – L'élection a pour base la population.
ART. 24. – Le suffrage est direct et universel. Le scrutin est secret.
ART. 25. – Sont électeurs, sans condition de cens, tous les Français âgés de vingt et un ans, et jouissant de leurs droits civils et politiques.
ART. 26. – Sont éligibles, sans condition de domicile, tous les électeurs âgés de vingt-cinq ans.
[...]
ART. 28. – Toute fonction publique rétribuée est incompatible avec le mandat de représentant du peuple. – Aucun membre de l'Assemblée nationale ne peut, pendant la durée de la législature, être nommé ou promu à des fonctions publiques salariées dont les titulaires sont choisis à volonté par le pouvoir exécutif. – Les exceptions aux dispositions des deux paragraphes précédents seront déterminées par la loi électorale organique.
[...]
ART. 30. – L'élection des représentants se fera par département, et au scrutin de liste. – Les électeurs voteront au chef-lieu du canton; néanmoins, en raison des circonstances locales, le canton pourra être divisé en plusieurs circonscriptions, dans la forme et aux conditions qui seront déterminées par la loi électorale.
ART. 31. – L'Assemblée nationale est élue pour trois ans, et se renouvelle intégralement. – Quarante-cinq jours au plus tard avant la fin de la législature, une loi détermine l'époque des nouvelles élections. – Si aucune loi n'est intervenue dans le délai fixé par le paragraphe précédent, les électeurs se réunissent de plein droit le trentième jour qui précède la fin de la législature. – La nouvelle Assemblée est convoquée de plein droit pour le lendemain du jour où finit le mandat de l'Assemblée précédente.
ART. 32. – Elle est permanente. – Néanmoins, elle peut s'ajourner à un terme qu'elle fixe. – Pendant la durée de la prorogation, une commission, composée des membres du bureau et de vingt-cinq représentants nommés par l'Assemblée au scrutin secret et à la majorité absolue, a le droit de la convoquer en cas d'urgence. – Le président de la République a aussi le droit de convoquer l'Assemblée. – L'Assemblée nationale détermine le lieu de ses séances. – Elle fixe l'importance des forces militaires établies pour sa sûreté, et elle en dispose.

---

12 Aus: Erbe (Hrsg.), Vom Konsulat zum Empire libéral, S. 196–229.

Die Verfassung der Zweiten Französischen Republik (1848) [deutsch]

[...]

VIERTES KAPITEL. Von der gesetzgebenden Gewalt

Art. 20. – Das französische Volk überträgt die gesetzgebende Gewalt einer einzigen Versammlung.

Art. 21. – Die Gesamtzahl der Volksvertreter soll 750 betragen, eingeschlossen die Vertreter Algeriens und der französischen Kolonien.

[...]

Art. 23. – Grundlage für die Wahl ist die Bevölkerung.

Art. 24. – Das Stimmrecht ist direkt und allgemein. Die Wahl selbst ist geheim.

Art. 25. – Sämtliche Franzosen sind vom einundzwanzigsten Lebensjahr an, wenn sie die bürgerlichen und politischen Rechte genießen, ohne Zensusbedingung wahlberechtigt.

Art. 26. – Wählbar sind sämtliche Wahlberechtigten vom fünfundzwanzigsten Lebensjahr an, gleichgültig, welcher ihr Wohnsitz ist.

[...]

Art. 28. – Jedes besoldete öffentliche Amt ist mit dem Mandat eines Volksvertreters unvereinbar. – Kein Mitglied der Nationalversammlung darf während der Legislaturperiode zum Inhaber eines besoldeten öffentlichen Amtes ernannt oder befördert werden, für das die Exekutive die Auswahl trifft. – Die Ausnahmen für die vorangehenden beiden Bestimmungen regelt das organische Wahlgesetz.

[...]

Art. 30. – Die Wahl der Volksvertreter erfolgt nach Départements und nach Listenwahlsystem. – Die Wähler nehmen ihre Wahl am jeweiligen Hauptort eines Kantons vor; je nach den örtlichen Bedingungen kann ein Kanton in mehrere Wahlkreise unterteilt werden. Unter welchen Bedingungen und in welcher Form dies geschieht, regelt das Wahlgesetz.

Art. 31. – Die Nationalversammlung wird für drei Jahre gewählt und danach vollständig erneuert. – Spätestens 45 Tage vor Ablauf der Legislaturperiode bestimmt ein Gesetz den Zeitpunkt der Neuwahlen. – Wenn innerhalb der durch den vorigen Satz festgelegten Frist kein solches Gesetz verabschiedet worden ist, vereinigen sich die Wähler rechtmäßig am 30. Tag vor Ablauf der Legislaturperiode. – Die neue Nationalversammlung wird am Tag, der dem Ablauf des Mandats der vorherigen Nationalversammlung folgt, rechtmäßig einberufen.

Art. 32. – Sie tagt in Permanenz. – Sie kann sich aber auf einen von ihr selbst festgelegten Zeitpunkt vertagen. – Solange die Vertagung dauert, hat ein Ausschuß, der aus den Mitgliedern des Präsidiums und fünfundzwanzig von der Versammlung in geheimer Abstimmung und mit absoluter Mehrheit gewählten Vertretern besteht, das Recht, sie im Dringlichkeitsfall einzuberufen. – Der Präsident besitzt ebenfalls das Recht, die Versammlung einzuberufen. – Die Nationalversammlung bestimmt den Ort ihrer Sitzungen. – Sie legt die Stärke der militärischen Kräfte fest, die zu ihrer Sicherheit aufgestellt werden, und verfügt über sie.

ART. 33. – Les représentants sont toujours rééligibles.

ART. 34. – Les membres de l'Assemblée nationale sont les représentants, non du département qui les nomme, mais de la France entière.

ART. 35. – Ils ne peuvent recevoir de mandat impératif.

[...]

CHAPITRE V. Du pouvoir exécutif

ART. 43 – Le peuple français délègue le Pouvoir exécutif à un citoyen qui reçoit le titre de président de la République.

ART. 44. – Le président doit être né Français, âgé de trente ans au moins, et n'avoir jamais perdu la qualité de Français.

ART. 45. – Le président de la République est élu pour quatre ans, et n'est rééligible qu'après un intervalle de quatre années. – Ne peuvent, non plus, être élus après lui, dans le même intervalle, ni le vice-président, ni aucun des parents ou alliés du président jusqu'au sixième degré inclusivement.

ART. 46. – L'élection a lieu de plein droit le deuxième dimanche du mois de mai. – Dans le cas où, par suite de décès, de démission ou de toute autre cause, le président serait élu à une autre époque, ses pouvoirs expireront le deuxième dimanche du mois de mai de la quatrième année qui suivra son élection. – Le président est nommé, au scrutin secret et à la majorité absolue des votants, par le suffrage direct de tous les électeurs des départements français et de l'Algérie.

[...]

ART. 49. – Il a le droit de faire présenter des projets de loi à l'Assemblée nationale par les ministres. – Il surveille et assure l'exécution des lois.

ART. 50. – Il dispose de la force armée, sans pouvoir jamais la commander en personne.

ART. 51. – Il ne peut céder aucune portion du territoire, ni dissoudre ni proroger l'Assemblée nationale, ni suspendre, en aucune manière, l'empire de la Constitution et des lois.

ART. 52. – Il présente, chaque année, par un message, à l'Assemblée nationale, l'exposé de l'état général des affaires de la République.

ART. 53. – Il négocie et ratifie les traités. – Aucun traité n'est définitif qu'après avoir été approuvé par l'Assemblée nationale.

ART. 54. – Il veille à la défense de l'Etat, mais il ne peut entreprendre aucune guerre sans le consentement de l'Assemblée nationale.

ART. 55. – Il a le droit de faire grâce, mais il ne peut exercer ce droit qu'après avoir pris l'avis du Conseil d'Etat. – Les amnisties ne peuvent être accordées que par une loi. – Le président de la République, les ministres, ainsi que toutes autres personnes condamnées par la Haute Cour de justice, ne peuvent être graciés que par l'Assemblée nationale.

ART. 56. – Le président de la République promulgue les lois au nom du peuple français.

[...]

Art. 33. – Die Volksvertreter sind unbeschränkt wiederwählbar.

Art. 34. – Die Mitglieder der Nationalversammlung sind nicht die Vertreter des Départements, das sie entsendet, sondern die von ganz Frankreich.

Art. 35. – Sie dürfen kein imperatives Mandat erhalten.

[...]

FÜNFTES KAPITEL. Von der vollziehenden Gewalt

Art. 43. – Das französische Volk delegiert die vollziehende Gewalt an einen Staatsbürger, der den Titel Präsident der Republik erhält.

Art. 44. – Der Präsident muß gebürtiger Franzose sein, ein Mindestalter von dreißig Jahren haben und darf nie seine französische Staatsbürgerschaft verloren haben.

Art. 45. – Der Präsident der Republik wird auf vier Jahre gewählt und ist nur nach einem Zwischenraum von weiteren vier Jahren wiederwählbar. – Zu seinen unmittelbaren Nachfolgern dürfen weder der Vizepräsident noch irgendwie mit ihm bis zum einschließlich sechsten Grad verwandte oder verschwägerte Personen gewählt werden.

Art. 46. – Die Wahl findet rechtmäßig am zweiten Sonntag des Monats Mai statt. – Falls infolge von Tod, Rücktritt oder aus anderen Gründen der Präsident zu einer anderen Zeit zu wählen ist, erlöschen seine Vollmachten am zweiten Maisonntag des vierten Jahres nach seiner Wahl. – Der Präsident wird von der absoluten Mehrheit der Wählenden in den französischen Départements und in Algerien in geheimer und direkter Abstimmung gewählt.

[...]

Art. 49. – Er hat das Recht, der Nationalversammlung durch seine Minister Gesetzesvorschläge vorlegen zu lassen. – Er überwacht und sichert die Durchführung der Gesetze.

Art. 50. – Er verfügt über die Streitkräfte, ohne sie aber jemals persönlich befehligen zu dürfen.

Art. 51. – Er darf keinen Teil des Staatsgebietes abtreten, die Nationalversammlung weder auflösen noch vertagen und in keiner Hinsicht die Herrschaft der Verfassung und der Gesetze aufheben.

Art. 52. – Er legt alljährlich durch eine Botschaft der Nationalversammlung eine Übersicht über den allgemeinen Stand der Angelegenheiten der Republik vor.

Art. 53. – Er verhandelt und ratifiziert die Verträge. – Kein Vertrag ist endgültig, ehe er nicht von der Nationalversammlung gebilligt worden ist.

Art. 54. – Er wacht über die Staatsverteidigung, darf jedoch ohne Zustimmung der Nationalversammlung keinen Krieg unternehmen.

Art. 55. – Er hat das Begnadigungsrecht, darf es aber nur nach Einholung der Ansicht des Staatsrats ausüben. – Amnestien dürfen nur aufgrund eines Gesetzes gewährt werden. – Der Präsident der Republik, die Minister und alle anderen vom Hochgerichtshof verurteilten Personen dürfen nur von der Nationalversammlung begnadigt werden.

ART. 58. – Dans le délai fixé pour la promulgation, le président de la République peut, par un message motivé, demander une nouvelle délibération. – L'Assemblée délibère: sa résolution devient définitive; elle est transmise au président de la République. – En ce cas, la promulgation a lieu dans le délai fixé pour les lois d'urgence.

[...]

ART. 60. – Les envoyés et les ambassadeurs des puissances étrangères sont accrédités auprès du président de la République.

[...]

ART. 63. – Il réside au lieu où siège l'Assemblée nationale, et ne peut sortir du territoire continental de la République sans y être autorisé par une loi.

ART. 64. – Le président de la République nomme et révoque les ministres. – Il nomme et révoque, en Conseil des Ministres, les agents diplomatiques, les commandants en chef des armées de terre et de mer, les préfets, le commandant supérieur des gardes nationales de la Seine, les gouverneurs de l'Algérie et des colonies, les procureurs généraux et autres fonctionnaires d'un ordre supérieur. – Il nomme et révoque, sur la proposition du ministre compétent, dans les conditions réglementaires déterminées par la loi, les agents secondaires du gouvernement.

ART. 65. – Il a le droit de suspendre, pour un terme qui ne pourra excéder trois mois, les agents du pouvoir exécutif élus par les citoyens. – Il ne peut les révoquer que de l'avis du Conseil d'Etat. – La loi détermine les cas où les agents révoqués peuvent être déclarés inéligibles aux mêmes fonctions. – Cette déclaration d'inéligibilité ne pourra être prononcée que par un jugement.

ART. 66. – Le nombre des ministres et leurs attributions sont fixés par le pouvoir législatif.

ART. 67. – Les actes du président de la République, autres que ceux par lesquels il nomme et révoque les ministres, n'ont d'effet que s'ils sont contresignés par un ministre.

[...]

ART. 69. – Les ministres ont entrée dans le sein de l'Assemblée nationale; ils sont entendus toutes les fois qu'ils le demandent, et peuvent se faire assister par des commissaires nommés par un décret du président de la République.

[...]

Art. 56. – Der Präsident der Republik verkündet im Namen des französischen Volkes die Gesetze.

[...]

Art. 58. – Innerhalb der bis zur Verkündigung festgesetzten Frist kann der Präsident der Republik mit einer die Gründe benennenden Botschaft eine erneute Beratung verlangen. – Die Nationalversammlung berät (daraufhin noch einmal), ihr Beschluß wird (nunmehr) endgültig und wird dem Präsidenten der Republik zugeleitet. – In diesem Fall findet die Verkündigung in der für dringliche Gesetze festgesetzten Frist statt.

[...]

Art. 60. – Die Gesandten und Botschafter der auswärtigen Mächte werden beim Präsidenten der Republik akkreditiert.

[...]

Art. 63. – Sein Amtssitz ist der Sitzungsort der Nationalversammlung. Er darf das Staatsgebiet der Republik auf dem (europäischen) Kontinent nur auf die Erlaubnis durch ein entsprechendes Gesetz hin verlassen.

Art. 64. – Der Präsident der Republik ernennt und entläßt die Minister. – Er ernennt und entläßt im Ministerrat die diplomatischen Vertreter, die Oberbefehlshaber der Land- und Seestreitkräfte, die Präfekten, den Oberbefehlshaber der Nationalgarden des Départements Seine, die Gouverneure für Algerien und die Kolonien, die Generalstaatsanwälte und die anderen hohen Beamten. – Er ernennt und entläßt auf den Rat des entsprechenden Ressortministers hin und unter den durch das Gesetz geregelten Bedingungen die untergeordneten Regierungsbeamten.

Art. 65. – Er hat das Recht, für eine Frist bis zu drei Monaten Exekutivbeamte, die von den Staatsbürgern gewählt worden sind, ihres Amtes zu entheben. – Das Gesetz legt die Fälle fest, in denen entlassene Beamte als für die gleichen Ämter nicht wählbar erklärt werden dürfen.

Art. 66. – Die Anzahl der Minister und die Zuordnung von Ressorts werden durch die Nationalversammlung festgesetzt.

Art. 67. – Sämtliche Amtshandlungen des Präsidenten der Republik, außer der Ernennung und Entlassung von Ministern, sind nur dann wirksam, wenn sie von einem Minister gegengezeichnet worden sind.

[...]

Art. 69. – Die Minister haben zur Nationalversammlung Zutritt; sie werden auf ihr Verlangen hin gehört und können sich von Beauftragten, die der Präsident der Republik durch einen Erlaß benennt, assistieren lassen.

[...]

9. Die Verfassung des Zweiten Kaiserreiches (1852)[13]

[...]
TITRE II. Formes du Gouvernement de la République
ART. 2. – Le Gouvernement de la République française est confié pour dix ans au prince Louis Napoléon Bonaparte, Président actuel de la République.
ART. 3. – Le Président de la République gouverne au moyen des ministres, du Conseil d'Etat, du Sénat et du Corps législatif.
ART. 4. – La puissance législative s'exerce collectivement par le Président de la République, le Sénat et le Corps législatif.

TITRE III. Du Président de la République
ART. 5. – Le Président de la République est responsable devant le Peuple français, auquel il a toujours le droit de faire appel.
ART. 6. – Le Président de la République est le chef de l'Etat; il commande les forces de terre et de mer, déclare la guerre, fait les traités de paix, d'alliance et de commerce, nomme à tous les emplois, fait les règlements et décrets nécessaires pour l'exécution des lois.
ART. 7. – La justice se rend en son nom.
ART. 8. – Il a seul l'initiative des lois.
ART. 9. – Il a le droit de faire grâce.
ART. 10. – Il sanctionne et promulgue les lois et les sénatus-consultes.
ART. 11. – Il présente, tous les ans, au Sénat et au Corps législatif, par un message, l'état des affaires de la République.
ART. 12. – Il a le droit de déclarer l'état de siège dans un ou plusieurs départements, sauf à en référer au Sénat dans le plus bref délai. – Les conséquences de l'état de siège sont réglées par la loi.
ART. 13. – Les ministres ne dépendent que du Chef de l'Etat; ils ne sont responsables que, chacun en ce qui le concerne, des actes du Gouvernement; il n'y a point de solidarité entre eux; ils ne peuvent être mis en accusation que par le Sénat.
ART. 14. – Les ministres, les membres du Sénat, du Corps législatif et du Conseil d'Etat, les officiers de terre et de mer, les magistrats et les fonctionnaires publics prêtent le serment ainsi conçu: „Je jure obéissance à la Constitution et fidélité au Président."
ART. 15. – Un sénatus-consulte fixe la somme allouée annuellement au Président de la République pour toute la durée de ses fonctions.
ART. 16. – Si le Président de la République meurt avant l'expiration de son mandat, le Sénat convoque la Nation pour procéder à une nouvelle élection.

---

[13] Aus: Erbe (Hrsg.), Vom Konsulat zum Empire libéral, S. 248–261.

Die Verfassung des Zweiten Kaiserreiches (1852) [deutsch]

[...]
ZWEITER TITEL. Formen der Regierung der Republik

Art. 2. – Die Regierung der französischen Republik wird für zehn Jahre dem Prinzen Louis-Napoléon Bonaparte, dem gegenwärtigen Präsidenten der Republik, anvertraut.

Art. 3. – Der Präsident der Republik regiert vermittels der Minister, des Staatsrats, des Senats und der Gesetzgebenden Körperschaft.

Art. 4. – Die gesetzgebende Gewalt wird von dem Präsidenten der Republik, dem Senat und der Gesetzgebenden Körperschaft gemeinsam ausgeübt.

DRITTER TITEL. Vom Präsidenten der Republik

Art. 5. – Der Präsident der Republik ist dem französischen Volk gegenüber verantwortlich, an das zu appellieren er stets das Recht hat.

Art. 6. – Der Präsident der Republik ist das Staatsoberhaupt; er hat das Oberkommando über die Land- und Seestreitkräfte, erklärt den Krieg, schließt Friedens-, Bündnis- und Handelsverträge, ernennt sämtliche Beamten und erläßt die für die Durchführung der Gesetze notwendigen Anordnungen.

Art. 7. – Die Rechtsprechung wird in seinem Namen ausgeübt.

Art. 8. – Er besitzt allein die Gesetzesinitiative.

Art. 9. – Er hat das Begnadigungsrecht.

Art. 10. – Er bestätigt und verkündet die Gesetze und Senatsbeschlüsse.

Art. 11. – Alljährlich legt er in einer Botschaft an den Senat und die Gesetzgebende Körperschaft den Stand der Angelegenheiten der Republik dar.

Art. 12. – Er hat das Recht, den Belagerungszustand in einem oder mehreren Départements zu erklären, muß aber dem Senat binnen kürzester Frist darüber Bericht erstatten. – Die Folgen, die sich aus der Verhängung des Belagerungszustands ergeben, werden durch Gesetz geregelt.

Art. 13. – Die Minister sind nur vom Staatsoberhaupt abhängig; sie sind, jeder für den Bereich, für den er zuständig ist, für die Handlungen der Regierung verantwortlich; es gibt zwischen ihnen keine Gemeinsamkeit; sie dürfen nur vom Senat angeklagt werden.

Art. 14. – Die Minister, die Mitglieder des Senats, der Gesetzgebenden Körperschaft und des Staatsrats, die Offiziere des Heeres und der Flotte sowie die Richter und öffentlichen Beamten leisten folgenden Eid: „Ich schwöre der Verfassung Gehorsam und Treue dem Präsidenten."

Art. 15. – Ein Senatsbeschluß legt die dem Präsidenten der Republik alljährlich zuzuweisende Summe für die gesamte Dauer seiner Amtszeit fest.

Art. 16. – Stirbt der Präsident der Republik vor Ablauf seiner Amtszeit, so ruft der Senat die Nation auf, zur Neuwahl zu schreiten.

Art. 17. – Das Staatsoberhaupt hat das Recht, in einem geheimen und im Archiv des Senats hinterlegten Schriftstück den Namen desjenigen Staatsbürgers zu

ART. 17. – Le Chef de l'Etat a le droit, par un acte secret et déposé aux archives du Sénat, de désigner le nom du citoyen qu'il recommande, dans l'intérêt de la France, à la confiance du Peuple et à ses suffrages.

ART. 18. – Jusqu'à l'élection du nouveau Président de la République, le président du Sénat gouverne avec le concours des ministres en fonctions, qui se forment en conseil de gouvernement, et délibèrent à la majorité des voix.

TITRE IV. Du Sénat

ART. 19. – Le nombre des sénateurs ne pourra excéder cent cinquante: il est fixé, pour la première année, à quatre-vingts.

ART. 20. – Le Sénat se compose: 1° Des cardinaux, des maréchaux, des amiraux; 2° Des citoyens que le Président de la République juge convenable d'élever à la dignité de sénateur.

ART. 21. – Les sénateurs sont inamovibles et à vie.

ART. 22. – Les fonctions de sénateur sont gratuites; néanmoins le Président de la République pourra accorder à des sénateurs, en raison de services rendus et de leur position de fortune, une dotation personnelle, qui ne pourra excéder trente mille francs par an.

ART. 23. – Le président et les vice-présidents du Sénat sont nommés par le Président de la République et choisis parmi les sénateurs. – Ils sont nommés pour un an. – Le traitement du président du Sénat est fixé par un décret.

ART. 24. – Le Président de la République convoque et proroge le Sénat. Il fixe la durée de ses sessions par un décret. – Les séances du Sénat ne sont pas publiques.

ART. 25. – Le Sénat est le gardien du pacte fondamental et des libertés publiques. Aucune loi ne peut être promulguée avant de lui avoir été soumise.

ART. 26. – Le Sénat s'oppose à la promulgation. – 1° Des lois qui seraient contraires ou qui porteraient atteinte à la Constitution, à la religion, à la morale, à la liberté des cultes, à la liberté individuelle, à l'égalité des citoyens devant la loi, à l'inviolabilité de la propriété et au principe de l'inamovibilité de la magistrature; 2° De celles qui pourraient compromettre la défense du territoire.

ART. 27. – Le Sénat règle par un sénatus-consulte: 1° La constitution des colonies et de l'Algérie; 2° Tout ce qui n'a pas été prévu par la Constitution et qui est nécessaire à sa marche; 3° Le sens des articles de la Constitution qui donnent lieu à différentes interprétations.

ART. 28. – Ces sénatus-consultes seront soumis à la sanction du Président de la République et promulgués par lui.

ART. 29. – Le Sénat maintient ou annule tous les actes qui lui sont déférés comme inconstitutionnels par le Gouvernement, ou dénoncés, pour la même cause, par les pétitions des citoyens.

ART. 30. – Le Sénat peut, dans un rapport adressé au Président de la République, poser les bases de projets de loi d'un grand intérêt national.

benennen, den er im Interesse Frankreichs dem Vertrauen und den Wählerstimmen des Volkes empfiehlt.

Art. 18. – Bis zur Wahl des neuen Präsidenten der Republik regiert der Vorsitzende des Senats gemeinsam mit den amtierenden Ministern, die einen Regierungsrat bilden und mit Stimmenmehrheit Beschlüsse fassen.

VIERTER TITEL. Vom Senat

Art. 19. – Die Anzahl der Senatoren darf hundertfünfzig nicht übersteigen: im ersten Jahr wird sie auf achtzig festgelegt.

Art. 20. – Der Senat besteht aus: – 1. den Kardinalen, Marschällen und Admirälen; – 2. den Staatsbürgern, die der Präsident für geeignet hält, zur Würde eines Senators zu erheben.

Art. 21. – Die Senatoren werden auf Lebenszeit ernannt und sind unabsetzbar.

Art. 22. – Die Tätigkeit eines Senators erfolgt ohne Entgelt; dennoch kann der Präsident der Republik Senatoren in Anbetracht geleisteter Dienste und ihres Vermögensstandes eine persönliche Zuwendung zukommen lassen, die aber dreißigtausend Francs im Jahr nicht übersteigen darf.

Art. 23. – Der Vorsitzende des Senats und seine Stellvertreter werden vom Präsidenten der Republik aus den Reihen der Senatoren ernannt. – Die Ernennung erfolgt für ein Jahr. – Die Besoldung des Senatsvorsitzenden wird durch Gesetz festgelegt.

Art. 24. – Der Präsident der Republik beruft den Senat ein und vertagt ihn. Er legt die Dauer der Sitzungsperioden durch einen Erlaß fest. – Die Sitzungen des Senats sind nicht öffentlich.

Art. 25. – Der Senat ist Wächter über den Grundvertrag und die öffentlichen Freiheiten. Ein Gesetz darf erst verkündet werden, wenn es ihm zuvor unterbreitet worden ist.

Art. 26. – Der Senat tritt entgegen: – 1. der Verkündigung von Gesetzen, die der Verfassung, der Religion, der Sittlichkeit, der Religionsfreiheit, der individuellen Freiheit, der Gleichheit der Staatsbürger vor dem Gesetz, der Unverletzlichkeit des Eigentums und dem Grundsatz der Unabsetzbarkeit vom Richteramt zuwiderlaufen oder sie beeinträchtigen könnten; – 2. der Verkündigung von Gesetzen, welche die Verteidigung des Staatsgebiets gefährden könnten.

Art. 27. – Durch Senatsbeschluß regelt der Senat: – 1. die Verfassung der Kolonien und Algeriens; – 2. alles, was von der Verfassung nicht vorgesehen worden, aber für ihr Funktionieren erforderlich ist; – 3. den Sinn von Verfassungsartikeln, die Anlaß zu verschiedenen Deutungen geben.

Art. 28. – Solche Senatsbeschlüsse unterliegen der Billigung durch den Präsidenten der Republik und werden von ihm verkündet.

Art. 29. – Der Senat erhält sämtliche Rechtsakte aufrecht, die ihm als nicht verfassungsgemäß von der Regierung zugeleitet oder durch Petitionen von Staatsbürgern angezeigt werden, oder er erklärt sie für nichtig.

Art. 30. – Der Senat kann in einem an den Präsidenten der Republik gerichte-

ART. 31. – Il peut également proposer des modifications à la Constitution. Si la proposition est adoptée par le Pouvoir exécutif, il y est statué par un sénatus-consulte.

ART. 32. – Néanmoins, sera soumise au suffrage universel toute modification aux bases fondamentales de la Constitution, telles qu'elles ont été posées dans la proclamation du 2 décembre et adoptées par le Peuple français.

ART. 33. – En cas de dissolution du Corps législatif, et jusqu'à une nouvelle convocation, le Sénat, sur la proposition du président de la République, pourvoit, par des mesures d'urgence, à tout ce qui est nécessaire à la marche du Gouvernement.

TITRE V. Du Corps législatif

ART. 34. – L'élection a pour base la population.

ART. 35. – Il y aura un député au Corps législatif à raison de trente-cinq mille électeurs.

ART. 36. – Les députés sont élus par le suffrage universel, sans scrutin de liste.

ART. 37. – Ils ne reçoivent aucun traitement.

ART. 38. – Ils sont nommés pour six ans.

ART. 39. – Le Corps législatif discute et vote les projets de loi et l'impôt.

ART. 40. – Tout amendement adopté par la commission chargée d'examiner un projet de loi sera renvoyé, sans discussion, au Conseil d'Etat par le président du Corps législatif. – Si l'amendement n'est pas adopté par le Conseil d'Etat, il ne pourra pas être soumis à la délibération du Corps législatif.

[...]

ART. 44. – Les ministres ne peuvent être membres du Corps législatif.

ART. 45. – Le droit de pétition s'exerce auprès du Sénat. Aucune pétition ne peut être adressée au Corps législatif.

ART. 46. – Le Président de la République convoque, ajourne, proroge et dissout le Corps législatif. En cas de dissolution, le Président de la République doit en convoquer un nouveau dans le délai de six mois.

TITRE VI. Du Conseil d'Etat

ART. 47. – Le nombre des conseillers d'Etat en service ordinaire est de quarante à cinquante.

ART. 48. – Les conseillers d'Etat sont nommés par le Président de la République, et révocables par lui.

ART. 49. – Le Conseil d'Etat est présidé par le Président de la République, et, en son absence, par la personne qu'il désigne comme vice-président du Conseil d'Etat.

ART. 50. – Le Conseil d'Etat est chargé, sous la direction du Président de la République, de rédiger les projets de loi et les règlements d'administration publique, et de résoudre les difficultés qui s'élèvent en matière d'administration.

ART. 51. – Il soutient, au nom du Gouvernement, la discussion des projets de loi devant le Sénat et le Corps législatif. – Les conseillers d'Etat chargés de por-

ten Bericht die Grundlagen für Gesetzesvorhaben von erheblichem nationalen Interesse abstecken.

Art. 31. – Ebenso kann er Verfassungsänderungen vorschlagen. Wird der Vorschlag von der Exekutive angenommen, so wird darüber durch Senatsbeschluß eine Bestimmung erlassen.

Art. 32. – Dennoch muß jede Änderung der Verfassungsgrundlagen, so wie sie in der Proklamation vom 2. Dezember dargelegt und durch das französische Volk gebilligt worden sind, einer Volksabstimmung unterworfen werden.

Art. 33. – Im Fall der Auflösung der Gesetzgebenden Körperschaft nimmt der Senat bis zur Neueinberufung auf Vorschlag des Präsidenten der Republik durch Dringlichkeitsmaßnahmen alles wahr, was zum Funktionieren der Regierung erforderlich ist.

FÜNFTER TITEL. Von der Gesetzgebenden Körperschaft

Art. 34. – Grundlage des Wahlsystems ist die Größe der Bevölkerung.

Art. 35. – Für jeweils fünfunddreißigtausend Wähler gibt es in der Gesetzgebenden Körperschaft einen Abgeordneten.

Art. 36. – Die Abgeordneten werden aufgrund des allgemeinen Stimmrechts, aber ohne Listenwahl gewählt.

Art. 37. – Sie erhalten keinerlei Besoldung.

Art. 38. – Sie werden auf sechs Jahre gewählt.

Art. 39. – Die Gesetzgebende Körperschaft erörtert die Gesetzes- und Steuervorschläge und stimmt über sie ab.

Art. 40. – Jeder Änderungsvorschlag, den der Ausschuß annimmt, welcher mit seiner Prüfung beauftragt worden ist, wird vom Vorsitzenden der Gesetzgebenden Körperschaft ohne Erörterung dem Staatsrat wieder zugeleitet. – Wird der Änderungsvorschlag vom Staatsrat nicht angenommen, darf er der Gesetzgebenden Körperschaft zur Beschlußfassung nicht unterbreitet werden, […]

Art. 44. – Die Minister können nicht Mitglieder der Gesetzgebenden Körperschaft sein.

Art. 45. – Das Petitionsrecht wird vor dem Senat ausgeübt. An die Gesetzgebende Körperschaft darf keine Petition gerichtet werden.

Art. 46. – Der Präsident der Republik beruft die Gesetzgebende Körperschaft ein, vertagt sie, verschiebt ihre Sitzungen und löst sie auf. Im Fall der Auflösung muß der Präsident binnen sechs Monaten eine neue einberufen.

SECHSTER TITEL. Vom Staatsrat

Art. 47. – Die Zahl der im gewöhnlichen Dienst beschäftigten Staatsräte liegt zwischen vierzig und fünfzig.

Art. 48. – Die Staatsräte werden vom Präsidenten der Republik ernannt und können von ihm abberufen werden.

Art. 49. – Im Staatsrat führt der Präsident der Republik und in seiner Abwesenheit ein von ihm zum Stellvertretenden Vorsitzenden Benannter den Vorsitz.

ter la parole au nom du gouvernement sont désignés par le Président de la République.

ART. 52. – Le traitement de chaque conseiller d'Etat est de vingt-cinq mille francs.

ART. 53. – Les ministres ont rang, séance et voix délibérative au Conseil d'Etat.

[...]

Art. 50. – Der Staatsrat hat die Aufgabe, unter der Leitung des Präsidenten der Republik Vorschläge für Gesetze und Regelungen der öffentlichen Verwaltung abzufassen sowie Schwierigkeiten, die sich in Verwaltungssachen ergeben, einer Lösung zuzuführen.

Art. 51. – Im Namen der Regierung vertritt er Gesetzesvorschläge bei den Erörterungen im Senat und in der Gesetzgebenden Körperschaft. – Die Staatsräte, die im Namen der Regierung (dort) das Wort führen sollen, werden vom Präsidenten der Republik benannt.

An. 52. – Die Besoldung eines Staatsrats beträgt fünfundzwanzigtausend Francs (jährlich).

An. 53. – Die Minister haben den Rang eines Staatsrats sowie Sitz und Stimmrecht in diesem Gremium.

[...]

10.   Die Verfassungsgesetze von 1875

Loi constitutionelle relative à l'organisation des pouvoirs publics (25 février 1875)[14]

Art. l. Le pouvoir législatif s'exerce par deux assemblées: la chambre des députés et le sénat. La chambre des députés est nommée par le suffrage universel dans les conditions déterminées par loi électorale. La composition, le mode de nomination et les attributions du sénat seront réglés par une loi spéciale.

Art. 2. Le président de la République est élu à la majorité absolue des suffrages par le sénat et par la chambre des députés réunis en assemblée nationale. Il est nommé pour sept ans; il est rééligible.

Art. 3. Le président de la République a l'initiative des lois, concurremment avec les membres des deux chambres; il promulgue les lois, lorsqu'elles ont été votées par les deux chambres; il en surveille et en assure l'exécution.

Il a le droit de faire grâce; les amnisties ne peuvent être accordées que par une loi.

Il dispose de la force armée.

Il nomme à tous les emplois civils et militaires.

Il préside aux solennités nationales; les envoyés et les ambassadeurs des puissances étrangères sont accrédités auprès de lui. Chacun des actes du président de la République doit être contresigné par un ministre.

[...]

Art. 5. Le président de la République peut sur l'avis conforme du sénat dissoudre la chambre des députés avant l'expiration légale de son mandat. En ce cas les collèges électoraux sont convoqués pour de nouvelles élections dans le délai de trois mois.

Art. 6. Les ministres sont solidairement responsables devant les chambres de la politique générale du gouvernement et individuellement de leurs actes personnels. Le président de la République n'est responsable que dans le cas de haute trahison.

Art. 7. En cas de vacance par décès ou pour toute autre cause les deux chambres réunies procèdent immédiatement à l'élection d'un nouveau président. Dans l'intervalle le conseil des ministres est investi du pouvoir exécutif.

Art. 8. Les chambres auront le droit, par délibérations séparées, prises dans chacune à la majorité absolue des voix, soit spontanément, soit sur la demande du président de la République, de déclarer, qu'il y a lieu de réviser les lois constitutionnelles. Après que chacune des deux chambres aura pris cette résolution, elles se réuniront en assemblée nationale, pour procéder à la révision. Les délibérations, portant révision des lois constitutionnelles en tout ou en partie, devront être prises à la majorité absolue des membres composant l'Assemblée nationale.

---

[14] Nach: Franz, Staatsverfassungen, S. 396–409.

Die Verfassungsgesetze von 1875 [deutsch]

Verfassungsgesetz über die Organisation der Staatsgewalt (25. Februar 1875)

Art. l. Die gesetzgebende Gewalt wird von zwei Versammlungen ausgeübt: der Abgeordnetenkammer und dem Senat. Die Abgeordnetenkammer wird durch allgemeines Stimmrecht unter den im Wahlgesetz festgelegten Bedingungen gewählt. Die Zusammensetzung, die Art der Wahl und die Befugnisse des Senats werden durch ein besonderes Gesetz geregelt.

Art. 2. Der Präsident der Republik wird mit der absoluten Mehrheit der Stimmen durch den Senat und die Abgeordnetenkammer gewählt, die zur Nationalversammlung vereinigt werden. Er wird auf sieben Jahre gewählt; er ist wieder wählbar.

Art. 3. Der Präsident der Republik hat das Vorschlagsrecht für Gesetze zugleich mit den Mitgliedern der beiden Kammern; er verkündet die Gesetze, nachdem sie von den beiden Kammern angenommen worden sind; er überwacht und sichert ihre Durchführung.

Er hat das Begnadigungsrecht, Straferlasse können nur durch ein Gesetz gewährt werden.

Er verfügt über die bewaffnete Macht.

Er ernennt alle Zivil- und Militärbeamten.

Er führt den Vorsitz bei Nationalfeiern; die Gesandten und Botschafter auswärtiger Mächte werden bei ihm beglaubigt. Jede Urkunde des Präsidenten der Republik muß durch einen Minister gegengezeichnet sein.

[...]

Art. 5. Der Präsident der Republik kann in Übereinstimmung mit dem Senat die Abgeordnetenkammer vor Ablauf der gesetzlichen Amtsdauer auflösen. In diesem Falle müssen die Wahlversammlungen für die Neuwahlen innerhalb von drei Monaten einberufen werden.

Art. 6. Die Minister sind vor den Kammern für die allgemeine Politik der Regierung insgesamt verantwortlich und jeder für sich für seine persönlichen Amtshandlungen. Der Präsident der Republik ist nur im Falle von Hochverrat verantwortlich.

Art. 7. Im Falle der Erledigung durch Tod oder eine andere Ursache treten die beiden Kammern sofort zur Wahl eines neuen Präsidenten zusammen. Während der Zwischenzeit ist der Ministerrat mit der vollziehenden Gewalt bekleidet.

Art. 8. Die Kammern haben das Recht, durch getrennte Beschlüsse, in jeder Kammer mit der absoluten Stimmenmehrheit angenommen – von sich aus oder auf Aufforderung des Präsidenten der Republik hin –, zu erklären, daß eine Änderung der Verfassungsgesetze stattfinden soll. Nachdem jede der beiden Kammern diese Entschließung angenommen hat, treten sie zur Nationalversammlung zusammen, um die Änderung vorzunehmen. Die Beschlüsse über die ganze oder

Toutefois pendant la durée des pouvoirs conférés par la loi du 20 novembre 1873 à M. le maréchal de Mac-Mahon cette révision ne peut avoir lieu que sur la proposition du président de la République.

[...]

Loi constitutionelle relative à l'organisation du Sénat (24 février 1875)

Art. l. Le Sénat se compose de trois cents membres: – Deux cent vingt-cinq élus par les départements et les colonies, et soixante-quinze élus par l'Assemblée nationale.

[...]

Art. 3. Nul ne peut être sénateur s'il n'est Français, âgé de quarante ans au moins et s'il ne jouit de ses droits civils et politiques.

[...]

Art. 7. Les sénateurs élus par l'Assemblée sont inamovibles.

En cas de vacance par décès, démission ou autre cause, il sera, dans les deux mois, pourvu au remplacement par le Sénat lui-même.

Art. 8. Le Sénat a, concurremment avec la Chambre des députés, l'initiative et la confection des lois. Toutefois, les lois de finances doivent être, en premier lieu, présentées à la Chambre des députés et votées par elle.

[...]

Loi constitutionelle sur les rapports des pouvoirs publics (16 juillet 1875)

[...]

Art. 6. Le président de la République communique avec les chambres par des messages, qui sont lus à la tribune par un ministre.

Les ministres ont leur entrée dans les deux chambres et doivent être entendus, quand ils le demandent. Ils peuvent se faire assister par des commissaires désignés pour la discussion d'un projet de loi déterminé, par décret du président de la République.

Art. 7. Le président de la République promulgue les lois dans le mois, qui suit la transmission au gouvernement de la loi définitivement adoptée. Il doit promulguer dans les trois jours les lois, dont la promulgation par un vote exprès dans l'une et l'autre chambre aura été déclarée urgente.

Dans le délai fixé pour la promulgation le président de la République peut par un message motivé demander aux deux chambres une nouvelle délibération, qui ne peut être refusée.

Art. 8. Le président de la République négocie et ratifie les traités. Il en donne connaissance aux chambres, aussitôt que l'intérêt et la sûreté de l'état le permettent.

Les traités de paix, de commerce, les traités, qui engagent les finances de l'état, ceux, qui sont relatifs à l'état des personnes et au droit de propriété des Français à l'étranger, ne sont définitifs qu'après avoir été votés par les deux chambres. Nulle

teilweise Änderung der Verfassungsgesetze müssen mit der absoluten Mehrheit der Mitglieder, die die Nationalversammlung bilden, gefaßt werden. Jedoch kann während der Dauer der Gewalt, die dem Marschall MacMahon durch das Gesetz vom 20. November 1873 übertragen worden ist, diese Änderung nur auf Vorschlag des Präsidenten der Republik hin erfolgen.
[...]

Verfassungsgesetz über die Organisation des Senats (24. Februar 1875)

Art. l. Der Senat besteht aus 300 Mitgliedern, von denen 225 durch die Départements und die Kolonien, 75 durch die Nationalversammlung gewählt werden.
[...]
Art. 3. Niemand kann Senator werden, wenn er nicht Franzose ist und wenigstens 40 Jahre alt und im Besitze seiner bürgerlichen und politischen Rechte ist.
[...]
Art. 7. Die von der Versammlung gewählten Senatoren sind unabsetzbar.

Im Falle der Erledigung eines Senatsmandats durch Ableben, Niederlegung oder aus andern Ursachen sorgt der Senat selbst für Ersatz innerhalb der beiden nächsten Monate.

Art. 8. Beim Senat liegt im Zusammenwirken mit der Deputiertenkammer die Einbringung und Ausführung der Gesetze. Doch müssen die Finanzgesetze zuerst der Deputiertenkammer eingereicht und von ihr durch Abstimmung beschlossen werden.
[...]

Verfassungsgesetz über die Beziehungen der Staatsgewalten untereinander (16. Juli 1875)

[...]
Art. 6. Der Präsident der Republik verkehrt mit den Kammern durch Botschaften, die durch einen Minister von der Tribüne verlesen werden. Die Minister haben Zutritt zu beiden Kammern und müssen gehört werden, wenn sie es verlangen. Sie können sich durch Bevollmächtigte unterstützen lassen, die für die Erörterung eines bestimmten Gesetzentwurfes durch Erlaß des Präsidenten ernannt werden.

Art. 7. Der Präsident der Republik verkündet die Gesetze in dem Monat, der der Übergabe des endgültig angenommenen Gesetzes an die Regierung folgt. Er muß innerhalb von drei Tagen die Gesetze verkünden, deren Verkündung durch eine besondere Abstimmung in der einen und der anderen Kammer als dringlich erklärt worden ist. Innerhalb der für die Verkündung festgesetzten Frist kann der Präsident der Republik durch eine begründete Botschaft von beiden Kammern eine nochmalige Beratung verlangen, die nicht verweigert werden darf.

Art. 8. Der Präsident der Republik schließt und ratifiziert die Verträge. Er

cession, nul échange, nulle adjonction de territoire ne peut avoir lieu qu'en vertu d'une loi.

Art. 9. Le président de la République ne peut déclarer la guerre sans l'assentiment préalable des deux chambres.

Art. 10. Chacune des chambres est juge de l'éligibilité de ses membres et de la régularité de leur élection; elle peut seule recevoir leur démission.

[...]

Art. 12. Le président de la République ne peut être mis en accusation que par la chambre des députés et ne peut être jugé que par le sénat.

Les ministres peuvent être mis en accusation par la chambre des députés pour crimes commis dans l'exercice de leurs fonctions. En ce cas ils sont jugés par le sénat.

Le sénat peut être constitué en cour de justice par un décret du président de la République, rendu en conseil des ministres, pour juger toute personne prévenue d'attentat commis contre la sûreté de l'état.

Si l'instruction est commencée par la justice ordinaire, le décret de convocation du sénat peut être rendu jusqu'à l'arrêt de renvoi.

Une loi déterminera le mode de procéder pour l'accusation, l'instruction et le jugement.

Art. 13. Aucun membre de l'une ou de l'autre chambre ne peut être poursuivi ou recherché à l'occasion des opinions ou votes émis par lui dans l'exercice de ses fonctions.

Art. 14. Aucun membre de l'une ou de l'autre chambre ne peut pendant la durée de la session être poursuivi ou arrêté en matière criminelle ou correctionnelle qu'avec l'autorisation de la chambre, dont il fait partie, sauf le cas de flagrant délit.

La détention ou la poursuite d'un membre de l'une ou de l'autre chambre est suspendue pendant la session et pour toute sa durée, si la chambre le requiert.

Délibéré en séances publiques à Versailles les 22 juin, 7 et 16 Juillet 1875.

bringt sie den Kammern zur Kenntnis, sobald das Interesse und die Sicherheit des Staates es erlauben.

Friedensverträge, Handelsverträge, Verträge, welche die Finanzen des Staates in Anspruch nehmen und solche, die sich auf den Personenstand und das Eigentumsrecht der Franzosen im Ausland beziehen, werden erst rechtskräftig, nachdem sie durch beide Kammern angenommen worden sind. Abtretung, Austausch und Neuerwerb von Gebieten kann nur kraft eines Gesetzes erfolgen.

Art. 9. Der Präsident der Republik kann Krieg nicht ohne vorherige Zustimmung beider Kammern erklären.

Art. 10. Jede Kammer prüft die Wählbarkeit ihrer Mitglieder und die Gesetzmäßigkeit ihrer Wahl; sie allein kann die Mandatsniederlegung entgegennehmen.

[...]

Art. 12. Der Präsident der Republik kann nur durch die Abgeordnetenkammer in Anklagezustand versetzt und durch den Senat verurteilt werden. Die Minister können durch die Abgeordnetenkammer für Verbrechen, die sie in Ausübung ihres Amtes begangen haben, in Anklagezustand versetzt werden. In diesem Falle werden sie durch den Senat verurteilt. Der Senat kann durch einen vom Ministerrat beschlossenen Erlaß des Präsidenten der Republik als Gerichtshof eingesetzt werden, um über jede Person zu urteilen, die eines Angriffs auf die Sicherheit des Staates beschuldigt wird. Wenn die Untersuchung durch das ordentliche Gericht eingeleitet worden ist, kann der Erlaß über die Einberufung des Senats bis zum Überweisungsurteil zurückgestellt werden. Ein Gesetz wird das Verfahren für Anklage, Untersuchung und Urteil festlegen.

Art. 13. Kein Mitglied der einen oder der anderen Kammer kann wegen Äußerungen oder Abstimmungen, die es in Ausübung seines Amtes gemacht hat, verfolgt oder in Untersuchung gezogen werden.

Art. 14. Kein Mitglied der einen oder der anderen Kammer kann während der Dauer der Sitzungsperiode strafrechtlich oder polizeilich verfolgt oder verhaftet werden ohne Zustimmung der Kammer, der es angehört, es sei denn, es würde auf frischer Tat ergriffen. Die Verhaftung oder Verfolgung eines Mitgliedes der einen oder der anderen Kammer wird, wenn die Kammer es verlangt, während der Sitzungsperiode und für ihre ganze Dauer aufgehoben.

Beraten in öffentlichen Sitzungen in Versailles am 22. Juni, 7. und 16. Juli 1875.

11. Verfassungsdokumente des Etat Français (1940)

Loi constitutionnelle du 10 juillet 1940[15]

[...]

Article unique. – L'Assemblée nationale donne tous pouvoirs au Gouvernement de la République, sous l'autorité et la signature du Maréchal Pétain, à l'effet de promulguer par un ou plusieurs actes une nouvelle constitution de l'Etat français. Cette constitution devra garantir les droits du travail, de la famille et de la patrie.

Elle sera ratifiée par la Nation et appliquée par les Assemblées qu'elle aura créées.

La présente loi constitutionnelle, délibérée et adoptée par l'Assemblée nationale, sera exécutée comme loi de l'Etat.

Fait à Vichy, le 10 juillet 1940.   Albert Lebrun.

Par le Président de la République:

Le Maréchal de France, Président du Conseil,

Ph. Pétain.

Acte constitutionnel N° 1 (11 juillet 1940)

Nous, Philippe Pétain, Maréchal de France, Vu la loi constitutionnelle du 10 juillet 1940, Déclarons assumer les fonctions de Chef de l'Etat français. En conséquence, nous décrétons:

L'article 2 de la loi constitutionnelle du 25 février 1875 est abrogé.

Fait à Vichy, le 11 juillet 1940.   Ph. Pétain.

Acte constitutionnel N° 2 fixant les pouvoirs du Chef de l'Etat français (11 juillet 1940)

Nous, Maréchal de France, Chef de l'Etat français, Vu la loi constitutionnelle du 10 juillet 1940, Décrétons:

Art. 1er. – § 1er. – Le Chef de l'Etat français à la plénitude du pouvoir gouvernemental, il nomme et révoque les ministres et secrétaires d'Etat, qui ne sont responsables que devant lui.

§ 2. – Il exerce le pouvoir législatif, en Conseil des ministres:

1° Jusqu'à la formation de nouvelles Assemblées;

2° Après cette formation, en cas de tension extérieure ou de crise intérieure grave, sur sa seule décision et dans la même forme. Dans les mêmes circonstances, il peut édicter toutes dispositions d'ordre budgétaire et fiscal.

---

[15] Aus: Ernst Walder (Hg.), Von der Dritten zur Vierten Republik (Quellen zur Neueren Geschichte), Bern 1950, S. 25–38. Die deutsche Übersetzung stammt von Stefan Grüner und Henning Meyer.

Verfassungsdokumente des Etat Français (1940) [deutsch]

Das Verfassungsgesetz vom 10. Juli 1940

[...]

Erster und einziger Artikel. – Die Nationalversammlung übergibt an die unter der Leitung von Marschall Pétain stehende Regierung der Republik die Machtbefugnis, durch einen oder mehrere Gesetzesakte eine neue Verfassung des französischen Staates zu verkünden. Diese Verfassung hat die Rechte der Arbeit, der Familie und des Vaterlandes zu garantieren.

Sie wird von der Nation ratifiziert und von den Versammlungen angewendet werden, welche sie schaffen wird. Das vorliegende Verfassungsgesetz, das von der Nationalversammlung beraten und angenommen wurde, wird wie ein Staatsgesetz angewendet.

Gegeben zu Vichy, den 10. Juli 1940.   Albert Lebrun.

Durch den Präsidenten der Republik:

Der Marschall von Frankreich, Président du Conseil,

Ph. Pétain.

Verfassungsakt Nr. 1 (11. Juli 1940)

Wir, Philippe Pétain, Marschall Frankreichs, erklären gemäß dem Verfassungsgesetz vom 10. Juli 1940 die Übernahme des Amtes des französischen Staatschefs.

Infolgedessen verfügen wir: Artikel 2 des Verfassungsgesetzes vom 25. Februar 1875 ist außer Kraft gesetzt.

Gegeben zu Vichy, den 11. Juli 1940.   Ph. Pétain.

Verfassungsakt Nr. 2 zur Festlegung der Befugnisse des französischen Staatschefs (11. Juli 1940)

Wir, Marschall Frankreichs und französischer Staatschef, erklären gemäß dem Verfassungsgesetz vom 10. Juli 1940:

Art. 1 – § 1 – Der französische Staatschef hat die Fülle der Regierungsgewalt inne, er ernennt die Minister und Staatssekretäre und setzt sie ab, sie sind nur ihm verantwortlich.

§ 2 – Er übt die gesetzgebende Gewalt im Rahmen des Ministerrats aus:

1° Bis zur Bildung neuer parlamentarischer Versammlungen;

2° Nach deren Bildung im Falle einer äußeren oder einer ernsten inneren Krise auf eigene Entscheidung hin und in gleicher Form. Unter den gleichen Umständen kann er Haushalts- und Steuerverordnungen jeder Art erlassen.

§ 3 – Er verkündet die Gesetze und überwacht ihre Ausführung.

§ 4 – Er ernennt alle zivilen und militärischen Amtsinhaber, für welche das Gesetz keine andere Art der Bestimmung vorsieht.

§ 5 – Er verfügt über die Streitkräfte.

§ 3. – Il promulgue les lois et assure leur exécution.

§ 4. – Il nomme à tous les emplois civils et militaires pour lesquels la loi n'a pas prévu d'autre mode de désignation.

§ 5. – Il dispose de la force armée.

§ 6. – Il a le droit de grâce et d'amnistie.

§ 7. – Les envoyés et ambassadeurs des puissances étrangères sont accrédités auprès de lui.

Il négocie et ratifie les traités.

§ 8. – Il peut déclarer l'état de siège dans une ou plusieurs portions du territoire.

§ 9. – Il ne peut déclarer la guerre sans l'assentiment préalable des Assemblées législatives.

Art. 2. – Sont abrogées toutes dispositions des lois constitutionnelles des 24 février 1875, 25 février 1875 et 16 juillet 1875, incompatibles avec le présent acte.

Fait à Vichy, le 11 juillet 1940.   Ph. Pétain.

Acte constitutionnel N° 3 relatif au Chef de l'Etat français (11 juillet 1940)

Nous, Maréchal de France, Chef de l'Etat français, Vu la loi constitutionnelle du 10 juillet 1940,

Décrétons:

Art. 1er. – Le Sénat et la Chambre des députés subsisteront jusqu'à ce que soient formées les Assemblées prévues par la loi constitutionnelle du 10 juillet 1940.

Art. 2. – Le Sénat et la Chambre des députés sont ajournés jusqu'à nouvel ordre. Ils ne pourront désormais se réunir que sur convocation du Chef de l'Etat.

Art. 3. – L'article 1er de la loi constitutionnelle du 16 juillet 1875 est abrogé.

Fait à Vichy, le 11 juillet 1940.   Ph. Pétain.

Acte constitutionnel N° 4 relatif à la suppléance et à la succession du Chef de l'Etat (12 juillet 1940)

Nous, Maréchal de France, Chef de l'Etat français, Vu la loi du 10 juillet 1940,

Décrétons:

Art. 1er. – Si pour quelque cause que ce soit avant la ratification par la Nation de la nouvelle Constitution, nous sommes empêché d'exercer la fonction de Chef de l'Etat, M. Pierre Laval, Vice-Président du Conseil des ministres, l'assumera de plein droit.

Art. 2. – Dans le cas où M. Pierre Laval serait empêché pour quelque cause que ce soit, il serait à son tour remplacé par la personne que désignerait, à la majorité de sept voix, le Conseil des ministres. Jusqu'à l'investiture de celle-ci, les fonctions seraient exercées par le Conseil des ministres.

Fait à Vichy, le 12 juillet 1940.   Ph. Pétain.

[...]

§ 6 – Er hat das Recht zu Begnadigung und Amnestie.

§ 7 – Die Gesandten und Botschafter fremder Mächte sind bei ihm akkreditiert. Er handelt die Verträge aus und ratifiziert sie.

§ 8 – Er kann den Belagerungszustand über einen oder mehrere Teile des Hoheitsgebietes verhängen

§ 9 – Er kann nicht ohne vorherige Zustimmung der Gesetzgebenden Versammlungen den Krieg erklären.

Art. 2 – Alle Bestimmungen der Verfassungsgesetze vom 24. Februar 1875, 25. Februar 1875 und 16. Juli 1875, die unvereinbar mit dem gegenwärtigen Verfassungsakt sind, werden außer Kraft gesetzt.

Gegeben zu Vichy, den 11. Juli 1940.   Ph. Pétain.

Verfassungsakt Nr. 3 bezüglich des Chefs des französischen Staates (11. Juli 1940)

Wir, Marschall Frankreichs und Chef des französischen Staates, verfügen gemäß dem Verfassungsgesetz vom 10. Juli 1940:

Art. 1 – Der Senat und die Abgeordnetenkammer bestehen weiter fort, bis die von dem Verfassungsgesetz vom 10. Juli 1940 vorgesehenen Versammlungen gebildet worden sind.

Art. 2 – Der Senat und die Abgeordnetenkammer sind bis auf weiteres vertagt. Sie können sich von nun ab nur bei Einberufung durch den Staatschef versammeln.

Art. 3 – Artikel 1 des Verfassungsgesetzes vom 16. Juli 1875 ist außer Kraft gesetzt.

Gegeben zu Vichy, den 11. Juli 1940.   Ph. Pétain.

Verfassungsakt Nr. 4 bezüglich der Stellvertretung und der Nachfolge des Staatschefs (12. Juli 1940)

Wir, Marschall Frankreichs und französischer Staatschef, verfügen gemäß dem Gesetz vom 10. Juli 1940:

Art. 1 – Wenn wir aus einem beliebigen Grund vor der Ratifizierung der neuen Verfassung durch die Nation verhindert sind, die Funktion des Staatschefs auszuüben, wird sie der stellvertretende Ministerpräsident, Herr Pierre Laval, mit vollen Rechten übernehmen.

Art. 2 – Tritt der Fall ein, daß Herr Pierre Laval aus beliebigem Grunde an der Ausübung des Amtes gehindert sein sollte, wird er seinerseits durch die Person ersetzt, die der Ministerrat mit einer Mehrheit von 7 Stimmen bestimmt. Bis zu deren Einsetzung werden die entsprechenden Funktionen vom Ministerrat ausgeübt.

Gegeben zu Vichy, den 12. Juli 1940.   Ph. Pétain.

[...]

12. Die Verfassung der Vierten Republik (1946)[16]

[...]

TITRE II. Du Parlement

Art. 5. – Le Parlement se compose de l'Assemblée nationale et du Conseil de la République.

Art. 6. – La durée des pouvoirs de chaque Assemblée, son mode d'élection, les conditions d'éligibilité, le régime des inéligibilités et incompatibilités sont déterminés par la loi.

Toutefois, les deux Chambres sont élues sur une base territoriale, l'Assemblée nationale au suffrage universel direct, le Conseil de la République par les collectivités communales et départementales, au suffrage universel indirect. Le Conseil de la République est renouvelable par moitié.

Néanmoins, l'Assemblée nationale peut élire elle-même à la représentation proportionnelle des conseillers dont le nombre ne doit pas excéder le sixième du nombre total des membres du Conseil de la République. Le nombre des membres du Conseil de la République ne peut être inférieur à deux cent cinquante ni supérieur à trois cent vingt.

Art. 7. – La guerre ne peut être déclarée sans un vote de l'Assemblée nationale et l'avis préalable du Conseil de la République.

[...]

Art. 10. – Les séances des deux Chambres sont publiques. Les comptes rendus in extenso des débats ainsi que les documents parlementaires sont publiés au Journal officiel. Chacune des deux Chambres peut se constituer en comité secret.

[...]

Art. 13. – L'Assemblée nationale vote seule la loi. Elle ne peut déléguer ce droit.

Art. 14. – Le Président du Conseil des ministres et les membres du Parlement ont l'initiative des lois. Les projets de loi et les propositions de loi formulés par les membres de l'Assemblée nationale sont déposés sur le bureau de celle-ci. Les propositions de loi formulées par les membres du Conseil de la République sont déposées sur le bureau de celui-ci et transmises sans débat au bureau de l'Assemblée nationale. Elles ne sont pas recevables lorsqu'elles auraient pour conséquence une diminution de recettes ou une création de dépenses.

Art. 15. – L'Assemblée nationale étudie les projets et propositions de loi dont elle est saisie, dans des commissions dont elle fixe le nombre, la composition et la compétence.

Art. 16. – L'Assemblée nationale est saisie du projet de budget. Cette loi ne pourra comprendre que des dispositions strictement financières. Une loi organique réglera le mode de présentation du budget.

[...]

---

[16] Nach: Franz, Staatsverfassungen, S. 410–453.

Die Verfassung der Vierten Republik (1946) [deutsch]

[...]

TITEL II. Vom Parlament

Art. 5. Das Parlament besteht aus der Nationalversammlung und dem Rat der Republik.

Art. 6. Die Dauer der Vollmachten jeder Kammer, die Art ihrer Wahl, die Bedingungen der Wählbarkeit, die Ordnung der Nichtwählbarkeit und Unvereinbarkeit [mit anderen Ämtern] wird durch Gesetz bestimmt. Jede der beiden Kammern wird auf gebietsmäßiger Grundlage gewählt, die Nationalversammlung durch allgemeine, direkte Wahl, der Rat der Republik durch die örtlichen und departementalen Gemeinschaften in allgemeiner, indirekter Wahl. Der Rat der Republik wird zur Hälfte erneuert. Doch kann die Nationalversammlung selbst zur verhältnismäßigen Vertretung Räte wählen, deren Zahl nicht über ein Sechstel der Gesamtzahl der Mitglieder des Rates der Republik hinausgehen darf. Die Zahl der Mitglieder des Rates der Republik darf nicht weniger als 250, nicht mehr als 320 betragen.

Art. 7. Krieg darf nicht ohne einen Beschluß der Nationalversammlung und vorherige Anhörung des Rates der Republik erklärt werden.

[...]

Art. 10. Die Sitzungen beider Kammern sind öffentlich. Die Parlamentsberichte werden vollständig ebenso wie die Parlamentsdrucksachen im amtlichen Journal veröffentlicht. Jeder der beiden Kammern kann die Öffentlichkeit ausschließen.

[...]

Art. 13. Die Nationalversammlung allein beschließt Gesetze. Sie kann dieses Recht nicht übertragen.

Art. 14. Der Ministerpräsident und die Mitglieder des Parlaments haben die Gesetzesinitiative. Die Entwürfe und Vorschläge von Gesetzen, die durch Mitglieder der Nationalversammlung abgefaßt werden, werden bei deren Büro eingereicht. Die Vorschläge von Gesetzen, die durch Mitglieder des Rates der Republik abgefaßt werden, werden bei dessen Büro eingereicht und ohne Aussprache dem Büro der Nationalversammlung übersandt. Sie sind nicht statthaft, wenn sie eine Verminderung der Einnahmen oder eine Schaffung neuer Ausgaben zur Folge haben würden.

Art. 15. Die Nationalversammlung prüft die Entwürfe und Vorschläge von Gesetzen, die ihr vorgelegt werden, in den Ausschüssen, deren Zahl, Zusammensetzung und Zuständigkeit sie festlegt.

Art. 16. Der Nationalversammlung wird der Haushaltsvoranschlag vorgelegt. Dieses Gesetz darf nur ausschließlich finanzielle Verfügungen enthalten. Ein Grundgesetz ordnet die Art der Vorlage des Staatshaushaltes.

[...]

Art. 19. Eine Amnestie kann nur durch ein Gesetz bewilligt werden.

Art. 20. Der Rat der Republik prüft gutachtlich die Entwürfe und Vorschläge von Gesetzen, die in erster Lesung durch die Nationalversammlung angenommen worden sind. Er erstattet sein Gutachten spätestens binnen zwei Monaten nach Übersendung durch die Nationalversammlung. Wenn es sich um das Haushaltsgesetz han-

Art. 19. – L'amnistie ne peut être accordée que par une loi.

Art. 20. – Le Conseil de la République examine, pour avis, les projets et propositions de loi votés en première lecture par l'Assemblée nationale.

Il donne son avis au plus tard dans les deux mois qui suivent la transmission par l'Assemblée nationale. Quand il s'agit de la loi du budget, ce délai est abrégé, le cas échéant, de façon à ne pas excéder le temps utilisé par l'Assemblée nationale pour son examen et son vote. Quand l'Assemblée nationale décide l'adoption d'une procédure d'urgence, le Conseil de la République donne son avis dans le même délai que celui prévu pour les débats de l'Assemblée nationale par le règlement de celle-ci. Les délais prévus au présent article sont suspendus pendant les interruptions de session. Ils peuvent être prolongés par décision de l'Assemblée nationale. Si l'avis du Conseil de la République est conforme ou s'il n'a pas été donné dans les délais prévus à l'alinéa précédent, la loi est promulguée dans le texte voté par l'Assemblée nationale. Si l'avis n'est pas conforme, l'Assemblée nationale examine le projet ou la proposition de loi en seconde lecture.

Elle statue définitivement et souverainement sur les seuls amendements proposés par le Conseil de la République, en les acceptant ou en les rejetant en tout ou en partie. En cas de rejet total ou partiel de ces amendements, le vote en seconde lecture de la loi a lieu au scrutin public, à la majorité absolue des membres composant l'Assemblée nationale, lorsque le vote sur l'ensemble a été émis par le Conseil de la République dans les mêmes conditions.

[…]

Art. 24. – Nul ne peut appartenir à la fois à l'Assemblée nationale et au Conseil de la République. Les membres du Parlement ne peuvent faire partie du Conseil économique, ni de l'Assemblée de l'Union française.

[…]

TITRE V. Du Président de la République

Art. 29. – Le Président de la République est élu par le Parlement. Il est élu pour sept ans. Il n'est rééligible qu'une fois.

Art. 30. – Le Président de la République nomme en Conseil des ministres les Conseillers d'Etat, le Grand Chancelier de la Légion d'honneur, les ambassadeurs et les envoyés extraordinaires, les membres du Conseil supérieur et du Comité de la défense nationale, les recteurs des universités, les préfets, les directeurs des administrations centrales, les officiers généraux, les représentants du Gouvernement dans les territoires d'outre-mer.

Art. 31. – Le Président de la République est tenu informé des négociations internationales. Il signe et ratifie les traités. Le Président de la République accrédite les ambassadeurs et les envoyés extraordinaires auprès des puissances étrangères; les ambassadeurs et les envoyés extraordinaires étrangers sont accrédités auprès de lui.

Art. 32. – Le Président de la République préside le Conseil des ministres. Il fait établir et conserve les procès-verbaux des séances.

delt, verkürzt sich diese Frist gegebenenfalls derart, daß sie die von der Nationalversammlung für die Prüfung und Abstimmung benötigte Zeit nicht überschreitet. Wenn die Nationalversammlung sich für die Annahme des Dringlichkeitsverfahrens entschieden hat, gibt der Rat der Republik sein Gutachten in der gleichen Frist, die für die Debatten der Nationalversammlung durch deren Geschäftsordnung vorgesehen ist. Die in diesem Artikel vorgesehenen Fristen laufen nicht während der Unterbrechungen der Tagung. Sie können durch Entscheid der Nationalversammlung verlängert werden. Wenn das Gutachten des Rates der Republik übereinstimmt [mit dem Beschluß der Nationalversammlung] oder wenn es nicht in den im vorhergehenden Absatz vorgesehenen Fristen erstattet wird, wird das Gesetz in dem durch die Nationalversammlung beschlossenen Wortlaut verkündet. Die Nationalversammlung prüft den Entwurf oder den Vorschlag eines Gesetzes in zweiter Lesung, wenn das Gutachten damit nicht übereinstimmt. Sie befindet endgültig und souverän über die durch den Rat der Republik vorgeschlagenen Abänderungen, indem sie sie insgesamt oder zum Teil annimmt oder verwirft. Im Falle der ganzen oder teilweisen Ablehnung dieser Anträge muß das Gesetz in zweiter Lesung in öffentlicher Abstimmung durch die absolute Mehrheit der Mitglieder, welche die Nationalversammlung bilden, angenommen werden, wenn die Abstimmung über das Ganze [Gesetz] durch den Rat der Republik unter den gleichen Bedingungen vorgenommen worden ist.

[...]

Art. 24. Niemand kann zugleich der Nationalversammlung und dem Rat der Republik angehören. Die Mitglieder des Parlamentes können nicht Mitglieder des Wirtschaftsrates oder der Versammlung der Französischen Union sein.

[...]

TITEL V. Vom Präsidenten der Republik

Art. 29. Der Präsident der Republik wird durch das Parlament gewählt. Er wird für 7 Jahre gewählt. Er ist nur einmal wiederwählbar.

Art. 30. Der Präsident ernennt im Ministerrat die Staatsräte, den Großkanzler der Ehrenlegion, die Botschafter und außerordentlichen Gesandten, die Mitglieder des Obersten Rates und des Komitees der Nationalen Verteidigung, die Rektoren der Universitäten, die Präfekten, die Direktoren der Zentralverwaltungen, die Generale, die Vertreter der Regierung in den überseeischen Territorien.

Art. 31. Der Präsident der Republik wird über die internationalen Geschäfte unterrichtet. Er unterzeichnet und ratifiziert die Verträge. Der Präsident der Republik beglaubigt die Botschafter und die außerordentlichen Gesandten bei fremden Mächten. Die Botschafter und die außerordentlichen Gesandten fremder Mächte werden bei ihm beglaubigt.

Art. 32. Der Präsident der Republik führt den Vorsitz im Ministerrat. Er läßt die Sitzungsprotokolle führen und bewahrt sie auf.

Art. 33. Der Präsident der Republik führt mit den gleichen Befugnissen den Vorsitz im Obersten Rat und im Komitee der Nationalen Verteidigung. Er führt den Titel eines Chefs der Armee.

Art. 33. – Le Président de la République préside, avec les même attributions, le Conseil supérieur et le Comité de la défense nationale et prend le titre de chef des armées.

Art. 34. – Le Président de la République préside le Conseil supérieur de la magistrature.

Art. 35. – Le Président de la République exerce le droit de grâce en Conseil supérieur de la magistrature.

Art. 36. – Le Président de la République promulgue les lois dans les dix jours qui suivent la transmission au Gouvernement de la loi définitivement adoptée. Ce délai est réduit à cinq jours en cas d'urgence déclarée par l'Assemblée nationale.

Dans le délai fixé pour la promulgation, le Président de la République peut, par un message motivé, demander aux deux Chambres une nouvelle délibération, qui ne peut être refusée. A défaut de promulgation par le Président de la République dans les délais fixés par la présente Constitution, il y sera pourvu par le Président de l'Assemblée nationale.

Art. 37. – Le Président de la République communique avec le Parlement par des messages adressés à l'Assemblée nationale.

Art. 38. – Chacun des actes du Président de la République doit être contresigné par le Président du Conseil des ministres et par un ministre.

[…]

Art. 42. – Le Président de la République n'est responsable que dans le cas de haute trahison. Il peut être mis en accusation par l'Assemblée nationale et renvoyé devant la Haute Cour de justice dans les conditions prévues à l'article 57 ci-dessous.

Art. 43. – La charge de Président de la République est incompatible avec toute autre fonction publique.

Art. 44. – Les membres des familles ayant régné sur la France sont inéligibles à la Présidence de la République.

TITRE VI. Du Conseil des ministres

Art. 45. – Au début de chaque législature, le Président de la République, après les consultations d'usage, désigne le Président du Conseil.

Celui-ci soumet à l'Assemblée nationale le programme et la politique du Cabinet qu'il se propose de constituer. Le Président du Conseil et les ministres ne peuvent être nommés qu'après que le Président du Conseil ait été investi de la confiance de l'Assemblée au scrutin public et à la majorité absolue des députés, sauf cas de force majeure empêchant la réunion de l'Assemblée nationale. Il en est de même au cours de la législature, en cas de vacance par décès, démission ou toute autre cause, sauf ce qui est dit à l'article 52 ci-dessous. Aucune crise ministérielle intervenant dans le délai de quinze jours de la nomination des ministres ne compte pour l'application de l'article 51.

Art. 46. – Le Président du Conseil et les ministres choisis par lui sont nommés par décret du Président de la République.

Art. 34. Der Präsident der Republik führt den Vorsitz im Obersten Rat des Richtertums.

Art. 35. Der Präsident der Republik übt das Gnadenrecht im Obersten Rat des Richtertums aus.

Art. 36. Der Präsident der Republik verkündet die Gesetze binnen 10 Tagen nach Übergabe des endgültig angenommenen Gesetzes an die Regierung. Diese Frist verkürzt sich auf 5 Tage, wenn es durch die Nationalversammlung für dringlich erklärt worden ist. In der für die Verkündigung festgelegten Frist kann der Präsident der Republik durch eine begründete Botschaft von beiden Kammern eine neue Beratung fordern. Sie darf nicht verweigert werden. Im Falle [, daß] der Präsident der Republik die Verkündigung in den durch die gegenwärtige Verfassung festgelegten Fristen nicht vornimmt, wird sie durch den Präsidenten der Nationalversammlung erfolgen.

Art. 37. Der Präsident der Republik verkehrt mit dem Parlament durch Botschaften, die an die Nationalversammlung gerichtet werden.

Art. 38. Jede Verfügung des Präsidenten der Republik muß durch den Ministerpräsidenten und einen Minister gegengezeichnet sein.

[...]

Art. 42. Der Präsident der Republik ist nur im Falle des Hochverrats verantwortlich. Er kann durch die Nationalversammlung in Anklagezustand versetzt und unter den im nachstehenden Artikel 57 vorgesehenen Bedingungen dem Hohen Gerichtshof übergeben werden.

Art. 43. Das Amt des Präsidenten der Republik ist mit jedem anderen öffentlichen Amte unvereinbar.

Art. 44. Die Mitglieder der Familien, die in Frankreich regiert haben, sind zur Präsidentschaft der Republik nicht wählbar.

TITEL VI. Vom Ministerrat

Art. 45. Zu Beginn jeder Wahlperiode bezeichnet der Präsident der Republik nach den üblichen Beratungen den Ministerpräsidenten. Dieser unterbreitet der Nationalversammlung das Programm und die Politik des Kabinetts, das er sich zu bilden vornimmt. Der Ministerpräsident und die Minister können nur ernannt werden, nachdem der Ministerpräsident in öffentlicher Abstimmung durch die absolute Mehrheit der Abgeordneten das Vertrauen der Versammlung erhalten hat, es sei denn, daß höhere Gewalt den Zusammentritt der Nationalversammlung verhindert. Das gleiche geschieht im Verlauf der Wahlperiode im Falle der Erledigung durch Tod, Rücktritt oder aus anderer Ursache unter Vorbehalt dessen, was unten im Artikel 52 festgesetzt ist. Jede Ministerkrise, die binnen 14 Tagen nach Ernennung der Minister eintritt, fällt nicht unter die Anwendung des Artikels 51.

Art. 46. Der Ministerpräsident und die durch ihn gewählten Minister werden durch Dekret des Präsidenten der Republik ernannt.

Art. 47. Der Ministerpräsident sichert die Ausführung der Gesetze. Er ernennt alle bürgerlichen und militärischen Beamten bis auf die in den Artikeln 30, 46 und 84 vorgesehenen Fälle. Der Ministerpräsident sichert die Führung der be-

Art. 47. – Le Président du Conseil des ministres assure l'exécution des lois. Il nomme à tous les emplois civils et militaires, sauf ceux prévus par les articles 30, 46 et 84. Le Président du Conseil assure la direction des forces armées et coordonne la mise en œuvre de la défense nationale. Les actes du Président du Conseil des ministres prévus au présent article sont contresignés par les ministres intéressés.

Art. 48. – Les ministres sont collectivement responsables devant l'Assemblée nationale de la politique générale du Cabinet et individuellement de leurs actes personnels. Ils ne sont pas responsables devant le Conseil de la République.

Art. 49. – La question de confiance ne peut être posée qu'après délibération du Conseil des ministres; elle ne peut l'être que par le Président du Conseil.

Le vote sur la question de confiance ne peut intervenir qu'un jour franc après qu'elle a été posée devant l'Assemblée. Il a lieu au scrutin public. La confiance ne peut être refusée au Cabinet qu'à la majorité absolue des députés à l'Assemblée. Ce refus entraîne la démission collective du Cabinet.

Art. 50. – Le vote par l'Assemblée nationale d'une motion de censure entraîne la démission collective du Cabinet. Ce vote ne peut intervenir qu'un jour franc après le dépôt de la motion. Il a lieu au scrutin public. La motion de censure ne peut être adoptée qu'à la majorité absolue des députés à l'Assemblée.

Art. 51. – Si, au cours d'une même période de dix-huit mois, deux crises ministérielles surviennent dans les conditions prévues aux articles 49 et 50, la dissolution de l'Assemblée nationale pourra être décidée en Conseil des ministres, après avis du Président de l'Assemblée. La dissolution sera prononcée, conformément à cette décision, par décret du Président de la République. Les dispositions de l'alinéa précédent ne sont applicables qu'à l'expiration des dix-huit premiers mois de la législature.

Art. 52. – En cas de dissolution, le Cabinet, à l'exception du Président du Conseil et du Ministre de l'intérieur, reste en fonction pour expédier les affaires courantes.

Le Président de la République désigne le Président de l'Assemblée nationale comme Président du Conseil. Celui-ci désigne le nouveau Ministre de l'intérieur en accord avec le bureau de l'Assemblée nationale. Il désigne comme ministres d'Etat des membres des groupes non représentés au Gouvernement. Les élections générales ont lieu vingt jours au moins, trente jours au plus après la dissolution. L'Assemblée nationale se réunit de plein droit le troisième jeudi qui suit son élection.

Art. 53. – Les ministres ont accès aux deux Chambres et à leurs commissions. Ils doivent être entendus quand ils le demandent. Ils peuvent se faire assister dans les discussions devant les Chambres par des commissaires désignés par décret.

Art. 54. – Le Président du Conseil des ministres peut déléguer ses pouvoirs à un ministre.

Art. 55. – En cas de vacance par décès ou pour toute autre cause, le Conseil des ministres charge un de ses membres d'exercer provisoirement les fonctions de Président du Conseil des ministres.

[…]

waffneten Macht und koordiniert den Einsatz der nationalen Verteidigung. Die im gegenwärtigen Artikel vorgesehenen Verfügungen des Ministerpräsidenten werden durch die beteiligten Minister gegengezeichnet.

Art. 48. Die Minister sind gemeinschaftlich vor der Nationalversammlung für die allgemeine Politik des Kabinetts und einzeln für ihre persönlichen Verfügungen verantwortlich. Sie sind nicht dem Rat der Republik verantwortlich.

Art. 49. Die Vertrauensfrage kann nur nach Beratung im Ministerrat gestellt werden. Sie kann nur durch den Ministerpräsidenten gestellt werden.

Die Abstimmung über die Vertrauensfrage kann, nachdem sie vor der Versammlung gestellt ist, nur nach Verlauf eines ganzen Tages stattfinden. Sie erfolgt in öffentlicher Abstimmung. Das Vertrauen kann dem Kabinett nur durch die absolute Mehrheit der Abgeordneten der Versammlung verweigert werden. Diese Verweigerung zieht den Gesamtrücktritt des Kabinetts nach sich.

Art. 50. Der Beschluß eines Mißtrauensantrages durch die Nationalversammlung zieht den Gesamtrücktritt des Kabinetts nach sich. Dieser Beschluß kann nur nach Verlauf eines ganzen Tages nach Einbringung des Antrages gefaßt werden. Er erfolgt in öffentlicher Abstimmung. Der Mißtrauensantrag kann nur durch die absolute Mehrheit der Abgeordneten der Versammlung angenommen werden.

Art. 51. Wenn im Verlauf eines Zeitraumes von 18 Monaten zwei Ministerkrisen unter den in den Artikeln 49 und 50 vorgesehenen Bedingungen eintreten, kann nach Anhören des Präsidenten der Versammlung die Auflösung der Nationalversammlung im Ministerrat beschlossen werden. Die Auflösung wird in Übereinstimmung mit diesem Beschlusse durch Dekret des Präsidenten der Republik verkündet. Die Verfügungen des vorstehenden Absatzes sind nur nach Verlauf der ersten 18 Monate der Wahlperiode anwendbar.

Art. 52. Im Falle der Auflösung bleibt das Kabinett mit Ausnahme des Ministerpräsidenten und des Innenministers zur Erledigung der laufenden Geschäfte im Amt. Der Präsident der Republik bestimmt den Präsidenten der Nationalversammlung als neuen Ministerpräsidenten. Dieser bestimmt den neuen Innenminister in Übereinstimmung mit dem Büro der Nationalversammlung. Er bestimmt Staatsminister aus den Mitgliedern der in der Regierung nicht vertretenen Parteien. Die allgemeinen Wahlen finden mindestens 20 Tage, höchstens 30 Tage nach der Auflösung statt. Die Nationalversammlung tritt rechtmäßig am dritten Donnerstag nach ihrer Wahl zusammen.

Art. 53. Die Minister haben Zutritt zu den beiden Kammern und ihren Ausschüssen. Sie müssen, wenn sie es fordern, angehört werden. Sie können sich in den Aussprachen vor den Kammern durch Kommissare, die durch ein Dekret bezeichnet sind, unterstützen lassen.

Art. 54. Der Ministerpräsident kann seine Vollmachten einem Minister übertragen.

Art. 55. Im Falle der Erledigung durch Tod oder aus anderer Ursache beauftragt der Ministerrat eines seiner Mitglieder, vorübergehend die Befugnisse des Ministerpräsidenten wahrzunehmen.   [...]

13. Die Verfassung der Fünften Republik (1958)[17]

[...]
TITRE II. Le Président de la République
Article 5. Le Président de la République veille au respect de la Constitution. Il assure, par son arbitrage, le fonctionnement régulier des pouvoirs publics ainsi que la continuité de l'Etat. Il est le garant de l'indépendance nationale, de l'intégrité du territoire, du respect des accords de Communauté et des traités.

Article 6[a]. Le Président de la République est élu pour sept ans par un collège électoral comprenant les membres du Parlement, des conseils généraux et des assemblées des territoires d'outre-mer, ainsi que les représentants élus des conseils municipaux. [...]

Article 7[b]. L'élection du Président de la République a lieu à la majorité absolue au premier tour. Si celle-ci n'est pas obtenue, le Président de la République est élu au second tour à la majorité relative. [...]

Article 8. Le Président de la République nomme le Premier ministre. Il met fin à ses fonctions sur la présentation par celui-ci de la démission du Gouvernement. Sur la proposition du Premier ministre, il nomme les autres membres du Gouvernement et met fin à leurs fonctions.

Article 9. Le Président de la République préside le Conseil des ministres.

Article 10. Le Président de la République promulgue les lois dans les quinze jours qui suivent la transmission au Gouvernement de la loi définitivement adoptée. Il peut, avant l'expiration de ce délai, demander au Parlement une nouvelle délibération de la loi ou de certains de ses articles. Cette nouvelle délibération ne peut être refusée.

Article 11. Le Président de la République, sur proposition du Gouvernement pendant la durée des sessions ou sur proposition conjointe des deux assemblées, publiées au Journal officiel, peut soumettre au référendum tout projet de loi portant sur l'organisation des pouvoirs publics, comportant approbation d'un accord de Communauté ou tendant à autoriser la ratification d'un traité qui, sans être

---

[a] Aktuelle Fassung seit der Loi constitutionnelle vom 2. Oktober 2000:
Article 6: Le Président de la République est élu pour cinq ans au suffrage universel direct.
[...]
[b] Aktuelle Fassung des ersten Absatzes seit der Loi constitutionnelle vom 6. November 1962:
Article 7: Le Président de la République est élu à la majorité absolue des suffrages exprimés. Si celle-ci n'est pas obtenue au premier tour de scrutin, il est procédé, le deuxième dimanche suivant, à un second tour. Seuls peuvent s'y présenter les deux candidats qui, le cas échéant après retrait de candidats plus favorisés, se trouvent avoir recueilli le plus grand nombre de suffrages au premier tour.
[17] Aus: Franz, Staatsverfassungen, S. 452–493. Zugrundegelegt ist der Verfassungstext von 1958. Von den seither erfolgten Verfassungsänderungen wurden nur die Art. 6 und 7 betreffenden berücksichtigt.

Die Verfassung der Fünften Republik (1958) [deutsch]

[...]

II. Der Präsident der Republik

Art. 5. Der Präsident der Republik wacht über die Einhaltung der Verfassung; mit seinem Schiedsspruch sichert er die ordnungsgemäße Tätigkeit der öffentlichen Gewalt sowie die Kontinuität des Staates. Er ist der Garant der nationalen Unabhängigkeit, der Integrität des Staatsgebietes, der Beachtung der Verträge und Abkommen der Gemeinschaft.

Art. 6[a]. Der Präsident der Republik wird auf sieben Jahre von einem Wahlkollegium gewählt, bestehend aus den Mitgliedern des Parlaments, der Generalräte und der Versammlungen der überseeischen Gebiete sowie aus den gewählten Vertretern der Gemeinderäte. [...]

Art. 7[b]. Die Wahl des Präsidenten der Republik erfolgt im ersten Wahlgang mit absoluter Mehrheit. Wurde sie nicht erreicht, so wird der Präsident der Republik im zweiten Wahlgang mit relativer Mehrheit gewählt. [...]

Art. 8. Der Präsident der Republik ernennt den Premierminister. Er entläßt den Premierminister aus seinem Amt, nachdem ihm dieser den Rücktritt der Regierung angeboten hat. Auf Vorschlag des Premierministers ernennt und entläßt er die übrigen Mitglieder der Regierung.

Art. 9. Der Präsident der Republik führt den Vorsitz im Ministerrat.

Art. 10. Der Präsident der Republik verkündet die Gesetze innerhalb von 15 Tagen, nachdem sie endgültig angenommen und der Regierung übermittelt worden sind. Er kann vor Ablauf dieser Frist vom Parlament eine neue Beratung des Gesetzes oder einzelner seiner Artikel verlangen. Diese neue Beratung kann nicht verweigert werden.

Art. 11. Der Präsident der Republik kann auf Vorschlag der Regierung oder auf gemeinsamen Vorschlag beider Versammlungen, nachdem er im Staatsanzeiger veröffentlicht wurde, jeden Gesetzentwurf zum Volksentscheid bringen, der die Organisation der öffentlichen Gewalt betrifft, auf die Annahme eines Vertrages der Gemeinschaft oder die Ratifizierung eines Abkommens abzielt, das, ohne im Widerspruch zur Verfassung zu stehen, Folgen für das Funktionieren der Einrichtungen haben könnte.

---

[a] Aktuelle Fassung seit dem Verfassungsgesetz vom 2. Oktober 2000:
Art. 6: Der Präsident der Republik wird für die Dauer von fünf Jahren in allgemeiner und direkter Wahl gewählt. [...]

[b] Aktuelle Fassung des ersten Absatzes seit dem Verfassungsgesetz vom 6. November 1962:
Art. 7: Der Präsident der Republik wird durch die absolute Mehrheit der abgegebenen Stimmen gewählt. Wenn diese im ersten Wahlgang nicht erreicht wird, so wird am zweiten darauffolgenden Sonntag ein zweiter Wahldurchgang durchgeführt. Bei diesem können sich nur die zwei Kandidaten zur Wahl stellen, die, gegebenenfalls nach dem Verzicht von Kandidaten, die mehr Stimmen auf sich vereinigen konnten, im ersten Wahlgang die meisten Stimmen erhalten haben.

contraire à la Constitution, aurait des incidences sur le fonctionnement des institutions.

Lorsque le référendum a conclu à l'adoption du projet, le Président de la République promulgue la loi dans le délai prévu à l'article précédent.

Article 12. Le Président de la République peut, après consultation du Premier ministre et des présidents des assemblées, prononcer la dissolution de l'Assemblée nationale. [...]

Article 13. Le Président de la République signe les ordonnances et les décrets délibérés en Conseil des ministres. Il nomme aux emplois civils et militaires de l'Etat.

Les conseillers d'Etat, le grand chancelier de la Légion d'honneur, les ambassadeurs et envoyés extraordinaires, les conseillers maîtres à la Cour des comptes, les préfets, les représentants du Gouvernement dans les territoires d'outre-mer, les officiers généraux, les recteurs des académies, les directeurs des administrations centrales sont nommés en Conseil des ministres. Une loi organique détermine les autres emplois auxquels il est pourvu en Conseil des ministres ainsi que les conditions dans lesquelles le pouvoir de nomination du Président de la République peut être par lui délégué pour être exercé en son nom.

Article 14. Le Président de la République accrédite les ambassadeurs et les envoyés extraordinaires auprès des puissances étrangères; les ambassadeurs et les envoyés extraordinaires étrangers sont accrédités auprès de lui.

Article 15. Le Président de la République est le chef des armées. Il préside les conseils et comités supérieurs de la Défense nationale.

Article 16. Lorsque les institutions de la République, l'indépendance de la nation, l'intégrité de son territoire ou l'exécution de ses engagements internationaux sont menacés d'une manière grave et immédiate et que le fonctionnement régulier des pouvoirs publics constitutionnels est interrompu, le Président de la République prend les mesures exigées par ces circonstances, après consultation officielle du Premier ministre, des présidents des assemblées ainsi que du Conseil constitutionnel. Il en informe la nation par un message.

Ces mesures doivent être inspirées par la volonté d'assurer aux pouvoirs publics constitutionnels, dans les moindres délais, les moyens d'accomplir leur mission. Le Conseil constitutionnel est consulté à leur sujet.

Le Parlement se réunit de plein droit. L'Assemblée nationale ne peut être dissoute pendant l'exercice des pouvoirs exceptionnels.

Article 17. Le Président de la République a le droit de faire grâce.

[...]

Article 19. Les actes du Président de la République autres que ceux prévus aux articles 8 (1er alinéa), 11, 12, 16, 18, 54, 56 et 61 sont contresignés par le Premier ministre et, le cas échéant, par les ministres responsables.

TITRE III. Le Gouvernement

Article 20. Le Gouvernement détermine et conduit la politique de la Nation. Il

Führt der Volksentscheid zur Annahme des Entwurfs, verkündet ihn der Präsident der Republik innerhalb der im vorangehenden Artikel vorgesehenen Frist.

Art. 12. Der Präsident der Republik kann nach Beratung mit dem Premierminister und den Präsidenten der Versammlungen die Auflösung der Nationalversammlung verfügen. [...]

Art. 13. Der Präsident der Republik unterzeichnet die vom Ministerrat beschlossenen Rechtsverordnungen und Erlasse. Er nimmt die Ernennungen zu den zivilen und militärischen Staatsämtern vor.

Die Staatsräte, der Großkanzler der Ehrenlegion, die Botschafter und außerordentlichen Gesandten, die Räte am Rechnungshofe, die Präfekten, die Regierungsvertreter in den überseeischen Gebieten, die Offiziere im Generalsrang, die Rektoren der Akademien und die Direktoren der Zentralverwaltungen werden vom Ministerrat ernannt. Ein Grundgesetz bestimmt die anderen Ämter, deren Besetzung vom Ministerrat beschlossen wird, ebenso die Bedingungen, unter denen die dem Präsidenten der Republik zustehenden Ernennungsbefugnisse in seinem Namen ausgeübt werden können.

Art. 14. Der Präsident der Republik beglaubigt die Botschafter und außerordentlichen Gesandten als Vertreter bei ausländischen Staaten; die ausländischen Botschafter und außerordentlichen Gesandten werden von ihm beglaubigt.

Art. 15. Der Präsident der Republik ist Oberbefehlshaber der Streitkräfte. Er führt den Vorsitz in den obersten Räten und Ausschüssen der nationalen Verteidigung.

Art. 16. Wenn die Einrichtungen der Republik, die Unabhängigkeit der Nation, die Integrität ihres Staatsgebietes oder die Erfüllung ihrer internationalen Verpflichtungen schwer und unmittelbar bedroht sind und die ordentliche Ausübung der öffentlichen Gewalt unterbrochen ist, ergreift der Präsident der Republik, nach förmlicher Beratung mit dem Premierminister und den Präsidenten der Versammlungen sowie des Verfassungsrats die diesen Umständen nach erforderlichen Maßnahmen. Er gibt sie der Nation in einer Botschaft bekannt. Diese Maßnahmen müssen von dem Willen bestimmt sein, der öffentlichen Gewalt in kürzester Frist die Mittel zur Erfüllung ihrer Aufgaben zu verschaffen. Dabei ist der Verfassungsrat anzuhören. Das Parlament tritt rechtmäßig zusammen. Die Nationalversammlung kann während der Ausübung der außerordentlichen Vollmachten nicht aufgelöst werden.

Art. 17. Der Präsident der Republik übt das Gnadenrecht aus.

[...]

Art. 19. Die Verfügungen des Präsidenten der Republik, mit Ausnahme derjenigen nach Artikel 8 (Absatz l), 11, 12, 16, 18, 54, 56 und 61 werden vom Premierminister und gegebenenfalls von den zuständigen Ministern gegengezeichnet.

III. Die Regierung

Art. 20. Die Regierung bestimmt und leitet die Politik der Nation. Sie verfügt über die Verwaltung und die bewaffnete Macht. Sie ist vor dem Parlament unter den Bedingungen und nach den Verfahren verantwortlich, die in Artikel 49 und 50 festgelegt sind.

dispose de l'Administration et de la force armée. Il est responsable devant le Parlement dans les conditions et suivant les procédures prévues aux articles 49 et 50.

Article 21. Le Premier ministre dirige l'action du Gouvernement. Il est responsable de la Défense nationale. Il assure l'exécution des lois. Sous réserve des dispositions de l'article 13, il exerce le pouvoir réglementaire et nomme aux emplois civils et militaires. Il peut déléguer certains de ses pouvoirs aux ministres. Il supplée, le cas échéant, le Président de la République dans la présidence des conseils et comités prévus à l'article 15. Il peut, à titre exceptionnel, le suppléer pour la présidence d'un Conseil des ministres en vertu d'une délégation expresse et pour un ordre du jour déterminé.

Article 22. Les actes du Premier ministre sont contresignés, le cas échéant, par les ministres chargés de leur exécution.

[...]

TITRE IV. Le Parlement

Article 24. Le Parlement comprend l'Assemblée nationale et le Sénat. Les députés à l'Assemblée nationale sont élus au suffrage direct. Le Sénat est élu au suffrage indirect. Il assure la représentation des collectivités territoriales de la République. Les Français établis hors de France sont représentés au Sénat.

[...]

Article 26. Aucun membre du Parlement ne peut être poursuivi, recherché, arrêté, détenu ou jugé à l'occasion des opinions ou votes émis par lui dans l'exercice de ses fonctions. Aucun membre du Parlement ne peut, pendant la durée des sessions, être poursuivi ou arrêté en matière criminelle ou correctionnelle qu'avec l'autorisation de l'assemblée dont il fait partie, sauf le cas de flagrant délit. Aucun membre du Parlement ne peut, hors session, être arrêté qu'avec l'autorisation du bureau de l'assemblée dont il fait partie, sauf le cas de flagrant délit, de poursuites autorisées ou de condamnation définitive. La détention ou la poursuite d'un membre du Parlement est suspendue si l'assemblée dont il fait partie le requiert.

Article 27. Tout mandat impératif est nul. Le droit de vote des membres du Parlement est personnel. La loi organique peut autoriser exceptionnellement la délégation de vote. Dans ce cas, nul ne peut recevoir délégation de plus d'un mandat.

[...]

Article 31. Les membres du Gouvernement ont accès aux deux assemblées. Ils sont entendus quand ils le demandent. Ils peuvent se faire assister par des commissaires du Gouvernement.

Article 32. Le président de l'Assemblée nationale est élu pour la durée de la législature. Le président du Sénat est élu après chaque renouvellement partiel.

[...]

Art. 21. Der Premierminister leitet die Tätigkeit der Regierung. Er ist für die Landesverteidigung verantwortlich. Er sorgt für die Ausführung der Gesetze. Unter Vorbehalt der in Artikel 13 festgelegten Bestimmungen übt er die ordentliche Regierungsgewalt aus und nimmt die Ernennungen für die zivilen und militärischen Ämter vor. Er kann einzelne seiner Befugnisse an die Minister übertragen. Er vertritt gegebenenfalls den Präsidenten der Republik beim Vorsitz der in Artikel 15 genannten Räte. Im Ausnahmefall kann er an dessen Stelle den Vorsitz im Ministerrat führen, kraft einer ausdrücklichen Beauftragung und für eine bestimmte Tagesordnung.

Art. 22. Die Verfügungen des Premierministers werden gegebenenfalls von den mit ihrer Ausführung beauftragten Ministern gegengezeichnet.

[...]

IV. Das Parlament

Art. 24. Das Parlament besteht aus der Nationalversammlung und dem Senat. Die Abgeordneten der Nationalversammlung werden durch direkte Wahl bestimmt. Der Senat wird indirekt gewählt. Er gewährleistet die Vertretung der Gebietskörperschaften der Republik. Die außerhalb Frankreichs wohnenden Franzosen sind im Senat vertreten.

[...]

Art. 26. Kein Mitglied des Parlaments darf wegen der in Ausübung seines Amtes zum Ausdruck gebrachten Meinungen oder abgegebenen Stimmen verfolgt, verhaftet, in Haft gehalten oder verurteilt werden. Kein Mitglied des Parlaments darf ohne Genehmigung der Kammer, der es angehört, während der Sitzungsdauer strafrechtlich verfolgt oder verhaftet werden, ausgenommen bei Ergreifung auf frischer Tat. Kein Mitglied des Parlaments darf außerhalb der Sitzungsdauer ohne Genehmigung des Präsidiums der Kammer, der es angehört, verhaftet werden, ausgenommen bei Ergreifung auf frischer Tat, bei genehmigten Strafverfolgungen oder bei endgültiger Verurteilung. Die Inhaftierung oder Verfolgung eines Mitgliedes des Parlaments ist auf Verlangen der Kammer, der es angehört, auszusetzen.

Art. 27. Jedes weisungsgebundene Mandat ist ungültig. Das Stimmrecht der Mitglieder des Parlaments darf nur persönlich ausgeübt werden. Das Grundgesetz kann ausnahmsweise die Übertragung des Stimmrechts gestatten. In diesem Fall darf niemandem mehr als ein Mandat übertragen werden.

[...]

Art. 31. Die Mitglieder der Regierung haben Zutritt zu den beiden Kammern. Sie sind auf ihr Verlangen anzuhören. Sie können von Regierungskommissaren begleitet werden.

Art. 32. Der Präsident der Nationalversammlung wird für die Dauer der Legislaturperiode gewählt. Der Senatspräsident wird nach jeder Teilerneuerungswahl des Senats gewählt.

[...]

TITRE V. Des rapports entre le Parlement et le Gouvernement

[...]

Article 49. Le Premier ministre, après délibération du Conseil des ministres, engage devant l'Assemblée nationale la responsabilité du Gouvernement sur son programme ou éventuellement sur une déclaration de politique générale. L'Assemblée nationale met en cause la responsabilité du Gouvernement par le vote d'une motion de censure. Une telle motion n'est recevable que si elle est signée par un dixième au moins des membres de l'Assemblée nationale. Le vote ne peut avoir lieu que quarante-huit heures après son dépôt. Seuls sont recensés les votes favorables à la motion de censure qui ne peut être adoptée qu'à la majorité des membres composant l'Assemblée. Si la motion de censure est rejetée, ses signataires ne peuvent en proposer une nouvelle au cours de la même session, sauf dans le cas prévu à l'alinéa ci-dessous. Le Premier ministre peut, après délibération du Conseil des ministres, engager la responsabilité du Gouvernement devant l'Assemblée nationale sur le vote d'un texte. Dans ce cas, ce texte est considéré comme adopté, sauf si une motion de censure, déposée dans les vingt-quatre heures qui suivent, est votée dans les conditions prévues à l'alinéa précédent. Le Premier ministre a la faculté de demander au Sénat l'approbation d'une déclaration de politique générale.

Article 50. Lorsque l'Assemblée nationale adopte une motion de censure ou lorsqu'elle désapprouve le programme ou une déclaration de politique générale du Gouvernement, le Premier ministre doit remettre au Président de la République la démission du Gouvernement.

[...]

TITRE VI. Des traités et accords internationaux

Article 52. Le Président de la République négocie et ratifie les traités.

Il est informé de toute négociation tendant à la conclusion d'un accord international non soumis à ratification.

[...]

TITRE VII. Le conseil constitutionnel

Article 56. Le Conseil constitutionnel comprend neuf membres, dont le mandat dure neuf ans et n'est pas renouvelable. Le Conseil constitutionnel se renouvelle par tiers tous les trois ans. Trois des membres sont nommés par le Président de la République, trois par le président de l'Assemblée nationale, trois par le président du Sénat. En sus des neuf membres prévus ci-dessus, font de droit partie à vie du Conseil constitutionnel les anciens Présidents de la République. Le président est nommé par le Président de la République. Il a voix prépondérante en cas de partage.

Article 57. Les fonctions de membre du Conseil constitutionnel sont incompatibles avec celle de ministre ou de membre du Parlement. Les autres incompatibilités sont fixées par une loi organique.

V. Beziehungen zwischen Parlament und Regierung

[...]

Art. 49. Auf Beschluß des Ministerrats kann der Premierminister in der Nationalversammlung die Vertrauensfrage über das Regierungsprogramm oder gegebenenfalls über eine Regierungserklärung allgemein politischer Art stellen. Die Nationalversammlung spricht der Regierung das Mißtrauen durch einen Tadelsantrag aus. Ein solcher Antrag ist nur zulässig, wenn er wenigstens von einem Zehntel der Mitglieder der Nationalversammlung unterzeichnet ist. Die Abstimmung kann erst 48 Stunden nach der Einbringung stattfinden. Gezählt werden nur die für den Tadelsantrag abgegebenen Stimmen; dieser kann nur mit der Mehrheit der der Nationalversammlung angehörenden Mitglieder beschlossen werden. Wird der Tadelsantrag abgelehnt, so können seine Unterzeichner in derselben Sitzungsperiode keinen neuen Tadelsantrag einbringen, außer in dem im nachstehenden Absatz vorgesehenen Fall. Der Premierminister kann auf Beschluß des Ministerrats in der Nationalversammlung die Vertrauensfrage mit der Abstimmung über eine Vorlage verbinden. In diesem Fall gilt die Vorlage als angenommen, wenn innerhalb der darauffolgenden 24 Stunden kein Tadelsantrag eingebracht und unter den im vorstehenden Absatz genannten Bedingungen angenommen wird. Der Premierminister kann vom Senat die Zustimmung zu einer Regierungserklärung über die allgemeine Politik verlangen.

Art. 50. Nimmt die Nationalversammlung einen Tadelsantrag an oder lehnt sie das Programm oder die Regierungserklärung über die allgemeine Politik ab, so muß der Premierminister dem Präsidenten der Republik den Rücktritt der Regierung übermitteln.

[...]

VI. Internationale Verträge und Abkommen

Art. 52. Der Präsident der Republik führt die Vertragsverhandlungen und ratifiziert die Verträge. Er wird über alle Verhandlungen unterrichtet, die auf den Abschluß eines internationalen Abkommens hinzielen, das nicht der Ratifikation unterliegt.

[...]

VII. Der Verfassungsrat

Art. 56. Der Verfassungsrat besteht aus neun Mitgliedern; das ihnen auf neun Jahre übertragene Mandat kann nicht erneuert werden. Der Verfassungsrat wird alle drei Jahre zu je einem Drittel erneuert. Drei Mitglieder werden vom Präsidenten der Republik ernannt, drei vom Präsidenten der Nationalversammlung und drei vom Präsidenten des Senats. Außer den neun Mitgliedern gehören dem Verfassungsrat rechtmäßig und lebenslänglich die ehemaligen Präsidenten der Republik an. Der Vorsitzende wird vom Präsidenten der Republik ernannt. Seine Stimme gibt bei Stimmengleichheit den Ausschlag.

Art. 57. Das Amt des Mitglieds des Verfassungsrats ist mit dem eines Ministers oder eines Mitglieds des Parlaments unvereinbar. Ein Grundgesetz bestimmt die anderen Unvereinbarkeiten.

Article 58. Le Conseil constitutionnel veille à la régularité de l'élection du Président de la République. Il examine les réclamations et proclame les résultats du scrutin.

Article 59. Le Conseil constitutionnel statue, en cas de contestation, sur la régularité de l'élection des députés et des sénateurs.

Article 60. Le Conseil constitutionnel veille à la régularité des opérations de référendum et en proclame les résultats.

Article 61. Les lois organiques, avant leur promulgation, et les règlements des assemblées parlementaires, avant leur mise en application, doivent être soumis au Conseil constitutionnel qui se prononce sur leur conformité à la Constitution. [...]

Article 62. Une disposition déclarée inconstitutionnelle ne peut être promulguée ni mise en application. [...]

Art. 58. Der Verfassungsrat wacht über die Ordnungsmäßigkeit der Wahl des Präsidenten der Republik. Er prüft Beschwerden und gibt das Abstimmungsergebnis bekannt.

Art. 59. Der Verfassungsrat entscheidet im Falle der Anfechtung über die Ordnungsmäßigkeit der Wahl der Abgeordneten und Senatoren.

Art. 60. Der Verfassungsrat wacht über die Ordnungsmäßigkeit des Verfahrens bei einem Volksentscheid und gibt dessen Ergebnis bekannt.

Art. 61. Die Grundgesetze müssen vor ihrer Verkündung, die Geschäftsordnungen der parlamentarischen Versammlungen bevor sie zur Anwendung gelangen, dem Verfassungsrat unterbreitet werden, der über ihre Vereinbarkeit mit der Verfassung zu befinden hat. [...]

Art. 62. Eine als verfassungswidrig erklärte Bestimmung kann nicht verkündet oder angewandt werden. [...]

Verzeichnis der statistischen Literatur

Bairoch, Paul/Batou, Jean/Chèvre, Pierre, La population des villes européennes. Banque de données et analyse sommaire des résultats 800–1850 (Publications du Centre d'Histoire Économique Internationale de l'Université de Genève, Band 2), Genf 1988

Borne, Dominique, La société française. Années 1930–1990, Paris u.a. 1996

Champsaur, Paul (Hg.), Un siècle de démographie française. Structure et évolution de la population de 1901 à 1993, Paris 1995.

Darley, Diana (Hg.), Dictionnaire national des communes de France, Paris 1992.

Duby, Georges (Hg.), Histoire de la France urbaine. Band 5: La ville aujourd'hui, Paris 1985

Institut national de la Statistique et des Études Économiques (INSEE) (Hg.), Secrétariat d'État à l'Outre-mer, Stand 1994–98 (Recensement de 1999)

Institut national de la Statistique et des Études Économiques (INSEE) (Hg.), Annuaire statistique de la France [verschiedene Bände], Paris 1982–2001

Institut national de la Statistique et des Études Économiques (INSEE) (Hg.), INSEE première [mehrere Nummern]

Mitchell, Brian R., International Historical Statistics. Europe 1750–1993, London [4]1998

Pervillé, Guy, De l'Empire français à la décolonisation, Paris [4]1994

Pinol, Jean-Luc (Hg.), Atlas historique des villes de France (Atlas historique des villes européennes), Paris 1996

Shorter, Edward/Tilly, Charles, Strikes in France 1830–1968, London u.a. 1974

Statistiques rétrospectives de l'OCDE/OECD historical statistics 1960–1997, Paris 1999

UTB Romanistik

Rainer Hess /Gustav Siebenmann /
Tilbert Stegmann

Literaturwissenschaftliches Wörterbuch für Romanisten

UTB 1373 M, 4., überarb. u. erw. Auflage. 2003, XII, 366 Seiten,
€ 24,90/SFr 42,–
UTB-ISBN 3-8252-1373-0

Ein literaturwissenschaftliches Lexikon, das die vier romanischen Hauptliteraturen umfasst, Französisch, Spanisch, Portugiesisch, Italienisch. Es behandelt Begriffe aus den romanischen Literaturen und der romanischen Literaturwissenschaft. Die letzte Auflage des "Literaturwissenschaftlichen Wörterbuches für Romanisten" erfolgte 1989. Für die jetzt vorliegende 4. Auflage wurde das Buch noch einmal gründlich durchgesehen und in Teilen neu bearbeitet. Die bewährte Konzeption der früheren Auflagen wurde beibehalten. Viele Artikel jedoch wurden nach den neuesten Erkenntnissen umgearbeitet und ergänzt, neue Stichwörter und Artikel sind hinzugekommen. Somit liegt das einzige Nachschlagewerk, das der Vielfalt der romanischen Literaturen von den Anfängen bis zur Gegenwart auf vergleichender Grundlage Rechnung trägt, nun in aktualisierter Form vor.

Preisänderungen vorbehalten

A. Francke